Isto é Design Thinking de Serviços.
Fundamentos – Ferramentas – Casos

Obra originalmente publicada sob o título
This is Service Design Thinking: Basics, Tools, Cases, 1st Edition
ISBN 978-90-6369-279-7

Gerente editorial: *Arysinha Jacques Affonso*

Colaboraram nesta edição:

Editora: *Mariana Belloli*

Capa: *Flávia Hocevar*, arte sobre capa original

Leitura final: *Miriam Cristina Machado*

Editoração eletrônica: *Techbooks*

S854i Stickdorn, Marc.
Isto é design thinking de serviços / Marc Stickdorn, Jakob Schneider e coautores ; tradução: Mariana Bandarra ; revisão técnica : Clarissa Biolchini. – Porto Alegre : Bookman, 2014.
380 p. : il. color. ; 17,2 x 23 cm

ISBN 978-85-8260-217-1

1. Design de serviços. 2. Design thinking. I. Schneider, Jakob. II. Título.

CDU 658.512.2

Catalogação na publicação: Poliana Sanchez de Araujo – CRB 10/2094

Av. Jerônimo de Ornelas, 670 – Santana
90040-340 – Porto Alegre – RS
Fone: (51) 3027-7000 Fax: (51) 3027-7070

Unidade São Paulo
Av. Embaixador Macedo Soares, 10.735 – Pavilhão 5 – Cond. Espace Center
Vila Anastácio – 05095-035 – São Paulo – SP
Fone: (11) 3665-1100 Fax: (11) 3667-1333

SAC 0800 703-3444 – www.grupoa.com.br

IMPRESSO NO BRASIL
PRINTED IN BRAZIL

Marc Stickdorn e Jakob Schneider (orgs.)

Fundamentos – Ferramentas – Casos

ISTO É DESIGN THINKING DE SERVIÇOS.

Tradução
Mariana Bandarra

Revisão técnica
Clarissa Biolchini
Consultora em branding e design e membro do conselho da Design & Emotion no Brasil
Professora do curso de Design da PUC-Rio e do MBA em Branding Innovation
das Faculdades Integradas Rio Branco-SP
Coordenadora do curso de Inovação do Ibmec

bookman

2014

ISTO É DESIGN THINKING DE SERVIÇOS POR TRÁS DOS POST-ITS

Fundamentos

Introdução

O que é design de serviços?

Quem são os designers de serviços?

Como funciona o design de serviços?

Quais são as ferramentas do design de serviços?

Design de serviços aplicado

Estudos avançados no campo do design thinking de serviços

Apêndice

APRESENTAÇÃO À EDIÇÃO BRASILEIRA

Frequentemente me perguntam o que é Design Thinking. Para os designers, esse termo, cuja aplicação tangencia outras áreas e incita novas aplicações do design, implica pensar de maneira dissociada dos conceitos formais, funcionais e estéticos por meio dos quais estão acostumados a projetar, o que pode parecer difícil. Já para os não designers, o termo pode soar vago, indefinido e até parecer envolto em certa aura de mistério. Afinal, como é possível pensar como um designer?

Para desenvolver um projeto utilizando-se a metodologia Design Thinking, é preciso aprender a pensar através de uma abordagem própria, que consiste em enquadrar o problema, pensar de forma criativa, gerar soluções, adotar um olhar multilateral, cocriar, fazer associações inusitadas e prototipar as melhores soluções.

Hoje, na Europa e nos EUA, profissionais de áreas diversas se utilizam da abordagem do Design Thinking, ao mesmo tempo em que muitos designers percorrem o caminho oposto, na busca de novas aplicações e especialidades relacionadas ao design. Aqui no Brasil, a disciplina é relativamente nova e ainda cercada de certo desconhecimento.

Alguns autores apontam uma tendência de aumento do compartilhamento de bens e serviços como modelo econômico. Outros discorrem sobre o conceito de economia de redes, em que todos os pontos de um ecossistema geram valor pela interconexão. O fato é que vivemos um momento de transição na História e estamos já assistindo a mudanças significativas. Novos modelos, formas de organização do trabalho e conceitos de serviços estão surgindo ou evoluindo, impulsionados por fatores de ordem econômica, social e tecnológica.

Com a constante renovação de tecnologias e equipamentos, aliadas ao novo modelo de perfil do consumidor, a cada dia mais consciente, engajado e ativo, as empresas buscam constantemente trilhar novos caminhos na oferta de produtos e serviços. A lógica dominante do serviço revela uma nova visão do conceito de serviço, segundo a qual tudo – ou quase tudo – que utilizamos pode ser visto como serviço. Além disso, observamos que o conceito de produto cada vez mais tangencia o de serviço e vice-versa.

E como os princípios do Design Thinking se aplicam ao universo dos serviços? Essa é a pergunta que este livro busca responder, mostrando como essa metodologia pode ser utilizada para criar ou remodelar serviços, rever conceitos e formas de se relacionar com eles, ou ainda gerar inovação e melhorias em serviços existentes. Por isso mesmo cabe considerar que esse campo se estende para além da atividade empresarial, tanto em nível governamental, em esferas como educação, saúde ou segurança pública, quanto em organizações do terceiro setor. Neste livro, a aproximação é feita por meio da exposição de metodologias, ferramentas e casos e da apresentação de um panorama desse novo campo de atuação.

Todos os processos de Design têm em comum a abordagem centrada no usuário, o que faz todo produto ou serviço projetado ser desenvolvido a partir das necessidades e desejos do mesmo. Este livro foi especialmente projetado tendo em mente as premissas do Design de Serviços e, consequentemente, o propósito de servir ao leitor da forma que mais lhe convier ou interessar.

Por ser referência no tema e ainda um dos poucos que sobre ele discorrem, em nível mundial, este livro surge para fundamentar o crescimento e conhecimento dessa disciplina que emerge com o nome de Design Thinking de Serviços.

Foi um grande prazer participar deste projeto, por se tratar de um livro pioneiro sobre o tema no Brasil e que certamente se tornará referência no assunto ao longo dos próximos anos. Agradecimentos especiais ao mestre e amigo João de Souza Leite, por suas preciosas avaliações e considerações ao longo do processo de revisão, e a Luciano Tardin, Roberta Portas, Duda Stern e Herman Bessler por suas generosas contribuições.

Sejam bem-vindos ao Design Thinking de Serviços, um universo fascinante e infinito de geração de possibilidades.

Clarissa Biolchini

PREFÁCIO

Esta obra pretende ser um livro-texto sobre design thinking de serviços – uma abordagem interdisciplinar de grande valia para empreendedores e inovadores no campo dos serviços. Não importa se o design thinking de serviços já entrou no seu vocabulário diário ou se você acaba de ouvir a expressão pela primeira vez; não importa se você é estudante, professor, pesquisador, gestor ou empresário, nem mesmo importa se sua formação é em design, engenharia ou qualquer outra profissão: este livro lhe servirá como introdução, referência e manual de estudo de casos. Mais que isso, ele se propõe a servir de fonte de inspiração e motivação para seus trabalhos futuros.

O livro está estruturado em três seções principais. **Fundamentos** ilustra os conceitos fundamentais do design thinking de serviços e sua relação com o marketing de serviços. Essa seção, em especial, explica diversas portas de entrada para o mundo do design thinking de serviços, não só a partir de áreas como design de produtos, design gráfico, design de interação e design etnográfico, mas também a partir de áreas como gestão estratégica, gestão de operações e, ainda, de áreas relativamente novas, como o design social. **Ferramentas** explica o processo iterativo do design de serviços e apresenta métodos e ferramentas do design de serviços como uma espécie de kit de ferramentas, o qual acreditamos que você seja capaz de implementar em seu próprio trabalho. **Casos** exemplifica como os fundamentos, processos e ferramentas funcionam juntos, a partir de cinco estudos de caso diferentes. **No final do livro,** o design thinking de serviços é resumido em três artigos: o primeiro discute como a motivação, enquanto componente fundamental do comportamento humano, se tornou uma precondição para o design de serviços; o segundo apresenta um panorama geral das mais recentes publicações de pesquisas em design de serviços; e o último traz reflexões acerca de como o design thinking de serviços pode se integrar a outras abordagens filosóficas. **Antes de entrarmos** no conteúdo do livro propriamente dito, o capítulo “O design por trás do Design” apresenta um relato de como conseguimos adotar uma abordagem de design thinking de serviços no próprio projeto de design deste livro, além de fazer uma breve descrição de como usar o livro.

O projeto deste livro buscou seguir o princípio de colocar a teoria em prática. Ele foi criado não apenas para a comunidade cada vez maior de design de serviços; na verdade, em grande parte, trata-se de um livro criado por essa comunidade e com ela. Portanto, gostaríamos de agradecer a todos os nossos coautores, colaboradores e àqueles que opinaram sobre a publicação. Fizemos o possível para mencionar todas as pessoas que nos ajudaram durante o projeto e lamentamos se porventura esquecemos de alguém. Há algumas pessoas que gostaríamos de agradecer individualmente. Em primeiro lugar, queremos agradecer a Fergus Bisset, que apoiou o projeto desde o início, criando o primeiro site de *crowdsourcing* e coeditando a maioria das colaborações. Além disso, Bas Raijmakers, Geke van Dijk e Luke Kelly nos ajudaram a revisar, editar e ilustrar as ferramentas e métodos. Por fim, queremos agradecer à editora BIS, na pessoa de Rudolf van Wezel, por acreditar neste projeto e por seu grande apoio!

Contudo, queremos agradecer principalmente a você – o leitor. Só o seu interesse neste livro e sua interpretação das informações nele contidas é que transforma este projeto em realidade! Assim, esperamos saber mais sobre as pessoas que estão lendo o livro, como você o está usando e o que acha dele. Por isso, entre em contato!

Os organizadores, Marc & Jakob.

O DESIGN POR TRÁS DO DESIGN: UMA ABORDAGEM DIFERENTE PARA CRIAR O DESIGN DE UM LIVRO-TEXTO

MARC STICKDORN
JAKOB SCHNEIDER

Embora coloquialmente a palavra design seja usada para se referir à aparência ou estilo de um determinado produto ou resultado, o sentido adequado da palavra, ou sua definição, vai muito além disso. A abordagem do design de serviços se refere ao processo de design e não ao seu resultado final. O resultado de um processo de design de serviços pode assumir diversas formas: desde estruturas organizacionais relativamente abstratas, processos operacionais, experiências de serviços até objetos fisicamente concretos.

Uma vez que o design de serviços ainda é considerado uma abordagem nova e emergente, a formação acadêmica em design de serviços é ainda mais nova, e está apenas começando a se desenvolver. Há no mercado internacional* uma variedade de cursos e até mesmo programas de estudos em design de serviços, mas até o momento não há livros-texto que expliquem essa abordagem. Poderíamos dizer que uma abordagem como essa não precisa de um livro-texto, já que é algo que você potencialmente deve aprender na prática. Sem dúvida, é impossível aprender o que é design de serviços e como executá-lo a partir somente de um livro-texto. É preciso tentar, fracassar, aprender com seus erros, melhorar, tentar de novo e, assim, adquirir uma formação.

Portanto, uma formação em design de serviços é uma espécie de processo de treinamento prático. Além de explicar o panorama geral, a ideia é dar dicas, propor métodos e ferramentas e demonstrar maneiras de usá-los ao longo de um projeto. A principal questão que levantamos para nós mesmos na primavera de 2009 foi como poderíamos tornar o aprendizado de design de serviços mais fácil e prazeroso.

---

* N. de R.T.: O design de serviços surgiu na Alemanha e, até o momento presente, os cursos de Design de Serviços têm se expandido relativamente pouco no Brasil.

Motivação e inspiração

Com base nos *insights* de um curso de design de serviços que Marc ofereceu na primavera de 2009, começamos uma série de entrevistas, tanto com participantes do curso de design de serviços quanto com educadores, para entender quais eram as principais dificuldades no aprendizado de design de serviços. Nesse contexto, procuramos responder as seguintes perguntas: quem leciona design de serviços? Qual o conteúdo das aulas e como ele é apresentado?

Em nossas entrevistas, descobrimos a necessidade de uma referência séria e estática, em oposição à sempre volátil blogosfera.

E quem são os alunos que frequentam esses cursos e oficinas? As respostas para essas perguntas nos forneceram a motivação e inspiração iniciais para embarcar no projeto deste livro. Seguindo os princípios de "transformar a teoria em prática", aplicamos métodos e ferramentas de design de serviços no processo de design deste título, o primeiro livro-texto sobre design de serviços. Portanto, este livro foi concebido como um serviço para você – leitor –, indo muito além de um mero objeto físico que oferecemos para venda. A durabilidade e sustentabilidade que o meio impresso oferece foi o que nos levou a fazer um livro, em vez de um site ou aplicativo. Em nossas entrevistas, descobrimos a necessidade de uma referência séria e estática, em oposição à sempre volátil blogosfera. Além disso, ainda é uma das formas mais confiáveis de mídia; o livro é portátil, tangível, durável e não corre o risco de apresentar "problemas de bateria fraca ou sinal ruim".

Considerando o risco de o design de serviços é uma abordagem interdisciplinar, pessoas diferentes ensinam e aprendem design de serviços de maneiras diferentes, cada uma com sua formação e motivações individuais. Entretanto, durante nossas entrevistas percebemos que todos compartilham o mesmo problema: sentem falta de um livro-texto sobre o assunto. Essa variedade de pessoas com diferentes necessidades nos levou ao desafio de descobrir qual autor teria a autoridade para escrever um livro desse porte. Esse autor precisaria compartilhar visões de todas essas formações distintas, para apresentar a natureza interdisciplinar do campo de design de serviços e para conhecer todos os métodos e ferramentas utilizados pelos designers. De fato, nós conhecíamos muitos autores capazes de fazer isso: a comunidade de design de serviços como um todo.

Experiências e expectativas

O uso de uma abordagem de *crowdsourcing* para desenvolver o conteúdo do livro envolveu muito planejamento e comunicação. Sem dúvida, esse foi um aspecto que nós dois subestimamos, inicialmente. Para ilustrar o caráter interdisciplinar dessa abordagem, pedimos a profissionais de design de serviços com formações especializadas que descrevessem a conexão entre seu campo de atuação original e o design de serviços. No entanto, para descobrir quais métodos e ferramentas a comunidade de design de serviços utiliza, tudo que precisamos fazer foi perguntar. Com a ajuda de Fergus Bisset, criamos um site de Wordpress, no qual essas pessoas poderiam contribuir com métodos e ferramentas, além de comentar sobre outras contribuições. Esse site foi divulgado na Web via Twitter, Facebook, em diversos blogs e por comunidades de design de serviços, como Service Design Network ou Wenovski. Assim pudemos coletar mais de 50 descrições de métodos e ferramentas de design de serviços. Em uma etapa subsequente, esses métodos e ferramentas foram avaliados por meio de um fórum Uservoice, em que a soma de 1188 votos decidiu quais deveriam ser incluídos no livro. Depois disso, Geke van Dijk, Luke Kelly e Bas Raijmakers nos ajudaram a escrever, editar e ilustrar os métodos e ferramentas selecionados.

Com base nos *insights* que acumulamos durante a primavera de 2009, Jakob deu início a uma série de oficinas sobre design de livros-texto ao longo de todo o segundo semestre. Ele conduziu entrevistas contextuais com 24 professores e alunos de diversas áreas de estudo, como médicos, estudantes de medicina, físicos, estudantes de física, advogados, estudantes de direito, professores e aspirantes a professores. Cada área mostrou e discutiu alguns exemplos de livros-texto – tanto bons quanto ruins – para apresentar uma gama de percepções sobre o que constitui um bom livro-texto. Com um grupo de foco composto por seis estudantes de todos os cursos mencionados e mais dois designers, intencionalmente sem qualquer experiência em design de livros, durante a segunda fase, foram gerados mais *insights* e ideias sobre o que faz um livro-texto ser bom. Foram discutidos, especificamente, o layout do livro, bem como seu nível acadêmico e linguístico. Mais uma vez, ficou claro que este projeto precisava ser autêntico para consigo mesmo: um livro sobre design de serviços deve, em si, ser entendido como um serviço criado por meio do design. De que forma o livro é usado, quais as informações mais relevantes e como encontrá-las? Até mesmo como o livro é utilizado durante as oficinas, por exemplo, se a pessoa que o consulta está sentada, de pé ou caminhando?

Este projeto precisava ser autêntico para consigo mesmo: um livro sobre design de serviços deve, em si, ser entendido como um serviço criado por meio do design.

Ideias e conceitos

O desenvolvimento de estrutura, layout, tom de voz e linguagem visual consumiu bastante tempo. Começamos no primeiro semestre de 2009 e chegamos a um consenso de nosso conceito final no segundo semestre de 2010. Levando em consideração os *insights* coletados anteriormente, definimos algumas associações que o livro deveria evocar. Para testar essas associações, usamos diversos métodos de diferentes áreas. Publicamos uma versão preliminar dos "cinco princípios do design thinking de serviços" no intuito de obter algum retorno em relação ao conteúdo e ao layout do livro. Usando uma ferramenta desenvolvida para gerar *feedback* emocional em projetos, chamada Panoremo, pudemos coletar 168 zonas de intensa atividade emocional para essas cinco páginas. Além disso, produzimos bonecos* realistas da impressão do livro. Embora apenas os cabeçalhos e as frases em destaque fossem re-

* N. de R.T.: A expressão "boneco" significa "protótipo" ou "maquete" do livro. Em alguns lugares do Brasil, utiliza-se o substantivo feminino, com o mesmo significado, "boneca do livro".

lacionados ao tema – o restante do texto era *Werther*, de Goethe –, pudemos observar as reações emocionais ao layout e ao aspecto háptico. A partir disso, conseguimos avaliar se as soluções encontradas nas entrevistas contextuais abstratas funcionavam para o público-alvo de designers de serviço e pessoas interessadas no assunto. Fomos a diversos encontros de designers de serviços, como a First Nordic Service Design Conference (2009), e a uma Wenovski MiniUnConference. Rejeitamos abordagens pouco práticas e aquelas que causavam associações indesejáveis. Assim, melhoramos o conceito de forma iterativa e desenvolvemos metáforas para relações complexas (infográficos e pictogramas) e sistemas visuais para conectar o conteúdo.

Um título estranho

Uma das questões que foi várias vezes levantada se referia ao título extremamente longo. Tanto design de serviços quanto design thinking já são tópicos suficientemente complicados. Por que confundir ainda mais o público com um título como "Isto é Design Thinking de Serviços"? A comunidade de design de serviços ainda está lutando para chegar a formulações exatas. Alguns querem encontrar um nome completamente novo para as coisas que fazemos, outros querem mostrar que isso não tem absolutamente nada de novo; alguns se consideram designers de serviços, outros se consideram profissionais de design thinking ("design thinkers") ou especialistas em marketing para novos serviços. No entanto, todos compartilhamos uma certa abordagem. Serviços podem ser criados a partir de diversas perspectivas, utilizando diferentes métodos e ferramentas de diversas disciplinas e, portanto, usando também uma terminologia diferente. O design de serviços é interdisciplinar e, consequentemente, não pode ser, em si, uma disciplina. Contudo, este livro ilustra que o design de serviços, de maneira interdisciplinar, requer certa forma de pensar. Isto é design thinking de serviços.

1

3

2

4

5

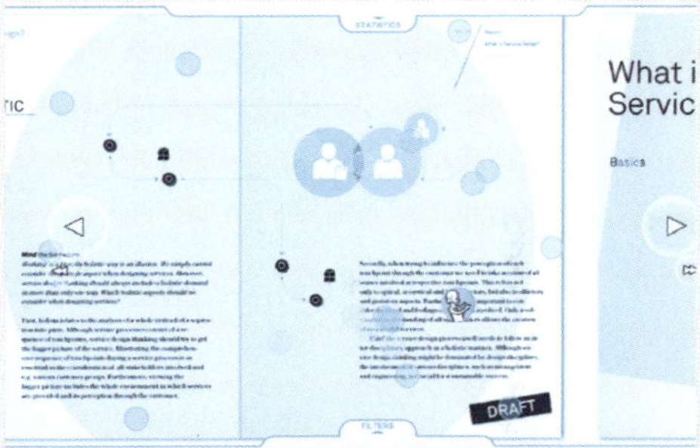

6

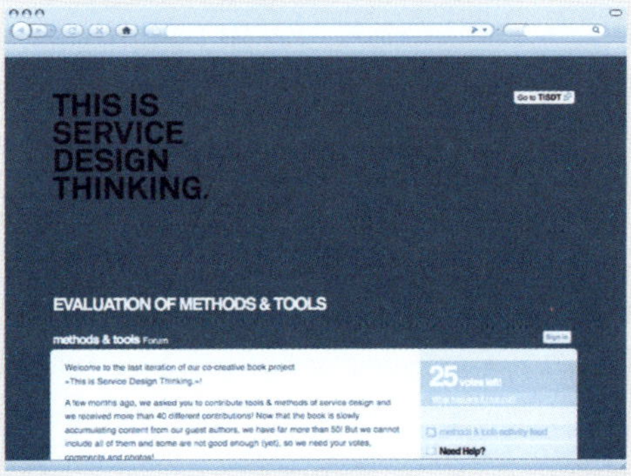

1 Discussões de grupo moderadas
2 Entrevistas contextuais
3 Protótipo do livro
4 Site de *crowdsourcing*
5 Panoremo
6 Fórum de discussões de usuários

MAPA DE *CROWDSOURCING*

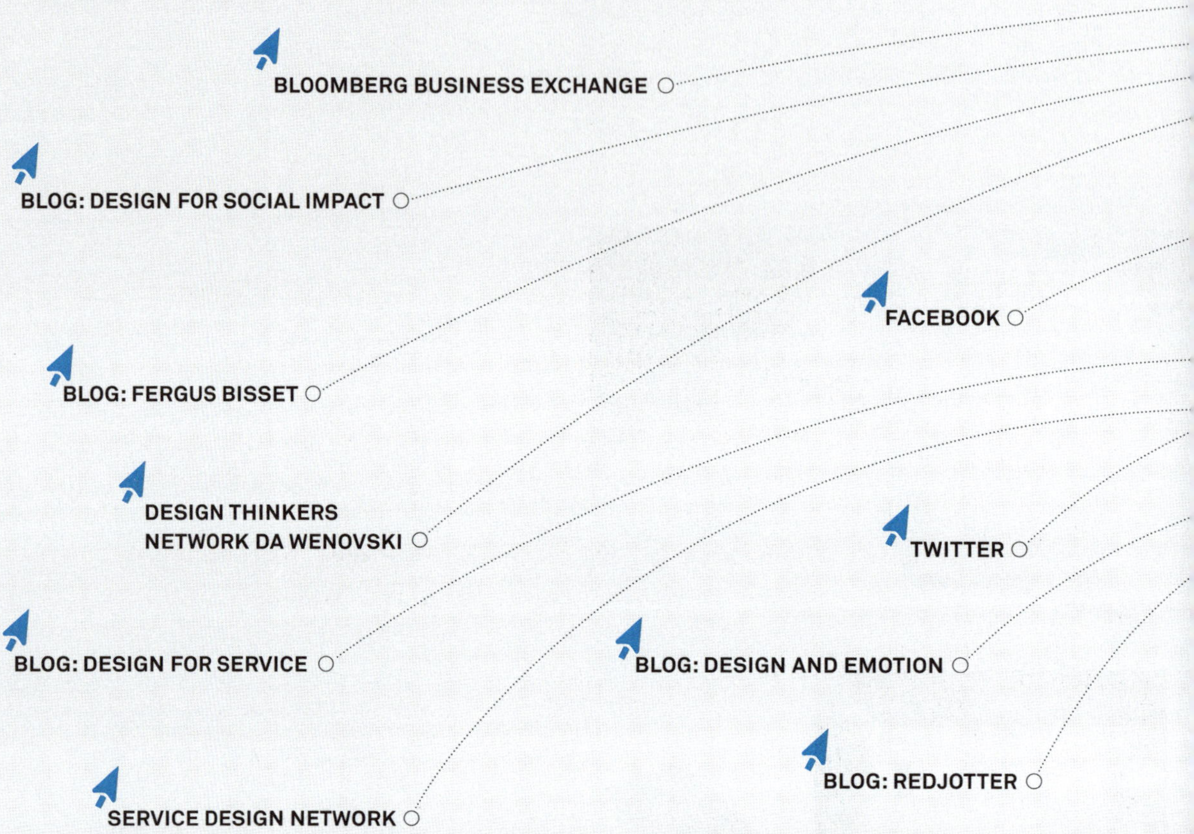

BLOOMBERG BUSINESS EXCHANGE O site inclui um link para a página do nosso projeto – bx.businessweek.com /
DESIGN AND EMOTION Marco van Hout cita o projeto – design-emotion.com /
DESIGN FOR SERVICE Jeff Howard fala sobre o projeto em seu blog – designforservice.wordpress.com /
DESIGN FOR SOCIAL IMPACT Kate Andrews fala sobre o projeto em seu blog – kateandrews.wordpress.com /
DESCONSTRUIR O SERVIÇO, REPENSAR O DESIGN Visita à primeira Conferência Nórdica de Design de Serviços (First Nordic Service Design Conference) com um protótipo deste livro; conversa com profissionais sobre conteúdo e estrutura; teste de princípios de layout /
FACEBOOK Diversos perfis da comunidade de design de serviços falam sobre este projeto – facebook.com /
FERGUS BISSET Fergus Bisset fala sobre o projeto em seu blog – fergusbisset.com/blog /
FLICKR Fotos do boneco do livro foram publicadas aqui para que as pessoas pudessem comentar – flickr.com /

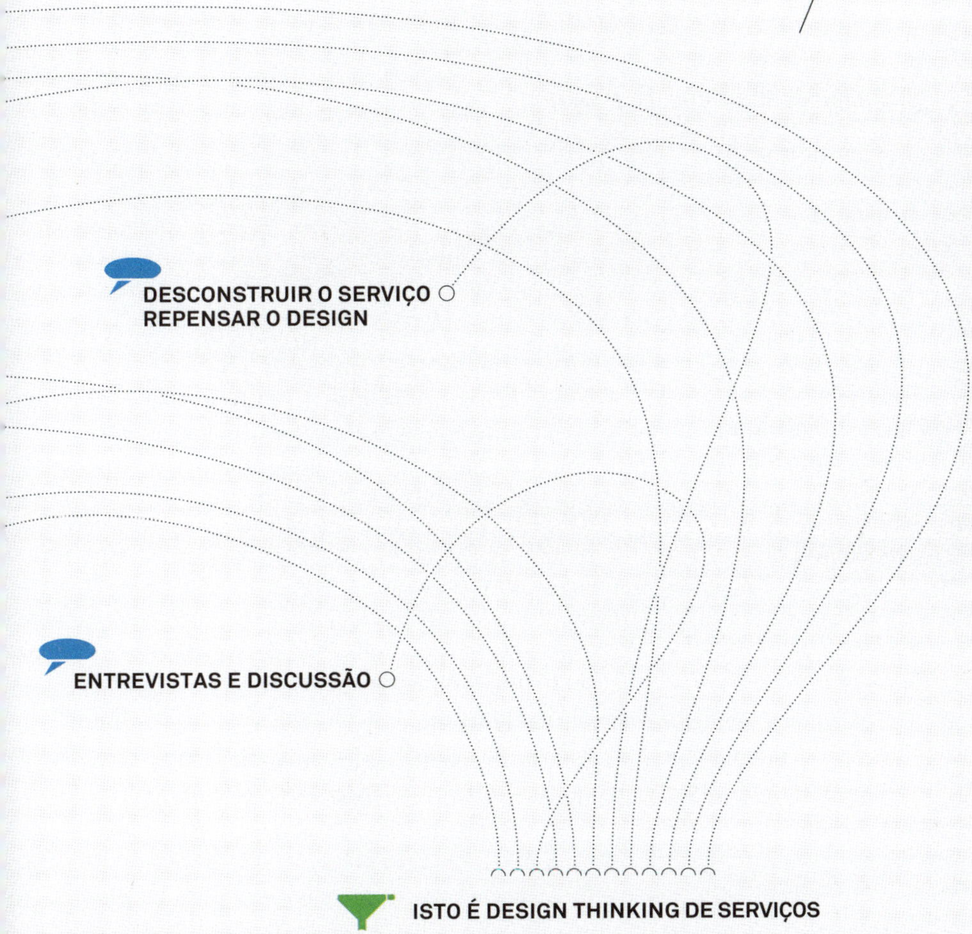

ENTREVISTAS E DISCUSSÃO Entrevistas com estudantes e profissionais da Alemanha e da Áustria sobre expectativas em relação a um livro de fundamentos de design thinking de serviços /
DESIGN THINKERS NETWORK DA WENOVSKI Rede social de design thinking iniciada por Arne van Oosterom noticia o projeto do livro – designthinkersnetwork.com /
REDJOTTER Lauren Currie fala sobre o projeto em seu blog – redjotter.wordpress.com /
SERVICE DESIGN NETWORK SDN informa sobre a possibilidade de colaborar com o livro – service-design-network.com /
TWITTER Pessoas tuítam sobre este projeto de livro e sobre a chamada para colaboradores – twitter.com /
ISTO É DESIGN THINKING DE SERVIÇOS Coletando contribuições de toda a Internet – thisisservicedesignthinking.com
(Em ordem alfabética)

COMO USAR ESTE LIVRO

O layout deste livro é baseado na ideia do livro-texto clássico. Não queremos interromper você durante sua leitura. No entanto, este livro se propõe a oferecer meios complementares de visualizar informações, para que você possa entender mais rapidamente o contexto e lembrar mais facilmente o conteúdo.

Como o próprio livro é o resultados de um processo de design de serviços, permita-nos apresentar algumas características especiais:

— Como você já percebeu, este livro está estruturado em três seções, usando diferentes cores que remetem aos bloquinhos de *post-its*. A seção em azul se refere a Fundamentos, a em verde a Métodos e a em amarelo a Casos. Os capítulos adicionais e o apêndice aparecem em cinza.

— O design de serviços é o mundo dos *post-its*, assim como este livro. Os *post-its* virados (com o lado adesivo para cima) indicam referências de página, e sua cor representa a respectiva seção do livro.

— Ao final do livro, você encontrará uma página de resumo geral. Essa página mostra todos os ícones utilizados ao longo desta publicação. Depois de um curto período de tempo, você já os terá memorizado e conseguirá localizar os pontos relevantes sem precisar ler os detalhes.

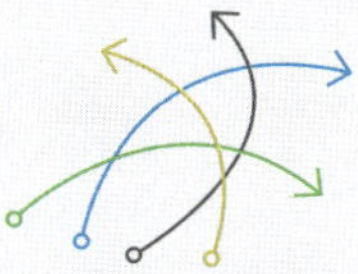

— Este livro está cheio de conexões visuais que vão ajudá-lo a entender e a acompanhar os tópicos, aos quais estão contextualmente relacionados. Rapidamente, você descobrirá como fazer isso ao visualizar as linhas, flechas e ênfases tipográficas.

O quê?

— Praticamente todas as páginas duplas têm uma pergunta-título no alto, à esquerda, que remete ao tópico sobre o qual oferece respostas. Essas respostas são apresentadas em frases em destaque. Observe que essas frases são sublinhadas no texto principal para que você possa perceber facilmente de onde a resposta foi retirada.

— Pictogramas representando os métodos de design de serviços são introduzidos na segunda seção. Cada vez que um método aparece em outros textos, seu ícone também aparece. A página de resumo no final do livro oferece uma visão geral de todos os ícones e símbolos.

→

— Para manter os textos deste livro compactos e legíveis, todas as referências bibliográficas são apresentadas no final. Além disso, você também encontrará um índice estruturado pelas três cores. Assim, você pode decidir em que seção quer pesquisar uma palavra.

Apesar disso, essas explicações devem ser consideradas como opcionais. O design que requer explicações raramente é de boa qualidade. Todas as indicações visuais foram desenvolvidas para serem entendidas intuitivamente. Por isso, não permita que continuemos impedindo você de começar o livro.

www.thisisservicedesignthinking.com

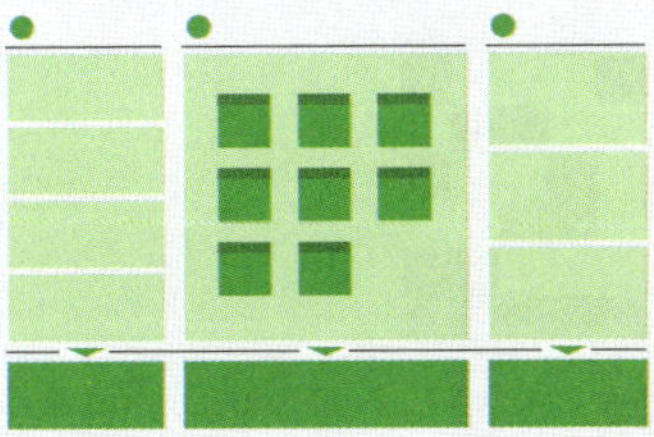

TELA PARA REGISTRO DA JORNADA DO USUÁRIO

No ponto de contato online do livro, disponibilizamos uma tela desenvolvida para dar suporte ao desenvolvimento de serviços. Você pode utilizar essa ferramenta sozinho, para obter um panorama rápido sobre certos processos de serviços, mas também junto aos prestadores, para oferecer a eles uma espécie de autorretrato, e aos clientes e outros *stakeholders*, para explorar e avaliar serviços. Além de simplificar visualmente os serviços existentes, você também pode usar a tela para projetar melhorias e inovações nos serviços. Ela dá suporte a muitas das ferramentas que são apresentadas posteriormente, neste livro. A Tela para Registro da Jornada do Usuário (ou Canvas da Jornada do Usuário) é disponibilizada em nosso site sob uma licença CC (Creative Commons).

Teste-a, faça adaptações ou modificações e compartilhe pelo nosso site a maneira como você usa a tela. Fique atento ao design thinking de serviços!

NOTA: Todos os materiais visuais deste livro são oferecidos para download no site (muitos deles disponíveis apenas em inglês). Os arquivos em alta resolução são disponibilizados sob uma licença CC.

O que é design de serviços?

Fundamentos

DEFINIÇÕES: O DESIGN DE SERVIÇOS COMO ABORDAGEM INTERDISCIPLINAR

MARC STICKDORN

Honestamente, uma das maiores forças do design é o fato de que não chegamos a uma única definição. Áreas nas quais se estabeleceu alguma definição tendem a ser áreas com certa letargia e que estão em processo de decadência ou já em extinção. Nessas áreas, a investigação já não oferece desafios àquilo que é aceito como verdade.

— RICHARD BUCHANAN, 2001

Definições:

Se você perguntasse a dez pessoas o que é design de serviços, acabaria com no mínimo onze respostas diferentes.

O design de serviços é uma abordagem interdisciplinar que combina diferentes métodos e ferramentas oriundos de diversas disciplinas. Trata-se de uma nova forma de pensar, e não de uma nova disciplina acadêmica, autônoma. O design de serviços é uma abordagem em constante evolução, o que fica particularmente aparente no fato de que, até o momento, ainda não existe uma definição comum ou uma linguagem claramente articulada associada ao design de serviços.

Uma definição única de design de serviços poderia aprisionar essa abordagem caracterizada pela constante evolução, ao passo que uma linguagem compartilhada é, sem dúvida, importante para o crescimento e desenvolvimento continuados do design thinking de serviços. Portanto, este livro procura propor a base para uma linguagem comum do design de serviços.

Com esse propósito, e baseando-se na premissa de que uma definição funcional de design de serviços pode ser encontrada tanto na combinação de diversas exemplificações e tentativas de definir o design de serviços quanto em apenas uma delas, as próximas páginas trazem exemplos de diversos pontos de vista dentro dessa área emergente.

O que é design de serviços?

Abordagens acadêmicas para definições de design de serviços

O design de serviços é uma área emergente, focada na criação de experiências cuidadosamente planejadas, por meio do uso de uma combinação de mídias tangíveis e intangíveis. Isso oferece inúmeros benefícios à experiência final do usuário, quando aplicado a setores como varejo, bancos, transportes e saúde.

O design de serviços, enquanto prática, geralmente resulta no design de sistemas e processos que têm como objetivo oferecer ao usuário um serviço holístico.

Essa prática interdisciplinar combina inúmeras habilidades de design, gestão e engenharia de processos. Desde os tempos imemoriais, os serviços sempre existiram e vêm sendo organizados de diversas maneiras. Entretanto, serviços conscientemente projetados por designers, que incorporam novos modelos de negócios, são empáticos às necessidades do usuário e buscam criar um novo valor socioeconômico. O design de serviços é essencial para uma economia baseada no conhecimento.

— THE COPENHAGEN INSTITUTE OF INTERACTION DESIGN, 2008

Definições:

O design de serviços ajuda a criar novos serviços ou a melhorar os já existentes, de modo a torná-los mais úteis, utilizáveis e desejáveis para os clientes, bem como eficientes e eficazes para as organizações. Trata-se de uma nova área de atuação do design que se caracteriza como holística, multidisciplinar e integradora.

— STEFAN MORITZ, 2005

A ideia do design de serviços é transformar o serviço entregue em algo útil, utilizável, eficiente, eficaz e desejável.

— UK DESIGN COUNCIL, 2010

O design de serviços tem como objetivo garantir que as interfaces do serviço sejam úteis, utilizáveis e desejáveis, sob o ponto de vista do cliente, e eficazes, eficientes e diferenciadas, sob o ponto de vista do fornecedor.

— BIRGIT MAGER, 2009

O que é design de serviços?

Abordagens de agência para definições de design de serviços

O design de serviços é uma especialidade dentro do design que ajuda a desenvolver e a entregar bons serviços ou serviços de qualidade ("great services"). Os projetos de design de serviços melhoram fatores como facilidade de uso, satisfação, lealdade e eficiência, atuando em variados contextos, como ambientes, comunicações e produtos – incluindo as pessoas responsáveis pela entrega do serviço.

— ENGINE SERVICE DESIGN, 2010

O design de serviços é uma forma holística por meio da qual um negócio pode obter uma compreensão abrangente e empática das necessidades do seu cliente.

— FRONTIER SERVICE DESIGN, 2010

Desenvolver ambientes, ferramentas e processos para ajudar os funcionários a entregarem um serviço de alta qualidade de uma maneira condizente com os valores da marca.

— CONTINUUM, 2010

Definições:

O design de serviços é a aplicação de habilidades e processos já estabelecidos no campo do design aplicado ao desenvolvimento de serviços. Trata-se de um modo criativo e prático de melhorar serviços existentes e inovar em novas propostas de serviços.

— LIVE|WORK, 2010

Quando você tem uma cafeteria exatamente ao lado de outra, ambas vendendo o mesmo café, pelo mesmo preço, o design de serviços é o fator que influencia na decisão sobre qual delas você vai entrar.

— 31 VOLTS SERVICE DESIGN, 2008

OS 5 PRINCÍPIOS DO DESIGN THINKING DE SERVIÇOS

MARC STICKDORN

1. CENTRADO NO USUÁRIO
Os serviços devem ser testados através do olhar do cliente.

2. COCRIATIVO
Todos os *stakeholders* devem ser incluídos no processo de design de serviços.

3. SEQUENCIAL
O serviço deve ser visualizado como uma sequência de ações inter-relacionadas.

4. EVIDENTE
Serviços intangíveis devem ser visualizados como artefatos físicos.

5. HOLÍSTICO
Todo o ambiente de um serviço deve ser levado em consideração.

Uma abordagem dinâmica requer uma linguagem dinâmica
Uma vez que não existe uma definição comum de design de serviços, em vez de definir a disciplina, este livro delimita o modo de pensar necessário para o design de serviços. As próximas páginas buscam ilustrar o design thinking de serviços por meio de cinco princípios-base.

USUÁRIO/CLIENTE

PRESTADOR DO SERVIÇO

STAKEHOLDER

DESIGNER DE SERVIÇOS

PONTO DE CONTATO

toda e qualquer instância de contato entre usuário e provedor do serviço

EVIDÊNCIA DO SERVIÇO

um artefato tangível relacionado ao processo de um serviço

PERÍODO DO SERVIÇO

pré-serviço / serviço / pós-serviço – período atual de um serviço

1

CENTRADO NO USUÁRIO

Estabeleça uma linguagem comum!

A entrega de um serviço requer certo grau de participação do usuário. Pense em qualquer serviço oferecido por uma consultoria de design ou empresa de transporte público. Nenhum deles poderia funcionar sem o envolvimento do usuário. Os serviços não são bens tangíveis ou padronizados que podem ser armazenados em um estoque. Pelo contrário, os serviços são criados por meio da interação entre o provedor e usuário do serviço. A intenção inerente de um serviço é atender às necessidades do usuário e, consequentemente, ser utilizado com frequência e recomendado com sinceridade. Muitas vezes, não é isso o que ocorre.

Como podemos criar o design de serviços de maneira centrada no usuário?

Pense em dois usuários. Ambos homens nascidos em 1948, que cresceram na Grã-Bretanha, são casados, bem-sucedidos e ricos. Além disso, ambos têm pelo menos dois filhos, gostam de cães e adoram os Alpes. Um desses usuários poderia ser o Príncipe Charles, o outro Ozzy Osbourne. Embora as descrições estatísticas dos usuários sejam importantes, ter um entendimento verdadeiro dos hábitos, cultura, contexto social e motivação dos usuários é crucial. Precisamos colocar o usuário no centro do processo de design de serviços. Isso requer um genuíno entendimento do usuário, para além de meras descrições estatísticas e análises empíricas de suas

necessidades. Obter *insights* autênticos sobre os usuários envolve a aplicação de métodos e ferramentas que permitam ao designer de serviços colocar-se no lugar do usuário e entender sua experiência individual do serviço, bem como seu contexto mais amplo. Somos todos usuários – embora tenhamos diferentes necessidades e mentalidades. O design de serviços começa com a compreensão e a revelação dessas diferentes mentalidades.

Se você se lembrar de uma ocasião em que tentou obter assistência técnica, usando um atendimento telefônico, por exemplo, é comum que haja problemas no modo como as duas partes envolvidas entendem uma à outra. Você e o atendente literalmente falam a mesma língua e, no entanto, muitas vezes a comunicação é difícil, porque vocês pertencem a diferentes realidades. Naturalmente, o mesmo se aplica quando você trabalha em equipes interdisciplinares; muitas vezes os gestores, engenheiros, designers, profissionais de marketing, pessoal de linha de frente e usuários enfrentam mal-entendidos – simplesmente porque todos temos nossas próprias formações e experiências. A capacidade de utilizar esse conhecimento multidisciplinar durante o desenvolvimento de um serviço é crucial para que ele seja bem-sucedido no futuro. Uma abordagem centrada no usuário oferece uma linguagem comum que todos podemos falar; a linguagem do usuário do serviço.

2
COCRIATIVO

Todos podem ser criativos!

Posicionar o usuário no centro de um processo de design de serviços pressupõe encarar a realidade de que, potencialmente, exista mais de um grupo de usuários, e que cada um dos grupos possui diferentes necessidades e expectativas. Além disso, para oferecer serviços também é preciso levar em consideração os diversos stakeholders, como pessoal de linha de frente, funcionários de retaguarda e gestores, além das interfaces não humanas, como máquinas de venda automática ("vending machines") ou sites na Internet. Assim, uma única proposição de serviço envolve uma variedade de atores e diferentes grupos de usuários, bem como diferentes funcionários e tipos de interface. Durante o processo de design de um serviço, precisamos envolver os usuários, bem como todos os outros stakeholders, na exploração e definição da proposição de serviços.

Como podemos integrar os *stakeholders* de um serviço no processo de design desse serviço?

Pense nos diversos *stakeholders* envolvidos na criação, prestação e consumo de um serviço, por exemplo: gestores, profissionais de marketing, engenheiros, designers, pessoal de linha de frente e usuários. Agora que chegamos a um consenso de linguagem comum para nossos usuários, precisamos gerar algumas ideias acerca de como criar o design de um novo serviço ou melhorar um serviço existente. Assim,

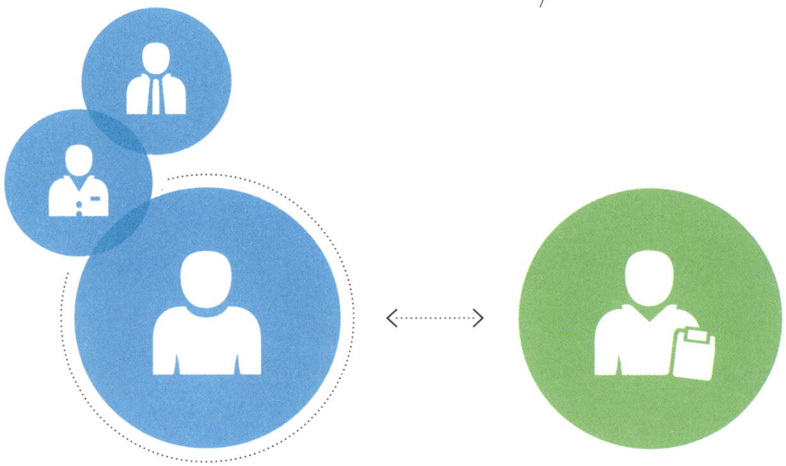

devemos envolver todas essas pessoas diferentes no processo e, em paralelo, precisamos ser criativos. No entanto, a criatividade não é um dom, e sim o processo de ouvir e estar preparado para articular as ideias que estão "fluindo" dentro da mente de uma pessoa. Os designers de serviço conscientemente criam um ambiente que facilita a geração e a avaliação de ideias dentro de grupos heterogêneos de *stakeholders*. Há uma variedade de métodos e ferramentas que podem ser utilizados para obter *insights* genuínos, a partir de diferentes perspectivas de usuário, na criação de um novo serviço e para o desenvolvimento, prototipagem e testes desses conceitos de serviços. Isso se chama cocriação, e facilitar esse processo em grupos que sejam representativos de seus *stakeholders* é um aspecto essencial do design thinking e uma parte fundamental do design de serviços.

Além disso, a cocriação durante o processo de design facilita uma boa interação entre os *stakeholders* durante a prestação do serviço – algo que é essencial para a sustentabilidade da satisfação tanto de usuários quanto de funcionários. Com a cocriação, os usuários têm a chance de agregar valor a um serviço em parceria com o provedor do serviço no início do desenvolvimento do serviço. Quanto mais envolvido um usuário estiver na prestação do serviço, maior é a chance de que esse serviço evoque copropriedade, o que, por sua vez, resultará em uma maior fidelização de usuários/clientes e em maior envolvimento a longo prazo.

3

SEQUENCIAL

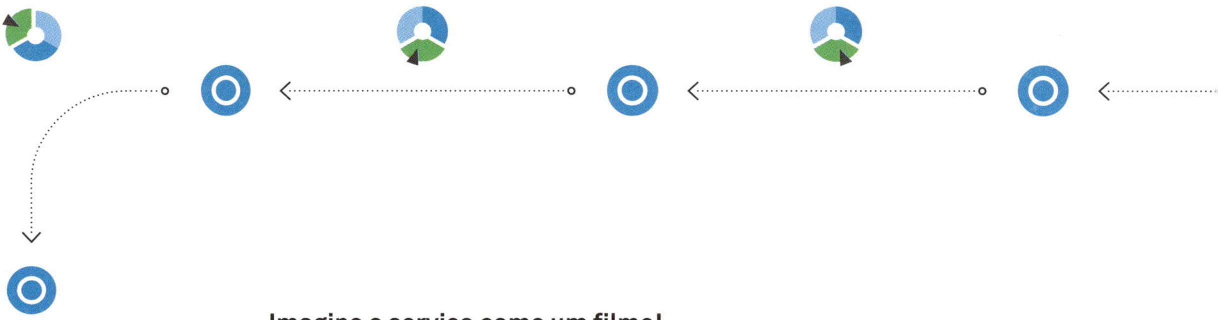

Imagine o serviço como um filme!

Serviços são processos dinâmicos que ocorrem ao longo de um determinado período de tempo. No processo do design de serviços, é fundamental levar em consideração essa linha do tempo do serviço, uma vez que o ritmo de um serviço pode influenciar o estado de humor dos usuários. Se alguma etapa progride de maneira excessivamente lenta (p. ex., esperar no check-in do aeroporto), podemos ficar entediados, e se for rápida demais (p. ex., passar apressadamente pelo controle de segurança do aeroporto), podemos ficar estressados.

Como podemos influenciar o ritmo de um serviço?

Imagine um exemplo de serviço bem simples, como ir ao cabeleireiro. Agora tente visualizar esse processo de serviço como uma peça de teatro ou um filme. Esse filme consistiria em uma série de imagens estáticas, que seriam combinadas para criar uma sequência em movimento. O design thinking de serviços utiliza essa analogia para desconstruir processos de serviços em pontos de contato e interações individuais. Em combinação, esses pontos de contato e interações criam momentos do serviço. As interações de ponto de contato podem ocorrer tanto em nível homem-homem, homem-máquina quanto em nível máquina-máquina, mas também podem ocorrer indiretamente via terceiros, por meio de resenhas de outros usuários, ou ainda pelas mídias impressa ou online. Todo processo de serviços segue uma transição

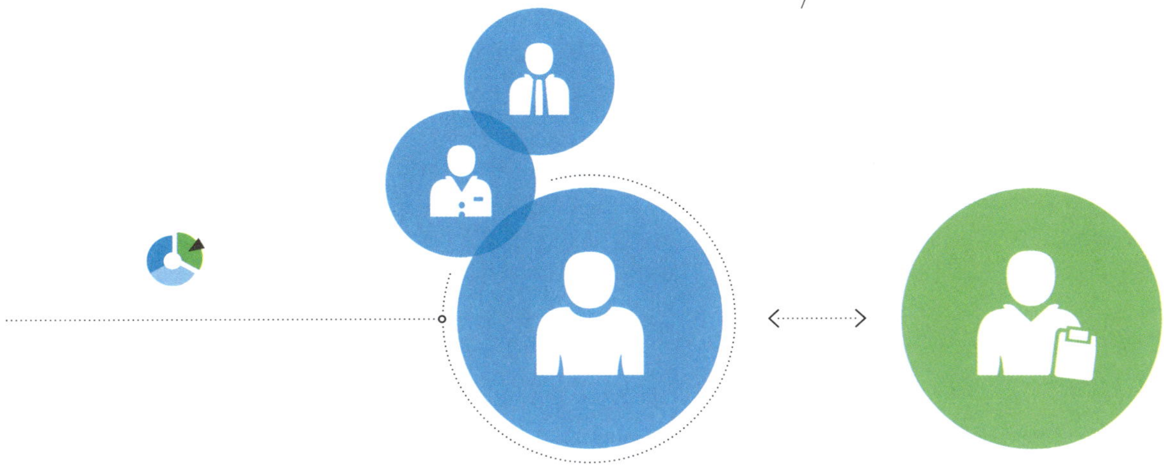

em três etapas: a do pré-serviço (entrar em contato com um serviço), a da prestação do serviço (quando os usuários experimentam, de fato, o serviço) e a do pós-serviço. Para continuar no exemplo do cabeleireiro, o primeiro ponto de contato da etapa pré-serviço seria o momento em que o usuário percebe a necessidade de um corte de cabelo e, assim, informa-se sobre a oferta do serviço por meio de um anúncio, ao passar em frente ao salão ou ao ouvir falar do cabeleireiro pelo marketing boca a boca.

Assim como qualquer boa peça de teatro ou filme, um serviço de alta qualidade deve manter um senso de expectativa sem exigir esforço demais do usuário. Isso envolve capturar o interesse do usuário com uma boa narrativa. Portanto, sequência de momentos do serviço deve ser orquestrada para obter um ritmo agradável, garantindo que o estado de humor do usuário progrida até o máximo e comunicando a mensagem de modo condizente ao conceito de serviço em cada ponto de contato. Tal como uma peça de teatro, um momento do serviço consiste não apenas no que se desenrola em cena, mas inclui também diversos processos nos bastidores, como varrer o chão da loja para preparar a cena para a próxima ação. Para conseguir um desempenho teatral de excelente nível, os atores precisam, naturalmente, fazer diversos ensaios; a mesma coisa se aplica aos serviços. Precisamos fazer protótipos dos serviços e testar o impacto sobre seus usuários de maneira iterativa.

4

EVIDENTE

Torne o intangível tangível!

Muitas vezes os serviços ocorrem na retaguarda, longe dos olhares, como é o caso do serviço de camareira em um hotel. Na verdade, serviços como esse são intencionalmente pensados para serem discretos (ou "invisíveis"). No entanto, se o ato de pagar a conta for o primeiro momento em que os usuários tomam consciência dos processos do serviço que acontecem nos bastidores do palco ou na retaguarda, sua extrema discrição pode criar uma disparidade nas expectativas do usuário e potencialmente resultar em um descontentamento para com o serviço.

Como fazer os usuários/clientes perceberem os serviços intangíveis?

Pense em suas últimas férias. Você trouxe algum *souvenir* para casa? Você colocou esse objeto em algum lugar, para poder olhar para ele de tempos em tempos? Quando olha para ele, você lembra os bons momentos que passou? Evidência física ou artefatos como souvenires ou garrafinhas de xampu de seu cabeleireiro podem desencadear a memória de momentos de serviço positivos e, assim, pela associação emocional, continuar a valorizar a percepção que os usuários/clientes têm do serviço que receberam. As evidências do serviço* podem, portanto, prolongar as experiências de serviço para além do mero período de serviço, estendendo sensivelmente a experiência do serviço para a etapa pós-serviço. A utilização desse recurso

* N. de R.T.: O termo "evidência do serviço" é proveniente do marketing de serviços.

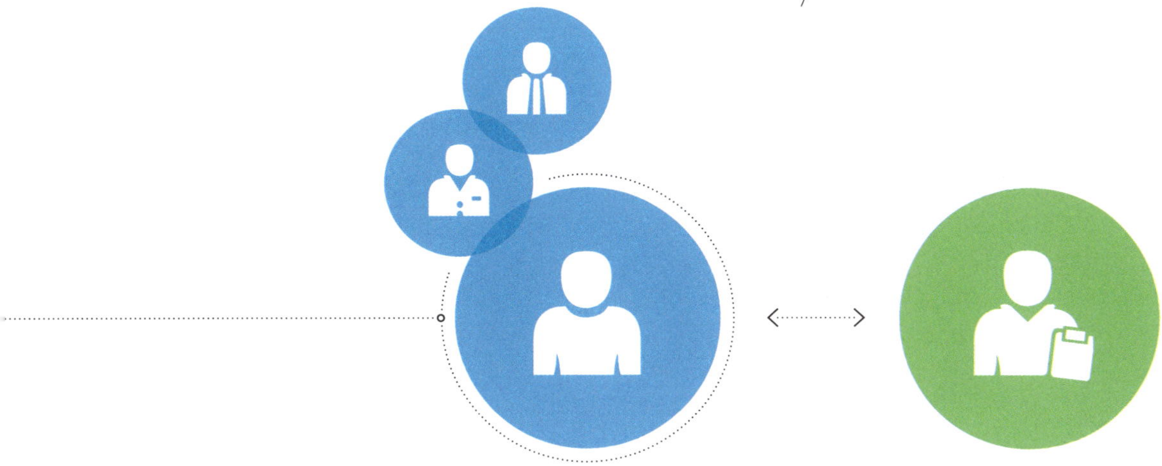

aumenta potencialmente a chance de fidelização do usuário/cliente e as chances de que ele recomende o serviço a outras pessoas.

A evidência do serviço pode explicar certos aspectos de um ponto de contato ou processo do serviço: uma placa ao lado de um secador elétrico de mãos, dizendo que o proprietário está ciente de que os usuários prefeririam usar toalhas de verdade, mas que os custos ou o impacto ambiental não permitem isso, pode gerar valorização e engajamento empático. A evidência do serviço pode ocorrer de diversas formas: contas, correspondências, emails, folders, placas, lembranças ou outros artefatos. Esses elementos agregam um componente tangível a algo que seria uma experiência intangível, caso eles não existissem. Entretanto, tornar o serviço mais tangível nem sempre é desejável para os usuários do serviço – um bom exemplo de evidências que não deram certo são aquelas "correspondências" que vão direto para o lixo.

Assim, as evidências do serviço ajudam a revelar serviços que ocorrem discretamente, nos bastidores. Muitas vezes, as empresas transformam detalhes discretos do serviço em ações padronizadas, como é o caso da ponta dobrada do papel higiênico, que, em hotéis, representa que a camareira passou pelo local e efetuou a limpeza. A evidência do serviço deve ser pensada de acordo com a proposta inerente do serviço e a sequência de seus pontos de contato. Se um processo de serviço é como um filme, um melhor entendimento do que acontece "por trás das câmeras" (ou seja, dos processos de bastidores dos serviços) pode resultar em maior valorização da experiência do serviço por parte do usuário/cliente.

5
HOLÍSTICO

Pense no panorama geral!

Embora os serviços sejam intangíveis, eles se desenrolam em um ambiente físico, utilizando artefatos físicos e, na maioria dos casos, geram alguma forma de resultado físico. De maneira subconsciente, os usuários percebem esse ambiente por meio de todos os seus sentidos. Nós percebemos a manifestação física dos serviços usando visão, audição, olfato, tato e paladar.

Que aspectos precisam ser levados em consideração na hora de criar o design de serviços?

No processo de design de serviços, trabalhar com uma visão sistêmica e de forma holística é extremamente difícil, pois é impossível levar em consideração todos os aspectos de um serviço. Entretanto, a intenção do designer de serviços deve ser a de sempre olhar da forma mais ampla possível para o contexto dentro do qual o processo de um serviço ocorre.

No nível dos pontos de contato e dos momentos do serviço, o foco deve estar no ambiente onde o serviço é oferecido. Perceber conscientemente aquilo que os usuários do serviço podem detectar inconscientemente por meio de seus sentidos pode ter um impacto profundo sobre a experiência do serviço em si.

No nível da sequência dos momentos do serviço, deve haver um foco nas alternativas possíveis das jornadas de usuário. Há sempre diversos modos de abordagem

e pontos de contato alternativos que devem ser considerados. A sequência das etapas do serviço podem mudar e precisam ser repetidamente reavaliadas a partir de diversas perspectivas para garantir uma excelente experiência do usuário. Assim, é importante "mapear o humor" e os sentimentos de todos os *stakeholders* ao longo da jornada de uso do serviço.

No nível do provedor do serviço, o foco deve estar na organização estruturada do provedor. O desenho de sistema de uma organização, sua cultura, valores e normas inerentes, bem como sua estrutura e processos organizacionais são questões importantes para o design de serviços. Disparidades entre a identidade corporativa incorporada pelos gestores e funcionários de uma organização e a imagem percebida pelos usuários/clientes precisam ser diluídas. Isso pode ajudar a promover uma "mentalidade de serviço" dentro da organização e a valorizar a motivação de funcionários e usuários/clientes.

Em suma, o design thinking de serviços dá suporte à cooperação de diferentes disciplinas, tendo o sucesso corporativo como meta. Isso se dá pela melhoria das experiências dos usuários/clientes, pela satisfação do pessoal e pela integração de sofisticados processos tecnológicos para atingir os objetivos de sucesso corporativos.

MARKETING: CONEXÃO COM AS PESSOAS, CRIAÇÃO DE VALOR

LUCY KIMBELL

O design thinking de serviços é focado não nas organizações, mas sim em seres humanos, e busca encontrar formas de ajudar organizações e stakeholders a cocriarem valor. Este ensaio mostra como alguns dos conceitos fundamentais do marketing sustentam o design de serviços, além de sugerir onde as práticas de design podem contribuir com o marketing.

Surgimento do marketing

Entre todas as disciplinas que têm algo a contribuir para o design de serviços, o marketing é provavelmente aquela que poderia se orgulhar de já ter contribuído de várias maneiras relevantes. Assim como outras áreas da gestão, a teoria e a prática do marketing evoluíram ao longo do tempo, por influência de mudanças sociais, econômicas e políticas mais abrangentes. Uma das principais mudanças no marketing foi a transição que fez a orientação do mercado sair da produção e passar para o próprio marketing. Quando os bens eram escassos, para muitas empresas, o marketing consistia em esforços para vender o que era produzido e para analisar os relacionamentos entre compradores e vendedores. Mas, à medida que novos fabricantes intensificaram a concorrência, o marketing começou a afastar-se da venda de bens para clientes. A partir daí, o objetivo passou a ser entender o que os clientes desejavam e produzir exatamente isso – e não o contrário. Essa orientação do marketing teve uma enorme influência no mundo em que vivemos.

As empresas, de modo geral, não medem esforços para descobrir o que os clientes querem ou do que precisam, especialmente no que diz respeito aos bens de consumo, e buscam diferenciar seus produtos e serviços para atrair diferentes segmentos do mercado. O estudo de como as agências de marketing buscam atingir os consumidores usando diversas mídias mostra o quanto essas ideias estão arraigadas nas culturas contemporâneas das economias desenvolvidas.

As definições contemporâneas de marketing explicam a disciplina como aquela que está primordialmente preocupada em identificar clientes e, então, iniciar e manter relacionamentos com eles de um modo que agregue valor tanto para os clientes quanto para as organizações. Entre as pesquisas recentes estão o desenvolvimento de teorias de consumo, que buscam entender o que motiva as pessoas a comprarem, como os clientes tomam decisões, o papel de diferentes fatores na formação do consumo – como o acesso a informações –, as atividades de outras pessoas e o contexto mais abrangente, incluindo marketing global e marketing social. Para desenvolver suas estratégias, os profissionais de marketing recorrem a métodos quantitativos, como pesquisas de opinião, e métodos qualitativos, como pesquisa etnográfica.

Entre todas as disciplinas que têm algo a contribuir para o design de serviços, o marketing é provavelmente aquela que pode se orgulhar de já ter contribuído de várias maneiras relevantes.

Marketing de serviços

Boa parte do foco inicial do marketing estava nos bens de consumo. Os serviços tornaram-se um tópico importante em marketing a partir dos anos 1970, quando os pesquisadores perceberam que o valor econômico dos serviços estava começando a exceder o de outros tipos de atividade. Parte do esforço inicial foi descobrir como definir os serviços; muitas vezes eles eram definidos em oposição aos bens ou como ofertas adicionais que complementavam os produtos (Vargo e Lusch, 2004b). Zeithaml, Parasuraman e Berry (1985) resumiram quatro características a partir de um

O que é design de serviços?

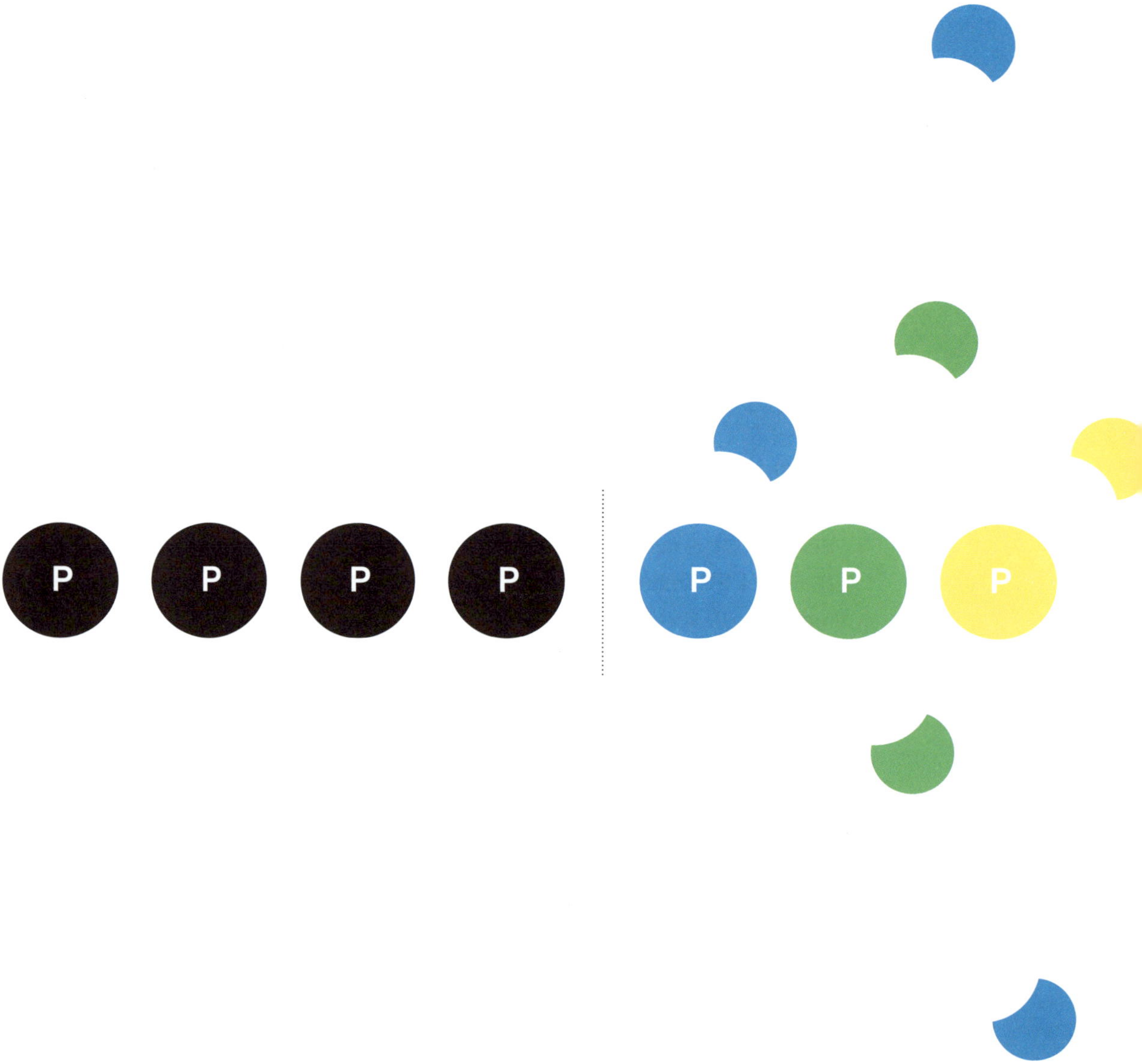

levantamento de pesquisas existentes – intangibilidade, heterogeneidade, inseparabilidade e perecibilidade (IHIP) – mas, desde então, foi provado que essas características não são generalizáveis para todos os serviços e que são aplicáveis a alguns bens (Lovelock e Gummesson, 2004; Vargo e Lusch, 2004b). Outras evoluções na conceitualização de serviços levaram ao que é, atualmente, uma questão não resolvida. Ou tudo é serviço, conforme sugerido pela articulação de Vargo e Lusch (2004a) de uma lógica dominante do serviço*, que propõe que a distinção convencional entre bens e serviços não importa; ou é preciso encontrar novas maneiras de entender as qualidades específicas de se organizar e consumir serviços, por exemplo, o destaque para a propriedade e o acesso aos recursos (Lovelock e Gummesson, 2004).

Embora o debate acerca do que constitui um serviço continue, pesquisadores também vêm se concentrando nos aspectos específicos do serviço. Eles começaram a afastar-se da ênfase tradicional do marketing na precificação e nas transações, aproximando-se de um entendimento mais detalhado dos processos pelos quais os clientes individuais interagem com empresas. Um exemplo dessas mudanças foi o acréscimo de três fatores adicionais aos "4 Ps" clássicos do mix de marketing de produto, preço, promoção e praça: pessoas (os atores humanos envolvidos no encontro de serviço), processos (procedimentos, mecanismos e fluxos de atividades) e evidências físicas (do inglês, *physical evidence*, as cercanias físicas e pistas tangíveis) (Booms e Bitner, 1981). Os pesquisadores também começaram a enfatizar a qualidade dos serviços percebida pelo ponto de vista do usuário, para quem o encontro de serviço

* N. de R.T.: Service Dominant Logic (SDL). A ideia, proposta em *Evolving to a New Dominant Logic for Marketing*, de Vargo e Lusch, pressupõe uma dissolução das fronteiras entre produto e serviço, em que o produto é visto como algo que permite a provisão do serviço.

constituía no próprio serviço (Zeithaml e Bitner, 2003). Pesquisas sobre gestão de relacionamento com clientes chamaram atenção para as relações entre clientes e organizações e levaram a um entendimento da criação de valor com os clientes (Normann e Ramírez, 1993). O marketing de relacionamento enfatizava os papéis de outros atores, como por exemplo parceiros, na constituição de valor por meio de alianças com um grupo mais amplo de atores organizacionais (Grönroos, 2000).

Marketing ou design?

Mesmo uma breve revisão das principais ideias do marketing é capaz de mostrar até que ponto elas foram difundidas no design contemporâneo, particularmente no design de serviços. De fato, pode ser difícil identificar duas áreas distintas, tamanha

Hoje, sabe-se que um aspecto central do design de serviços é entender o valor e a natureza das relações entre pessoas e pessoas, entre pessoas e coisas, entre pessoas e organizações e entre organizações de diversos tipos.

a proximidade entre elas, mas existem algumas diferenças importantes, moldadas, em parte, pelas influências das ciências sociais dentro do marketing e pela formação acadêmica de muitos designers de serviços em cursos de arte e design. O marketing lida com organizações criando e construindo relacionamentos com clientes para cocriar valor; o design se propõe a colocar os *stakeholders* no centro do design de serviços e, de preferência, cocriar um codesign com eles. Os estudiosos e profissionais de marketing desenvolveram ferramentas e conceitos, entre eles *blueprints*, evidências de serviço e um foco no acontecimento de serviço; os designers utilizam essas ferramentas e desenvolvem outras, que muitas vezes estão focadas nas experiências individuais dos usuários como um modo de desenvolver o design de serviços. Enquanto os pensadores e práticos do marketing definem quem são ou poderiam ser os usuários de um serviço e os traços gerais dos tipos de relacionamento que uma organização poderia ter com eles, os designers modelam e dão forma a essas ideias, podendo enriquecer e desafiar os pressupostos por meio de métodos de visualização. Os pesquisadores de marketing estudam os clientes para desenvolver *insights* sobre suas práticas e valores; os designers podem utilizar os *insights* como ponto de partida para o design, agregando foco na estética das experiências de serviço. O marketing tem uma visão de desenvolvimento de novos serviços moldada pela solução de problemas; os profissionais de design têm um entendimento do processo iterativo de design que envolve explorar as possibilidades e estar aberto ao acaso e aos fatores de surpresa.

Provavelmente não importa se o design de serviços faz parte do marketing ou vice-versa. A maneira como as ideias se espalham e como as organizações em diferentes setores do mercado se organizam provavelmente moldam o modo como o design de serviços se desenrola em diferentes empresas. O que realmente importa é que, hoje, sabe-se que um aspecto central do design de serviços é entender o valor e a natureza das relações entre pessoas e pessoas, entre pessoas e coisas, entre pessoas e organizações e entre organizações de diversos tipos. O estudo do marketing de serviços tem se preocupado com essas questões por décadas e já contribuiu com alguns conceitos importantes. Mas o marketing, por si só, é apenas um elemento dentro dos esforços de qualquer organização para inovar em serviços. Esses esforços envolvem uma abordagem multidisciplinar que combina marketing com outras especialidades que servem para criar valor à medida que os serviços são projetados e tomam forma nos diversos tipos de interação entre indivíduos e organizações.

Quem são os designers de serviços?

Fundamentos

ÁREAS DO DESIGN DE SERVIÇOS

O design thinking de serviços, como abordagem interdisciplinar, inclui e conecta diversas áreas de atividade. Os artigos apresentados nas próximas páginas fornecem um panorama abrangente de como diferentes disciplinas de design e gestão incorporam o design thinking de serviços e de como essas disciplinas facilitam o design de serviços.

A seleção de disciplinas está longe de ser uma listagem completa. Na verdade, muitas outras poderiam ser incluídas aqui, como Engenharia, TI, Arquitetura e Psicologia, apenas para citar algumas. No entanto, estes exemplos ilustram bem a faixa de aplicação do design thinking de serviços.

SATU MIETINNEN, FINLÂNDIA
Design de produtos

JAKOB SCHNEIDER, ALEMANHA
Design gráfico

SIMON CLATWORTHY, NORUEGA
Design de interação

KATE ANDREWS, REINO UNIDO
Design social

RALF BEUKER, ALEMANHA
Gestão estratégica

KATE BLACKMON, REINO UNIDO
Gestão de operações

GEKE VAN DIJK, HOLANDA
Design etnográfico

DESIGN DE PRODUTOS: DESENVOLVIMENTO DE PRODUTOS COM APLICAÇÃO DE SERVIÇO

SATU MIETTINEN

Este capítulo examina as influências da produção de serviços sobre a prática do design de produtos e considera as implicações da evolução dos designers de produtos, que evoluíram de uma prática exclusiva de design de produtos para uma prática que incorpora o design de serviços.

Design conceitual e iteração

Os papéis dos designers mudaram, assim como os métodos que eles utilizam em seu trabalho de design. Valtonen (2007) demonstra isso em seu estudo sobre como o papel do designer industrial se diversificou. Atualmente, os designers estão trabalhando na gestão de processos de design em empresas, atuando como pesquisadores e colaborando com pesquisas de consumo.

O design de produtos, também conhecido como design industrial, passou por mudanças ao longo das últimas décadas. O design de objetos já não está mais restrito a forma, função, material e produção. Pode-se dizer que atualmente o design está focado na interação entre pessoas e tecnologia, e os produtos servem como plataformas para experiências, funcionalidade e ofertas de serviço (Buchanan, 2001). A Sociedade Americana de Designers Industriais (IDSA, Industrial Designers Society of America) define o design industrial como o serviço profissional que cria e desenvolve conceitos e especificações que otimizem a função, o valor e a aparência de produtos e sistemas para o benefício mútuo tanto de usuários quanto de fabricantes (IDSA, 2010). Assim, pode-se notar que o design industrial consiste, ele próprio, em um serviço que beneficia usuários e fabricantes de produtos e serviços.

Na prática, o design busca identificar, sob diversos aspectos da vida das pessoas, problemas e necessidades latentes que possam ser usados para inspirar a geração criativa de artefatos. As necessidades e problemas das pessoas mudam à medida que seus ambientes de vivência social, tecnológica e econômica se transformam. O design responde ao surgimento de novos ambientes e necessidades dos usuários. Os designers estudam os usuários e seu uso dos artefatos para desenvolver produtos melhores e gerar conhecimentos que podem ser integrados aos artefatos. Os usuários geram conhecimento a partir da interpretação desse conhecimento que está integrado nos artefatos. Eles precisam ser capazes de entender o valor, o sentido e as maneiras de usar o artefato em diferentes situações de suas vidas diárias.

O papel do designer industrial se diversificou. Atualmente, os designers estão trabalhando na gestão de processos de design em empresas, atuando como pesquisadores e colaborando com pesquisas de consumo.

A Organização Internacional de Normas (ISO) introduziu uma diretriz de processo (ISO 13407) sobre "processo de design centrado no usuário para sistemas interativos" com ênfase na participação do usuário no processo de desenvolvimento do sistema (Sato, 2009). O modelo de Design Centrado no Humano (HCD, Human Centred Design) pode ser aplicado para organizar abordagens de HCD nas fases de problematização, levantamento e interpretação de dados. Cada uma dessas fases representa uma das partes do processo de desenvolvimento de produtos e serviços, para as quais o design pode dar apoio.

Os níveis de influência dos *stakeholders* podem ser usados como um princípio organizador nas abordagens de HCD para o desenvolvimento de produtos e serviços. Os *stakeholders* no processo de design também podem ser considerados tanto como

Quem são os designers de serviços?

designers quanto como usuários, ao passo que os representantes da comunidade de design podem ser considerados como designers engenheiros, designers industriais ou de interação, ou pesquisadores de usuários. Eles tomam parte no processo de design contribuindo com sua *expertise* para definir e especificar soluções tecnológicas, ajudando a estabelecer as principais características do usuário ou ainda articulando a aparência visual do produto.

Usuários dentro do processo de HCD podem ser qualquer pessoa exposta à interação com um produto ou serviço ou, ainda, os chamados usuários secundários, como por exemplo, pessoal de serviço e funcionários do provedor do serviço que estejam envolvidos na prestação do serviço. A *expertise* que esses indivíduos possuem a respeito dos usuários pode ser útil para construir uma imagem mais clara dos contextos e práticas segundo os quais os usuários possam interagir com o produto. Outros tipos de *stakeholders* consistem em clientes, fornecedores e desenvolvedores terceirizados, q

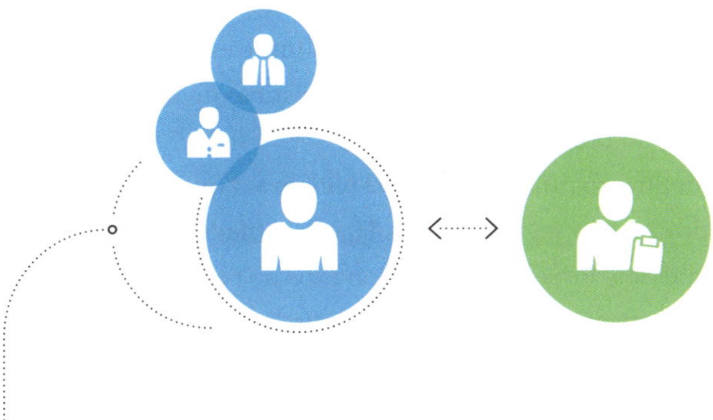

que podem participar no processo de desenvolvimento de HCD, contribuindo com informações co

ISTO É COCRIATIVO.

O conceito de atividade refere-se à interatividade dos participantes, à iniciativa e ao estilo de colaboração e contribuição em eventos de design. Os papéis dos usuários podem variar desde a participação proativa, na qual os usuários colaboram para solucionar e enquadrar os desafios de design, até papéis passivos, em que os designers interpretam os dados dos usuários sem qualquer engajamento direto com a comunidade de usuários (Keinomen, 2009).

contextuais específicas provenientes de suas áreas de atuação de expertise específica de seus domínios.

O design de produtos está sempre ligado a algum processo de fabricação. Tipicamente, existem inúmeros processos de engenharia que precisam ser integrados para dar suporte à produção de um produto completo. Ao considerar o design de produtos de maneira holística como um serviço, é possível levar em consideração o modo como todos os processos estão conectados ao negócio de "troca de bens" e ao marketing. Portanto, o design de um produto pode e deve contribuir para atender às demandas dos processos de entrega e manutenção, bem como à experiência de uso de um serviço.

A utilização dessas ferramentas de design centrado no usuário caracteriza o processo de design de produtos. Por sua vez, essas ferramentas ajudam a facilitar a criação de especificações de produto adequadas para atender a todas as especificações relevantes de engenharia e dos usuários. O design de produtos também pode ser usado para outros fins, como na comunicação corporativa, na construção de marca e no desenvolvimento tecnológico e marketing (Keinonen, 2006).

O design conceitual de um produto está focado na combinação de diversas perspectivas do design de produtos: uma visão de design centrada no usuário, uma variedade de pesquisas qualitativas e quantitativas e de abordagens na coleta de dados, além de técnicas de visualização, como esboços, geração de imagens e prototipagem. Quando um processo de design de produtos está voltado para o lançamento de um produto, o desenvolvimento de um conceito de design pode desempenhar diversos papéis que podem fornecer apoio aos objetivos de negócios e aos processos organizacionais de uma empresa. Entretanto, o objetivo do desenvolvimento do conceito de um produto não é a articulação de especificidades que definam o produto de maneira ampla, conforme descrito anteriormente. Ao contrário, o desenvolvimento do conceito de um produto estabelece as características principais desse produto e inicia um processo que permite que a empresa vislumbre de que modo esse produto poderia evoluir

O design conceitual de um produto está focado na combinação de diversas perspectivas do design de produtos: uma visão de design centrada no usuário, uma variedade de pesquisas qualitativas e quantitativas e de abordagens na coleta de dados, além de técnicas de visualização, como esboços, geração de imagens e prototipagem.

ou ser adaptado para viabilizar seu desenvolvimento real no futuro. O desenvolvimento de conceitos pode ter uma contribuição muito relevante para fases posteriores do desenvolvimento de produtos. Os conceitos emergem do resultado de pesquisas e desenvolvimentos técnicos ou por meio da modificação de produtos já existentes, na tentativa da empresa de ingressar em mercados radicalmente diferentes. Esses conceitos tornam as necessidades do usuário compreensíveis e auxiliam os processos de aprendizado e tomada de decisões da empresa para a criação de futuros produtos. A visualização desses conceitos em geral ocorre a partir da criação de cenários que antecipam evoluções tecnológicas e pesquisas futuras. Frequentemente esses conceitos não são implementados. Essas visões ou cenários de possíveis futuros conceitos de produtos também são usadas para territorializar e comunicar a marca, bem como as futuras estratégias de marketing de uma empresa. (Ibid.)

O desenvolvimento do processo iterativo de design ajuda a solucionar os problemas encontrados durante os testes com usuários. Deve haver um ciclo de design, testes e medições, seguidos de reformulação do design, e esse ciclo deve ser repetido sempre que necessário. Essa é uma maneira de incorporar os resultados dos testes comportamentais nas futuras versões do sistema. O objetivo dessa abordagem é tornar o sistema amigável e fácil de operar (Gould e Lewis, 1985). Design iterativo é uma metodologia de design baseada em um processo cíclico de prototipagem, testes, análise e refinamento de um trabalho em andamento. O típico desenvolvimento de design de produtos incorpora essa abordagem iterativa do design, na qual, conforme detalhado anteriormente, os *stakeholders* podem ajudar a refinar o resultado final. A criação de conceitos de desenvolvimento de produtos pode fazer parte do processo iterativo do design. Tanto a abordagem de design conceitual quanto a iterativa são fases importantes no processo de design de serviços. O desafio é criar híbridos orientados para o usuário, incorporando o cliente que está diante do produto e que ajuda a articular o serviço em cuja oferta está envolvido.

Produtos-serviços híbridos

Na era da produção industrial, vender serviços não era algo comum. Ou, pelo menos, não era costumeiro considerar produtos produzidos industrialmente como parte de uma proposição de serviços. Se estiverem dispostos a aceitar essa realidade, os produtores industriais precisam encarar os desafios de desenvolver uma cultura de desenvolvimento de serviços em seus negócios, além de precisar do conhecimento prático de precificação e manutenção desses serviços. O objetivo é, em grande parte, aumentar a lucratividade, o crescimento e a retenção de clientes por meio do desenvolvimento de proposições de serviços. As empresas que produzem bens de consumo estão atualmente diante do desafio de desenvolver produtos híbridos. Koivisto (2007) define os produtos híbridos como produtos em que o serviço foi projetado como parte integrante do produto. Um bom exemplo disso é o pacote de produtos iPod e iTunes, da Apple (Apple, 2010). O desenvolvimento de um produto híbrido como esse significa que tanto o conceito do produto quanto o sistema de serviços são desenvolvidos em conjunto.

KONE é uma empresa que fornece soluções completas *business-to-business* para a instalação, modernização e manutenção de elevadores, escadas rolantes e portas automáticas (Kone, 2010a). O desafio é comunicar o negócio de serviços que a KONE oferece aos clientes. O portfólio da Kone consiste em uma variedade de diferentes requisitos dos clientes, desenvolvimento de novas máquinas e prestação de manutenção e produtos-serviços para seus clientes. Assim, o negócio de serviços da Kone é significativo. O objetivo da empresa é oferecer aos seus clientes/usuários a melhor experiência possível de fluxo de pessoas, desenvolvendo e entregando soluções que permitam que as pessoas se desloquem de maneira fácil, segura e confortável pelas instalações físicas de seus clientes, sem precisar ficar esperando no hall de entrada dos edifícios. Eles buscam oferecer isso em um ambiente cada vez mais urbanizado – o que apresenta um claro potencial de inovação e expansão de seu mercado.

Lea Lehtinen, do setor de Inovação em Serviços da Kone Corporation, falou sobre o processo de desenvolvimento do KONE Deco™. O KONE Deco™ é uma nova solução de decoração de interiores que pode ser instalada tanto em um elevador novo quanto em um elevador já existente (Kone, 2010b). Ele cobre o serviço completo, desde o planejamento da decoração até a instalação e a troca do material. A decoração pode ser alterada para adequar-se ao local e ao evento, até mesmo várias vezes por ano. Os clientes podem optar por painéis substituíveis para a parede traseira, de modo a criar uma personalidade única para o elevador, ou, por exemplo, divulgar uma campanha de marketing para dentro do elevador. Uma companhia aérea pode mostrar cenas de seus mais novos destinos. Se o direcionamento mudar, os elementos de design do projeto podem facilmente ser alterados. O KONE Deco™ é um exemplo de produto híbrido no qual o serviço e o produto físico estão totalmente integrados, de modo a garantir o ciclo de vida eficiente do produto.

Outro cliente, o shopping center Myyrmanni, apresentava uma necessidade de desenvolvimento: eles perceberam que seus clientes não estavam subindo para o segundo andar do shopping center com os elevadores fechados e construídos com aço inoxidável. Entretanto, os clientes estavam formando filas para usar os elevadores panorâmicos. Para garantir um fluxo eficiente de clientes, isso precisava mudar. O shopping center já havia fracassado ao testar a implantação de um novo formato de design de iluminação cujo objetivo era guiar o fluxo de pessoas por meio de um sistema de setas iluminadas instalado sobre o piso. Era certo que um novo conceito precisava ser adotado para alterar o fluxo de pessoas. Foi assim que o conceito "Os Incríveis" surgiu e solucionou o problema.

A KONE tem uma vasta gama de clientes de diferentes portes. Assim, uma estreita cooperação com seus parceiros de negócios possibilita o desenvolvimento eficaz de serviços. Frente a esse desafio, o design de serviços deve ser integrado ao processo organizacional da empresa. Assim, o design de serviços deve ser incluído em todos os

Um projeto de design de serviços bem-sucedido requer a integração dos *stakeholders* o mais cedo possível no processo de desenvolvimento do projeto.

aspectos do negócio, desde o pedido até a entrega, a instalação e o abastecimento de materiais. No processo de desenvolvimento de produtos, é importante usar o próprio *know-how* central da empresa acerca de seu contexto de serviço e aproveitar o entendimento organizacional das práticas institucionais. Isso ocorre, no caso da KONE, na utilização do conhecimento do pessoal de manutenção e instalação para o levantamento e o desenvolvimento dos requisitos de manutenção para o serviço.

Um projeto de design de serviços bem-sucedido requer a integração dos *stakeholders* o mais cedo possível no processo de desenvolvimento do projeto. Oportunidades de iterar o processo de desenvolvimento do produto junto aos *stakeholders* envolvidos no projeto devem ser criadas o quanto antes. Muito provavelmente, esse processo irá resultar em um aumento de soluções proativas. Entretanto, os gestores devem estar alinhados com o sistema, de modo a assegurar o suporte ao processo.

Os elevadores de aço inoxidável foram decorados com imagens do filme "Os Incríveis". Isso melhorou a atmosfera e tornou os elevadores de aço atraentes para os clientes do shopping center. O fluxo de pessoas mudou e o problema foi solucionado.

Além disso, deve haver um fluxo constante de comunicação, trabalho contínuo de vendas e parceria com os designers. Também é necessário que todos na empresa entendam essa forma de trabalho interdisciplinar e a lógica de negócios que esse formato requer.

O design de serviços foi integrado à KONE Corporation com uma atitude livre de preconceitos, utilizando as informações organizacionais de maneira ampla e explorando as vantagens da colaboração entre designers e psicólogos. Um dos métodos de design de serviços utilizados na KONE é o *brainstorming* com os clientes. A vantagem do design de serviços nesse contexto é o fato de que ele torna o serviço visível e compreensível para os clientes. Outros métodos utilizados são, por exemplo, grupos de foco com clientes e diferentes maquetes eletrônicas e protótipos de produtos. O aumento da tecnologização levou a uma fragmentação das necessidades dos usuários, mas, caso seja entendido corretamente, isso pode apresentar também oportunidades significativas para que empresas como a KONE inovem de maneira extensiva em sua oferta de produtos e serviços. Bons projetos de design de serviços também podem ajudar a encontrar respostas para as necessidades presentes e futuras dos clientes. Conforme esse exemplo ajudou a articular, os métodos de design de serviços podem ser utilizados tanto para desenvolver um produto híbrido quanto para desenvolver um produto-serviço de fato.

Como criar proposições de valor junto aos usuários

Sanders (2005) aponta que as empresas estão buscando e testando novas ferramentas e métodos para a pesquisa em design centrado no usuário. Assim, a pesquisa do design se afastou do design experimental, como simplesmente observar pessoas usando o produto, para se aproximar de abordagens mais generativas ao desenvolvimento de produtos, nas quais os pesquisadores de design conduzem investigações para gerar ideias ou para revelar as oportunidades de desenvolvimento de novos produtos na fase inicial do processo de design.

Mark Jones, o coordenador de inovação em serviços da IDEO, afirma que, a partir dessa perspectiva, o processo de design começa com o entendimento do contexto de uso do produto e com a observação das experiências dos usuários, realizados por meio de pesquisas de campo para observar os usuários e a maneira como eles interagem com o produto. Geralmente, na etapa pré-pesquisa de desenvolvimento de um projeto, ocorre o início do trabalho e, em seguida, podem ser realizados um ou dois workshops com os *stakeholders*. Subsequentemente, o desenvolvimento do caso pode precisar de até seis ou sete iterações e maquetes, como parte do processo de desenvolvimento iterativo do produto.

Normalmente, uma equipe de design consistiria em um engenheiro e um designer. Assim que você começa a projetar as ações, sistemas ou sistemas de produto-serviço, essa gama de *expertise* precisa ser ampliada com o envolvimento de um especialista em fatores humanos. O papel do design é ilustrar e representar a complexidade do sistema para torná-lo mais compreensível, bem como para representar o valor agregado que o produto traz à empresa. Os métodos de design participativo são utilizados durante a etapa de desenvolvimento do projeto, e isso envolve um extensivo relacionamento com os clientes. Por fim, o modo como os métodos são selecionados depende do caso de negócios.

Quando os sistemas de produtos-serviços ou os serviços-produtos híbridos são desenvolvidos, não se trata apenas do tipo de serviço que está sendo cocriado com os usuários, mas também de qual papel esse determinado serviço terá dentro do modelo de negócios da organização. Quando o design e o planejamento são minuciosos, os sistemas de produtos-serviços e os serviços-produtos híbridos aqui detalhados podem fazer contribuições essenciais para o valor da proposição do serviço de forma ampla, bem como para a desejabilidade dos produtos oferecidos por uma empresa.

DESIGN GRÁFICO: EXPLICAÇÕES VISUAIS

JAKOB SCHNEIDER

É praticamente impossível algum produto ou serviço ser disponibilizado no mercado sem apresentar um elemento de design gráfico. Sistemas de sinalização, interfaces de usuário, pictogramas, embalagens, formulários ou manuais são todos projetados graficamente. Para serem bem-sucedidas, essas ofertas precisam ser bem projetadas, em termos de impacto gráfico, bem como no modo como estão estruturadas as informações nelas contidas.

A percepção de mundo de um indivíduo nunca dependeu tanto de impulsos visuais quanto atualmente. Ao mesmo tempo, as pessoas precisam lidar com uma infinidade de fontes de informação que são, cada vez mais, distribuídas por meio de mídias digitais. Assim, é necessário desenvolver sistemas mentais de filtragem, ou mecanismos de percepção através dos quais os indivíduos possam continuar a tomar decisões acertadas sobre as informações e estímulos visuais que lhes são diariamente apresentados.

Os modelos mentais ajudam o indivíduo a se orientar no mundo; eles são a representação mental abstrata e reducionista da complexidade que todos enfrentam na vida cotidiana – os esquemas pelos quais compreendemos o mundo que nos cerca. No entanto, se um usuário é confrontado com uma situação que nunca experimentou antes, torna-se impossível recorrer a um modelo existente. O conhecimento sobre o processo de pagamento em um supermercado e o modelo mental de como esse sistema funciona na cabeça dos usuários podem ou não necessariamente ser úteis para compreender como interagir com um novo processo de compras online. A metáfora do carrinho de compras online, por exemplo, promove o desenvolvimento de um novo modelo mental, por meio da referência a uma experiência física análoga. De modo geral, o usuário pode basear-se em mecanismos e funcionalidades associadas, neste caso, aos carrinhos de compras, para entender melhor um sistema de pagamento online que é, em grande parte, intangível. Isso ocorre mesmo que as compras "online" sejam, sob o ponto de vista fenomenológico, diferentes das experiências anteriores que o usuário pode ter com compras "offline".

A tarefa do designer gráfico, portanto, é desencadear, *a priori*, os modelos mentais do indivíduo ou, ao menos, influenciar positivamente o acúmulo dessas representações cognitivas de significados.

A tarefa do designer gráfico, portanto, é desencadear, *a priori*, os modelos mentais do indivíduo ou, ao menos, influenciar positivamente o acúmulo dessas representações cognitivas de significados. Este capítulo explica do que o design gráfico é capaz e qual o papel que ele pode desempenhar dentro do design de serviços – a partir da perspectiva de um designer gráfico.

Duas tarefas: informação e *branding*

Historicamente falando, o design gráfico tem suas origens na arte aplicada; mais especificamente, nas profissões dos cartazistas e letreiristas. No entanto, hoje existem dois grandes campos de atuação para o designer gráfico, embora as fronteiras entre eles sejam fluidas.

O campo do *branding* diz respeito a ajudar uma oferta a estabelecer uma identidade visual e familiaridade aos olhos dos clientes. Assim, o design gráfico explora e adota uma variedade de padrões para os quais o cliente já possui um modelo mental: o uso da cor verde em embalagens, por exemplo, pode sugerir uma associação com a ideia que o usuário tem sobre frescor, produtos orgânicos ou, mais recentemente, responsabilidade ambiental.

O design de informação, por outro lado, diz respeito à tarefa de fazer os conteúdos complexos e abstratos tornarem-se acessíveis de forma mais simples. Utilizando composição lógica, hierarquia visual e metáforas visuais, os designers facilitam para o público a absorção e a compreensão das informações.

O *branding* ajuda o cliente a aproximar-se emocionalmente do tema ou do contexto emocional da experiência. Dentro desse cenário, o design de informação conduz o cliente a uma experiência de usuário satisfatória e caracterizada por associações positivas.

Branding e design de informação não são opostos entre si. Pelo contrário, os dois operam com alto grau de interdependência. Os ambientes visuais projetados a partir do *branding* deixam as pessoas mais à vontade por utilizarem padrões conhecidos. O *branding* ajuda o cliente a aproximar-se emocionalmente do tema ou do contexto emocional da experiência. Dentro desse cenário, o design de informação conduz o cliente a uma experiência de usuário satisfatória e caracterizada por associações positivas. No entanto, esses dois campos possuem diferentes focos. Não há dúvidas de que o *branding* é uma parte essencial do posicionamento de marketing, e de que ele cria a atmosfera que motiva inicialmente o usuário a tomar consciência da oferta e a levá-la em consideração. O design de informação tem uma influência subjacente muito mais explícita no processo de design de serviços, uma vez que ele muda o modo como a sociedade lida com as informações e, além disso, tem o poder de afetar a maneira que os usuários percebem o valor de uma proposição de serviços ou, certamente, de quaisquer transferências de informação entre o provedor do serviço e seu receptor, que são parte integrante da experiência do serviço.

As obras de um pioneiro do design gráfico, Henry C. Beck (1902–1974) são um bom exemplo disso. Ele criou o protótipo de todos os mapas de transporte público. A planta de Beck para o metrô de Londres se inspirava na clareza geométrica de uma placa de circuito elétrico para criar o sistema de localização geográfica das estações do metrô. Ao fazer isso, ele tornou o sistema complexo mais compreensível e acessível por meio da abstração visual. Sua abordagem de combinar dois tópicos essencialmente diferentes – ligações elétricas e transporte público – ajuda o usuário a desenvolver seu próprio modelo mental. Na verdade, ele mudou nossa maneira de visualizar o conglomerado de túneis e estações do metrô.

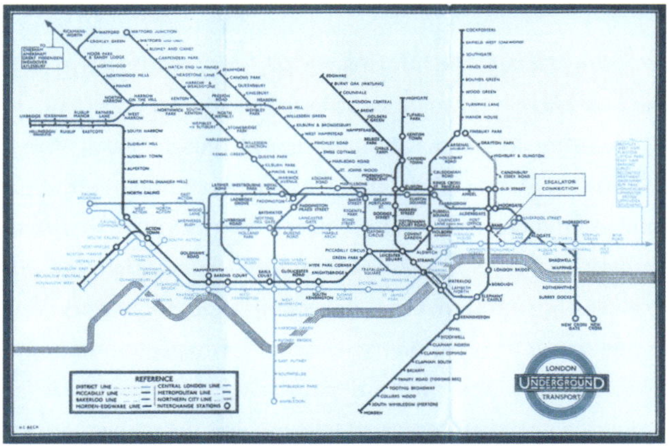

A planta de Beck para o metrô de Londres se inpirava na clareza geométrica de uma placa de circuito elétrico para criar o sistema de localização geográfica das estações do metrô. Sua abordagem de combinar dois tópicos essencialmente diferentes – ligações elétricas e transporte público – ajuda o usuário a desenvolver seu próprio modelo mental.

Necessidade de orientação e confiabilidade

Após décadas de publicidade cada vez mais vazia e de manipulação óbvia das promessas publicitárias, o cliente está farto de não ser levado a sério e busca autenticidade. (Gilmore, J. H. e Pine B. J., 2007)

É necessário adaptar-se a essa mentalidade. Quão autêntico pode ser um serviço de limpeza cuja própria apresentação visual é desorganizada? Como é possível acreditar em um supermercado especializado em produtos orgânicos se sua identidade corporativa lembra o de uma empresa multinacional de lanches gordurosos? Quanta confiança será depositada em uma ferramenta online que parece ser inconsistente com a linguagem visual da Internet ou que utiliza uma estética que era usada na Web dez anos atrás?

Hoje, os clientes têm um forte senso de como um produto com componentes de serviço pode ser integrado à sua vida diária. Na maioria das vezes, esses produtos são vendidos com a premissa de ajudar a simplificar a vida dos clientes, e não de criar uma confusão ainda maior. Os usuários ficam cada vez mais irritados quando sentem que um produto é irracional – por exemplo: precisar apertar o botão iniciar para desligar um computador; ser debitado depois de pressionar "continuar", apesar de querer verificar o endereço novamente antes de confirmar uma compra online, ou perceber que dois parafusos estão na posição errada quando o armário de cozinha já foi montado.

Da mesma maneira, um sentimento negativo ocorre, pelo menos de modo inconsciente, quando a pessoa se depara com design gráfico ruim ou disparidades de comunicação visual como as que acabamos de citar. A apresentação inadequada de uma organização deixa o cliente desconfortável, produzindo inibições e, às vezes, até mesmo raiva. Além disso, se o uso de uma oferta for percebido como difícil e exaustivo, isso poderá causar indisposição ou denegação. Pode ser perdoável para um cliente que a identidade corporativa de seu banco não inspire muita confiança, mas ele ficará aborrecido quando não conseguir visualizar seu saldo porque as letras pixeladas sobre a tela são pequenas demais para serem lidas.

A apresentação visual de um serviço desempenha um papel importante de três maneiras. Ela antecipa o processo do serviço em si, reduz as expectativas do cliente e pode estabelecer confiança durante a interação. A aparência visual pode evocar uma atmosfera predominantemente positiva, ou até mesmo potencializar a usabilidade do serviço, por meio de orientações gráficas. Por fim, a aparência visual opera como uma âncora que liga o usuário uma chance de experiência positiva. Assim, a acuidade visual é uma competência fundamental na concepção de proposições de design.

Controle visual

"Hoje, a informação é uma mercadoria à venda. E os designers – entre eles o novo subconjunto de designers de informação e arquitetos de informação – têm um papel responsável a desempenhar. Somos intérpretes, e não meros tradutores, entre emissor e receptor. Aquilo que dizemos e a forma como o dizemos faz diferença. Se quisermos falar com as pessoas, precisamos conhecer sua linguagem. Para podermos criar design para o entendimento, precisamos entender o design". –Erik Spiekermann, designer gráfico

Quando você está diante de um caixa eletrônico, as proposições anteriores determinam se você, ou talvez até mesmo sua avó, será capaz de interagir com a máquina de forma bem-sucedida. Parâmetros supostamente banais, como o tamanho da letra, fontes, cores, posicionamento e, especialmente, organização lógica e formal das informações apresentadas, são essenciais.

Para os designers gráficos, não faz diferença se eles estão trabalhando em um produto ou em uma oferta de serviço. Não importa se eles precisam criar um produto impresso, uma interface ou uma apresentação tridimensional, é fundamental que os designers gráficos saibam o que querem oferecer ao cliente em nível visual para que possam expressar adequadamente as ideias e conceitos que estão por trás da pr/

Quem são os designers de serviços?

ISTO É HOLÍSTICO.

Elementos gráficos de qualquer tipo nunca estão isolados. Seu impacto sobre o usuário depende do ambiente físico e emocional onde estão inseridos.

proposição de design. Se quiserem descobrir se seu projeto está funcionando adequadamente, eles precisam

BELEZA COMO EFEITO COLATERAL DE UMA TAREFA FUNCIONAL

A agência de design schneiter meier külling (smek), de Zurique, desenvolveu um novo conceito de embalagem para a Helvepharm, uma empresa suíça que produz medicamentos genéricos. A análise do ambiente do produto colocou em questão certa uniformidade das embalagens de medicamentos. Entretanto, de maneira alguma isso foi identificado como um problema meramente estético. Os pacientes enfrentavam o risco de confundir completamente medicamentos diferentes. A smek acabou desenvolvendo um design de informação especialmente fácil para as embalagens da Helvepharm. Um código de cores explícito, em combinação com a clareza da tipografia, imediatamente informa ao usuário que tipo de medicamento ele está tomando e a maneira de lidar com o produto. Assim, o posicionamento visualmente independente em relação aos concorrentes de mercado atua com um mero efeito colateral da tarefa funcional da embalagem.

olhar para o contexto como um todo e para o sistema que o cerca. Imagine que um centro comunitário loc

/cal quer um novo projeto para sua sala de espera e contrata um designer gráfico, dando a ele liberdade absoluta. O designer deve inicialmente identificar os pontos de contato: portas, assentos, placas, balcão de serviços e guichê do caixa. Diante dessas limitações, o designer se faz duas perguntas: que emoções devem ser estimuladas em cada área do local, e como explicar aos cidadãos o que eles precisam ou podem fazer neste ou naquele local?

O papel do designer gráfico não é o de colocar um logo previamente desenvolvido em toda e qualquer superfície.

A resposta para ambas as perguntas poderia surgir a partir de um processo estruturado por meio do desenho de linhas grossas no chão. Essas linhas poderiam conduzir o usuário da porta até o local para a retirada da senha, até o assento, até o balcão de atendimento e, por fim, até o guichê do caixa. Além disso, um grande painel informativo poderia explicar todo o processo. Um sistema de código de cores, combinando com as cores das placas e das estações de atendimento, poderia comunicar o significado de cada setor com uma abordagem de apelo mais emocional e, por outro lado, ajudar a estruturar espacialmente o ambiente da sala de espera. No painel já instalado, usando um infográfico, seria possível explicar por que o cidadão precisa esperar, e por quanto tempo.

Depois de estabelecido um sistema coerente, com design funcional, essas medidas exemplares poderiam ser aplicadas a todos os outros pontos de contato do centro comunitário. Em última instância, o sistema de orientação visual projetado poderia ser integrado à identidade corporativa, que representa abertura, clareza e confiabilidade, algo que poderia ser obtido, por exemplo, com uma linguagem visual clara e simples.

Ainda assim, é importante entender que o papel do designer gráfico não é o de colocar um logo previamente desenvolvido em toda e qualquer superfície. Uma aparência visual completa consiste em muito mais fatores do que apenas a sinalização de um local. O uso de cores, texto, fotos, a mídia escolhida, o tipo de produção – existem inúmeras maneiras de manter uma imagem consistente, bem como inúmeras maneiras de diluir essa imagem. Muitos parâmetros decidem aquilo que é dito, como e por quem.

Para orquestrar esses fatores, os designers precisam estar abertos às tendências atuais e conhecer as tendências anteriores, de modo a entenderem melhor o universo de seu público-alvo. Em termos de impacto visual, se considerarmos uma série de fotografias que fossem interpretadas pelo cliente de uma empresa como datadas da década de 1990, caso essa não fosse a intenção conceitual ou estética da empresa que as veicula, isso poderia ter um efeito negativo. Já em um nível de conhecimento detalhado do campo da tipografia, que poderia ser considerada como o "tom de voz" ou a "pronúncia" no universo do design, a mensagem pode ser transmitida para o público tanto de forma clara e forte quanto calma e lúdica ou séria e antiquada.

O exemplo utilizado, do centro comunitário, ilustra a relação entre *branding* e design de informação de maneira relevante. No caso do design de serviços, no entanto, a equipe desenvolve seus grupos de foco de modo muito preciso, analisando e modificando operações dentro e fora de cena e verificando o resultado em repetidos experimentos. É possível planejar e acompanhar o processo com o grau de *expertise* necessária. Esses exemplos de como os designers gráficos pensam e funcionam devem indicar que eles são membros indispensáveis de uma equipe de design de serviços.

Como os designers gráficos contribuem para o processo de design de serviços

A *expertise* de designers profissionais é necessária para a criação de um formulário confortavelmente utilizável, desenvolver um sistema de pictogramas, criar o design de um infográfico, criar um conceito de orientação do usuário em mídias digitais e, de fato, todo tipo de projeto de posicionamento visual no campo do *branding* de serviços e de empresas provedoras de serviços. Hoje, esses designers trabalham, quase sempre, no fim do processo: o pessoal de planejamento estratégico desenvolve um conceito, ao longo de várias semanas, e o designer é chamado para "criar umas imagens bacanas" logo antes do prazo de entrega. Fazer as coisas dessa maneira é desperdiçar uma oportunidade. A integração plena dos designers visuais em uma equipe interdisciplinar, desde o início do processo, é deve ser tão óbvia quanto a contratação de um gerente de projeto.

Os designers gráficos possuem uma capacidade de imaginação visual característica e pensam, já no início, sobre como uma ideia planejada funcionará na prática. Em seu trabalho, os designers pensam principalmente sobre o momento em que o usuário entra em contato com o produto ou oferta de serviço. Essa perspectiva especial contribui para o processo de desenvolvimento logo no começo do projeto, beneficiando a equipe de criação pela capacidade do designer de criar maquetes e protótipos com relativa facilidade. Uma vez criadas, essas ferramentas podem já ter certas funções e, assim, evocam o potencial de ajudar a detectar equívocos, o que ajuda os membros da equipe que não têm formação em criação a interpretarem o papel do usuário e integrarem-se ao processo criativo mais facilmente.

Independentemente da tarefa específica em questão, o designer gráfico é um elemento valioso por conta de sua maneira característica de analisar o ambiente. A perspectiva especial que os designers gráficos possuem para interpretar o modo como funcionam as informações gráficas e os códigos visuais culturalmente cunhados é valiosíssima para criar proposições de design com qualidade.

ORIENTAÇÃO E ESTILO COMO COMBINAÇÃO NECESSÁRIA

A büro uebele, de Stuttgart, desenvolveu um sistema de sinalização para a Feira de Comércio de Stuttgart. Visitantes de diferentes nacionalidades precisam se orientar na extensa área da convenção. O sistema de sinalização guia o público para o local certo. E para fazer o trajeto parecer mais curto, o sistema é divertido: do lado de fora, os visitantes são recebidos por bandeiras coloridas, e do lado de dentro, por placas listradas e grandes paredes de cor. O código de cores, aplicado ao papel de parede colorido, faz com que a absorção de informações seja agradável e fácil. A codificação dos diversos destinos funciona de maneira subliminar: cor-de-rosa leva ao congresso, azul leva às saídas e vermelho leva aos corredores.

Assim, *branding* e design de informação se complementam de maneira simbiótica. A combinação entre função e emoção define os parâmetros concretos, como tipografia, cores, forma e composição.

DESIGN DE INTERAÇÃO: O SERVIÇO COMO UMA SÉRIE DE INTERAÇÕES

SIMON CLATWORTHY

Este capítulo explica o que é design de interação e o que ele pode fazer por você e pelo seu serviço. O design de interação está se tornando uma parte importante dos serviços, e vem ganhando mais importância a cada dia. Dar a ele o enfoque merecido pode ser ao mesmo tempo lucrativo e econômico. Continue lendo para saber mais.

Serviços são uma série de interações entre os usuários e o sistema do serviço, por meio de muitos pontos de contato diferentes ao longo da jornada do usuário. Por serem a única maneira em que os usuários se relacionam com seus serviços, seria de se esperar que as interações tivessem um papel central para todos os provedores de serviços. Então, por que tantos serviços são tão ruins? Quando o Demos, um *think tank* do Reino Unido, discorre sobre uma desconexão fundamental entre serviços e pessoas, uma das principais razões que eles apontam para isso é a falta de atenção para as interações entre provedor do serviço e usuário – o design de interação. Para valorizar seus clientes, você precisa investir algum tempo para entender as interações que eles têm com seu serviço, e isso significa duas coisas: primeiro, é preciso enxergar seu serviço através do olhar do usuário; depois, criar o design do serviço de maneira que os usuários possam obter, ao longo do tempo, experiências consistentes que eles considerem valiosas. É estranho, mas muitas vezes vemos empresas ignorando esses dois aspectos, e a consequência disso é que os usuários sentem-se ignorados e, desta forma, o valor do serviço é perdido.

Uma das características fundamentais dos serviços é o fato de que eles, quase sempre, incluem funcionários na interface com o usuário. E, embora isso esteja rapidamente sendo substituído por tecnologia, inúmeros serviços ainda utilizam pessoas, em sua interface com o público. Assim, o design de interação para serviços diz respeito ao design do comportamento desejado para os funcionários, bem como ao design das interações com recursos tecnológicos. O foco deste capítulo, no entanto, é o design de interações para interação digital. Isso não quer dizer que o comportamento da equipe não seja importante, e se deve apenas ao fato de que a interação digital é a área que está se tornando cada vez mais importante para a entrega de serviços. Autosserviço, coprodução e redes sociais, por exemplo, são aspectos que recentemente trouxeram o foco para as interações digitais e seu design. Há uma disciplina independente, chamada design de interação, que estuda o design de interações em produtos e serviços. Trata-se de um campo em rápida expansão; há pouco tempo, a Apple tomou a dianteira na área, embora a Microsoft também faça um bom trabalho, e a Nokia tenha ocupado o posto de rainha da interação para dispositivos móveis até alguns anos atrás. Todas essas empresas empregam vários designers de interação, que tornam a vida mais fácil e prazerosa para nós.

Autosserviço, coprodução e redes sociais, por exemplo, são aspectos que recentemente trouxeram o foco para as interações digitais e seu design.

No reino do design de interface, a desejabilidade é soberana

A desejabilidade com um serviço desencadeia o desejo por parte do cliente. Interações desejáveis são algo que você conta para outras pessoas e que geram confiança e fidelidade ao serviço. Por fim, e isso é cada vez mais importante, o fator da desejabilidade tem uma forte dimensão emocional, que muitas vezes traz uma experiência prazerosa a partir da interação com um serviço ou produto. Apple, Amazon, Nintendo, Samsung, Nokia e Sony são empresas que entendem o quão lucrativo isso pode ser. Parece ótimo, mas isso não é fácil de se fazer, principalmente porque a desejabilidade requer uma colaboração entre todos os silos tradicionais de uma empresa de serviços.

Utilidade – Em nível funcional, a coisa simplesmente precisa dar certo

O grau de desejabilidade depende das vantagens funcionais da oferta de serviços, das quais seus usuários precisam. Isso pode soar simples e até banal, mas um alto índice de utilidade requer que você realmente entenda seus clientes e suas necessidades, além de ter um bom entendimento das vantagens funcionais de sua oferta de design. Nem todas as organizações sabem dessas coisas e muitas continuam a ver o mundo a partir de seu próprio ponto de vista, em vez de adotar o de seus clientes. Para obter um índice alto no nível de utilidade, você precisa oferecer às pessoas exatamente aquilo de que elas precisam e nada mais, e isso nem sempre é algo fácil de fazer. Há uma tendência de "entupir" os serviços interativos de funcionalidades – "ei, já sei, vamos acrescentar aquela funcionalidade, não vai ter custo extra!" Isso leva à percepção de um serviço que se afastou da oferta central e que pode ser percebido pelos usuários como vago e impreciso. Utilidade diz respeito ao que o seu serviço faz.

Usabilidade – "Menos é mais", ou "Keep it simple, stupid" (KISS)

Enquanto a utilidade diz respeito ao quê, a usabilidade diz respeito ao como. A usabilidade está relacionada à facilidade de chegar até a oferta (valor de uso) quando se utiliza um serviço. Tudo está relacionado ao grau de facilidade de uso, o que muitas

ISTO É SEQUENCIAL.

A série de interações estabelecem uma jornada do usuário, por assim dizer, por meio das ofertas do respectivo serviço.

tas vezes está relacionado à rapidez e a tranquilidade com que o usuário percorre a jornada de serviço, e o risco de algum mal-entendido causar erros (bem como recuperação de erros, é claro). As principais métricas aqui são tempo, erros e fluxo.

O grau de usabilidade digital está fortemente relacionado com o modo como a interação é encadeada, muitas vezes em termos do desenho do diálogo entre o serviço (online) e o usuário. Dentro do design de interação, isso costuma ser chamado de arquitetura de interação, e descreve as divisões funcionais entre as diferentes partes de um site, e sobre o layout funcional de uma página. Um site precisa ser estruturado de acordo com as expectativas do usuário em relação à estrutura. Isso é descrito como o modelo mental dos clientes e, idealmente, a estrutura de seu site deve refletir esse modelo mental. O que nem sempre é uma tarefa fácil de realizar, mas, felizmente, existem arquitetos de informação talentosos por aí que podem ajudar nisso. Uma boa maneira de chegar ao modelo mental dos usuários no momento de criar o design de um serviço é pedir aos seus usuários que estruturem o site para você, e existem diversos métodos disponíveis para ajudá-lo a fazer isso.

Existem três chaves que abrem os portões da usabilidade: frequência, sequência e importância. A frequência fala das coisas que os usuários fazem mais frequentemente (p. ex., avançar, voltar, buscar, etc.), e esses elementos devem ter uma posição de destaque dentro da sequência. A sequência determina que as atividades que ocorrem em sequência devem ser apresentadas de maneira sequencial (p. ex., você realiza o pagamento no fim da transação, e não no meio). Importância significa que as informações importantes precisam ser comunicadas com clareza e na hora certa (p. ex., se você só envia para dentro do país, um cliente que está tentando comprar na Índia precisa saber disso logo de início – e não ao fim de uma transação de seis páginas). Entender o modelo mental dos clientes e aplicar a regra da frequência, sequência e importância vai resolver a maioria de suas necessidades de usabilidade. Mas, cuidado, assim como todas as regras, não se deve segui-las cegamente, e sempre existe a possibilidade de fazer negociações entre esses elementos.

Agradabilidade – o princípio do prazer

Nós gostamos de coisas que nos fazem sentir bem. Na verdade, passamos boa parte de nosso tempo, esforço e dinheiro com coisas prazerosas. Sendo assim, por que a maioria das interações digitais são criadas para serem, na melhor das hipóteses, neutras? É como se todos tivéssemos sofrido lavagem cerebral para esperar utilitarismo de tudo o que é digital. Por sorte, estamos entrando em uma economia de experiências, na qual, finalmente, as experiências prazerosas são reconhecidas como peça central dos mercados atuais. Há dez anos, a Nokia ultrapassou sua concorrente, Ericsson, ao criar telefones celulares mais agradáveis. Naquele momento, a Ericsson era melhor quanto à duração da bateria e à sensibilidade de antena (e promovia ativamente essas vantagens), mas seus telefones eram difíceis de usar e frustrantes. A Nokia, por sua vez, introduziu o princípio do prazer pelo design, e anunciou os telefones com imagens de perfumes caros, roupas de luxo e chocolates Belgas. O resto é história.

O fator da agradabilidade diz respeito a como a solução faz você se sentir, no todo. Ela está relacionada à soma dos detalhes dentro do seu serviço, e muitas vezes relaciona isso à cultura do mundo externo ao serviço. A agradabilidade está relacionada ao modo como é criado o design da interação. Sua aparência, a maneira como as coisas se movem, o retorno que você obtém. Isso tem a ver com estilo, mas também está relacionado a fatores muito mais amplos. Está relacionado com sua marca e com o que as pessoas esperam de você. Agradabilidade não é para todo mundo. A empresa aérea britânica Ryanair, por exemplo, concentra-se no valor utilitário e se distancia explicitamente do estilo elitista em seu design de interação, com grande sucesso. Como parte de sua abordagem utilitária, seus focos são utilidade e usabilidade, e isso está muito bem conectado às suas ofertas "sem frescuras".

Durante muito tempo, a entrada de dados (*input*) dos clientes para os serviços limitava-se a digitar fisicamente dados usando um teclado (ou mouse) e a saída de dados (*output*) era puramente visual. Essa é uma forma de interação completamente antinatural, que foi ditada e forçada pela tecnologia ao longo dos últimos trinta anos. Muitas coisas radicais estão acontecendo neste momento dentro do design de interação, porque finalmente estamos livres dos teclados e mouses. O prazer da interação está se tornando um elemento central em nossa experiência de serviços, depois que a Apple redefiniu esse aspecto em seus players de música e telefones celulares, e a Nintendo fez o mesmo com os consoles de jogos eletrônicos. Tudo está relacionado a coisas físicas e tangíveis, e isso é um sopro de ar fresco, tanto para o design de interação quanto para os usuários. Passar de uma imagem para a próxima com um dedo, pinçar a imagem para alterar seu tamanho ou arrastar algo com seu dedo são formas diretas, agradáveis e naturais de interagir com sistemas.

Além disso, esses movimentos são ligados dos nossos dedos às nossas zonas de prazer, rendendo um bônus duplo: usabilidade e agradabilidade juntas.

Um alto nível de desejabilidade requer um forte alinhamento interno, uma marca forte e um bom conhecimento de gestão de design. No entanto, é um diferencial muito forte, que rende *mind share* entre os usuários.

Desejabilidade – do bom para o ótimo

Se você investir algum esforço no processo de design de interação, poderá criar uma boa solução, mas se estiver em busca da verdadeira desejabilidade, precisa trabalhar duro. Os benefícios podem valer a pena, mas para galgar posições na escala de desejabilidade, você precisa confiar muito em sua oferta e em seu posicionamento, além de ter uma marca impecável. Em primeiro lugar, você precisa pensar nos três elementos de utilidade, usabilidade e agradabilidade como uma mesa de som, de modo a refinar sua solução interativa para encontrar a melhor mistura entre esses fatores.

Um alto nível de desejabilidade não é para todo mundo. Requer um forte alinhamento interno, uma marca forte e um bom conhecimento de gestão de design. No entanto, é um diferencial muito forte, que rende *mind share* entre os usuários, o que pode ser convertido em liderança de mercado por um considerável período de tempo. Exemplos como os da Amazon, Nokia, Apple e Nintendo demonstraram que o foco na desejabilidade cria um valor forte a longo prazo. No entanto, diferenciar-se dessa maneira por meio do design de interação não é para todo mundo.

A DESEJABILIDADE É COMPOSTA POR TRÊS ELEMENTOS BÁSICOS:

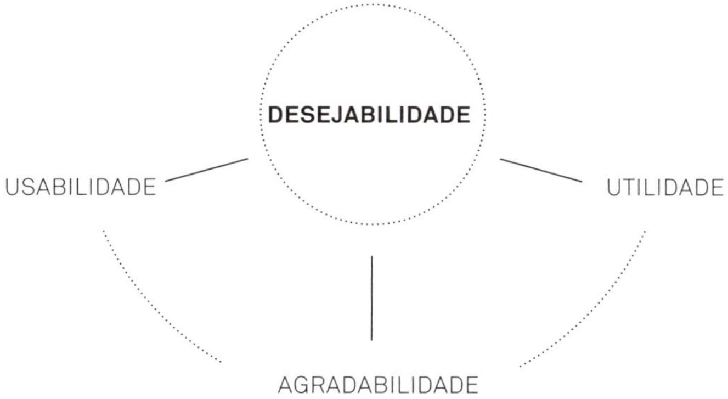

UTILIDADE – o que o serviço faz ou oferece ao cliente no nível funcional
USABILIDADE – o quão fácil é interagir com o serviço
AGRADABILIDADE – o quão prazerosa é a interação no nível emocional

Conclusão

Concluindo, é hora de você pensar no mix de utilidade, usabilidade e agradabilidade mais adequado para seu serviço. A resposta para isso está em entender seus clientes, sua oferta e sua estratégia de marca, e em encontrar um alinhamento entre o design das interações no seu serviço e o conceito geral de sua empresa.

O design de interação pode ajudar a reter os clientes que você já tem, a conquistar novos clientes e, provavelmente, a criar eficiências que serão facilmente visíveis nos resultados financeiros. Além disso, os atributos típicos dos serviços, como cordialidade, experiências prazerosas e superação das expectativas são todos resultados que o design de interação é capaz de promover.

DESIGN SOCIAL: COMO ENTREGAR UM IMPACTO SOCIAL POSITIVO

KATE ANDREWS

Intencionalmente ou não, o design e seus processos formaram e moldaram o mundo em que vivemos. O design cerca a vida cotidiana de tal maneira que os designers e seus processos tornaram-se, em grande parte, invisíveis, amplamente mal-entendidos e, subsequentemente, subvalorizados pela sociedade. O design de serviços desempenha um importante papel para mudar velhas percepções, decompondo noções preconcebidas sobre criatividade e ilustrando ativamente a aplicação social significativa e mais ampla do design, além de envolvendo mais pessoas no processo de design.

É comum ver graduandos em design, em sua exposição de formatura, sem nada para ilustrar seus três ou quatro anos de conhecimento, desenvolvimento e produção visual e física, a não ser o painel de $1m^2$ que estão expondo. Essas limitações talvez gerem uma autoconfiança ingênua de que algum profissional do mercado possa reconhecer a combinação de suas boas notas com a profundidade e o sentido do trabalho que o aluno está expondo.

A partir dessa perspectiva, há muito a pesquisar e explorar em termos do papel mais amplo das disciplinas de design e de como elas se posicionam junto às outras disciplinas. Os designers têm mais do que simplesmente uma capacidade de conferir estilo a produtos; eles são profissionais de um processo aplicado de habilidades criativas: identificar problemas, pesquisar, analisar, avaliar, sintetizar e, então, conceitualizar, testar e comunicar soluções. O design, não importando a disciplina, não diz respeito apenas ao produto final, mas também a um processo sistemático de identificação de problemas, seguido pela pesquisa, criação, testagem e implementação de soluções.

É possível olhar para a profissão do design em busca de inspirações de estilo; entretanto, uma investigação mais cuidadosa mostrará que o design oferece mais que a mera criação e promoção de bens de consumo. Também é possível observar que os designers podem servir a todas as áreas da sociedade, por intermédio de seu amplo e flexível conjunto de habilidades. Essas aplicações ampliadas do design vêm sendo chamadas de "inovação" e "design thinking", dois termos que renderam elogios à IDEO, de David Kelley, e à D-School nas páginas da revista *Business Week*. Essa aplicação ampliada do design foi consolidada em 2009 com a publicação dos livros *Change by Design**, de autoria de Tim Brown, CEO da IDEO, e o *The Design of Business: Why Design Thinking is the Next Competitive Advantage***, de Roger L. Martin. Atualmente, o design thinking está definitivamente integrado à consciência social. Mas com que propósito?

O design de serviços desempenha um importante papel para mudar velhas percepções, decompondo noções preconcebidas sobre criatividade e ilustrando ativamente a aplicação social significativa e mais ampla do design, além de envolvendo mais pessoas no processo de design.

Explorando a posição filosófica e histórica do "design thinking", Robert O'Toole explica:

"O Design thinking está tomando forma como uma atitude, como uma metodologia, como uma filosofia. E talvez também como uma abordagem ao aprendizado e ao aprendizado de design. Se seus métodos forem capazes de entregar o que prometem, dando vazão a potenciais, libertando a criatividade, mas em um contexto coletivo e colaborativo, com vista a fins duráveis e sustentáveis, ele certamente é o prenúncio de um futuro empolgante e viável. Como testar isso? Imaginar, descobrir, pensar, prototipar, testar, iterar, implementar."

* N. de R.T.: Publicado no Brasil sob o título *Design Thinking: Uma metodologia poderosa para decretar o fim das velhas ideias*, Campus/Elsevier, 2010.

** N. de R.T.: Publicado no Brasil sob o título *Design de Negócios: Porque o design thinking se tornará a próxima vantagem competitiva dos negócios e como se beneficiar disso*, Campus/Elsevier, 2010.

Quem são os designers de serviços?

Com a evolução da demanda, da compreensão e do valor do design thinking, uma massa de designers motivados por causas sociais tornou-se ainda mais unida. Pensando de maneira muito diferente sobre o design, eles estão usando processos estratégicos para dar conta de questões críticas, tais como sustentabilidade, desemprego, saúde mental, falta de moradia e miséria.

O emprego do processo de design para dar conta de uma questão social ou com a intenção de melhorar vidas humanas é conhecido como design social. Embora o termo seja usado em uma variedade de contextos e, subsequentemente, empregado de maneiras muito diferentes, o design social existe como uma forma de pensar sobre o quê, o porquê e o modo como o design (produto e/ou processo) pode abordar (ou de fato aborda) as necessidades em constante mudança de uma sociedade.

Embora os designers venham trabalhando, por muitos anos, com uma consciência social, com o objetivo de mudar as percepções da sociedade, a evolução desta prática parecia anteriormente embrionária e insustentável. As metodologias de co-design, inovação social e design de serviços expandiram dramaticamente a aplicação do "design thinking", dando impulso e estabilidade ao movimento de design social. É possível argumentar que, através dessas novas metodologias, os designers estão comunicando melhor o valor de seu pensamento criativo.

O design social existe como uma forma de pensar sobre o quê, o porquê e o modo como o design (produto e/ou processo) pode abordar (ou de fato aborda) as necessidades em constante mudança de uma sociedade.

Em uma matéria de 2010, escrita para o site DesignObserver.com, o designer Justin Kemerling explicou o potencial da colaboração interdisciplinar como método para entregar um impacto social positivo: *"Em qualquer área, há boas chances de que existam pessoas que têm talento para design gráfico, ilustração, Web design, programação, redação, planejamento de eventos, criação de conexões, organização de comunidades, oratória e comédia, e que essas pessoas estejam dispostas a colocar a mão na massa. Coloque tudo isso junto e você tem algo que está pronto para o impacto positivo".*

Reconhecendo o crescimento do que potencialmente seria um novo movimento de design, muitos designers começaram a criar redes multidisciplinares para promover melhorias sociais por meio do design. Identificando projetos sociais que podem ser beneficiados pela *expertise* de design e compartilhando na Web exemplos de práticas bem-sucedidas, os designers começaram a identificar como suas habilidades transferíveis poderiam ser utilizadas e como ideias intangíveis podem ser visualizadas, comu/

Modelo de alça aplicado a um engradado de Coca-Cola

Quem são os designers de serviços?

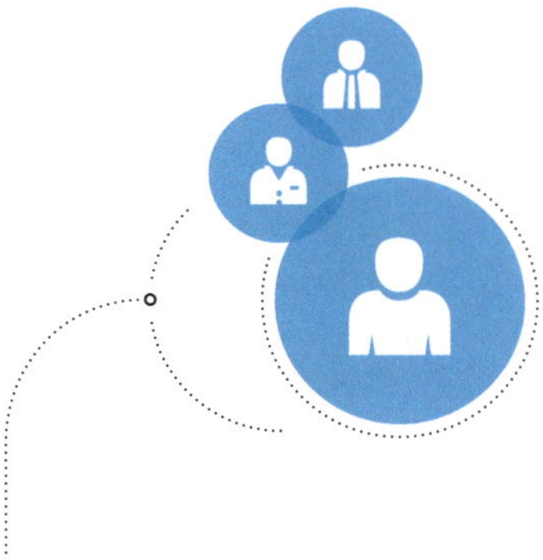

nicadas e implementadas. Um exemplo bem-sucedido de um caso em que uma equipe de design multidisciplinar deu suporte a um projeto de cunho social está na história da ColaLife.

Em dezembro de 2009, no fim da década, a jornalista de design Alice Rawsthorn corroborava que a "nova onda dos designers sociais" havia, com sucesso, redefinido o design como mais do que uma criação de "coisas". No entanto, na última linha da matéria, ela perguntava: "Foi o suficiente? Infelizmente, não. Vamos esperar que o design se saia melhor na próxima década." Então, o que vem depois disso? Como se "sair" melhor? Como podemos levar adiante o sucesso da década anterior e garantir um papel social sustentável para o design?

As ferramentas e metodologias que estão sendo desenvolvidas pelos designers de serviços oferecem uma oportunidade única para todos os designers, independentemente de sua disciplina, para pensar, abordar e lidar com questões sociais. À medida que os processos de design tornam-se mais transparentes e acessíveis ao público, clientes e usuários finais, um melhor entendimento do valor social do design irá surgir, ajudando a facilitar uma aplicação social ampla e sustentável do design.

ISTO É COCRIAÇÃO.

ESTUDO DE CASO: COLALIFE

Em setembro de 2008, o principal executivo da ruralnet|uk, Simon Berry, apresentou uma ideia que havia tido, de pedir à Coca-Cola para utilizar seus canais de distribuições mundiais para levar equipamentos médicos a crianças que estavam morrendo na África. Essa proposta ambiciosa exigia pensar no projeto holisticamente, para identificar os diversos sistemas que a Coca-Cola empregava em suas redes de distribuição e como eles poderiam ser utilizados para fins humanitários. Esse projeto exigiria uma abordagem inovadora para trabalhar com novas maneiras de direcionar metas e objetivos para todos os *stakeholders* envolvidos, de modo a garantir o maior benefício social possível.

O projeto foi fortemente promovido pelos canais de mídias sociais, o que ajudou a reunir e a facilitar o compartilhamento de diversas habilidades dos designers interessados em encarar o desafio. Na verdade, os participantes unidos pelas mídias sociais em nome dessa ideia ousada a transformaram em algo simples e acessível, de modo que um grande público pudesse entender, apoiar e participar da iniciativa. Simon conseguiu descobrir pessoas no mundo inteiro que tinham as habilidades necessárias para ajudar no desenvolvimento do projeto. Em menos de um mês, o grupo de Facebook cresceu substancialmente e Simon obteve ampla cobertura por parte da imprensa internacional. Em seis meses, o projeto tinha o nome e a marca ColaLife, seu próprio site, cujo design era assinado por voluntários, seu próprio comercial em animação e uma comunidade online e offline de designers multidisciplinares e outros apoiadores oferecendo apoio à campanha.

Em 2010 e 2011, o ColaLife entrou para o índice de ideias do Desafio Buckminster Fuller. Simon e sua parceira, Jane, ganharam um prêmio UnLtd* em junho de 2010. No mesmo mês, ambos largaram seus empregos para trabalharem como voluntários no projeto ColaLife. Até hoje existem parcerias locais na Zâmbia para implementar um piloto do ColaLife. Entre os parceiros estão a UNICEF e a SABMiller, a engarrafadora local da Coca-Cola.

Esse sucesso surgiu a partir do momento em que diversos designers começaram a pensar holisticamente sobre determinado problema e a colaborar de maneira eficaz usando mídias sociais e tecnologias da Web em busca de uma solução prática e inovadora em resposta a um problema social urgente.

GESTÃO ESTRATÉGICA: POR QUE AS CORPORAÇÕES FAZEM O QUE FAZEM

RALF BEUKER

Em 2005, W. Chan Kim e Renée Mauborgne criaram seu conceito de "Estratégia do Oceano Azul" (BOS, Blue Ocean Strategy), que demonstra como superar os tradicionais paradigmas de gestão: posicionamento, estratégias genéricas e correntes de valor. Além de recapitular esses conceitos estabelecidos de gestão, este artigo explica como o design thinking de serviços, em diferentes níveis estratégicos, é o ingrediente perfeito para criar um Oceano Azul em espaços de mercado inexplorados.

Ao acompanhar as inúmeras discussões sobre design de serviços que ocorrem online e offline nos dias de hoje, é possível ficar com a impressão de que a comunidade acredita que as empresas estão deliberadamente entregando maus serviços, diante das óbvias vantagens associadas ao bom design de serviços. Tendo isso em mente, permita-se fazer um breve exercício e feche os olhos por um momento. Tente se lembrar da última interação que teve com um serviço, digamos, com sua provedora de serviços de telefonia móvel. O que quer que venha à sua mente, você acredita realmente que eles fizeram de propósito? Embora eu definitivamente ache que não, acredito que as corporações e seus funcionários têm razões muito particulares para fazer o que fazem, mesmo que isso possa resultar em serviços de má qualidade. Mas, por favor, não me interprete mal, não quero justificar ou aceitar serviços ruins, quero apenas entender por que os serviços de má qualidade ocorrem, identificando, primeiro, as causas, para então tratar os sintomas. Assim, o objetivo deste artigo é abordar as seguintes questões:

— Por que as empresas criam/aceitam serviços ruins?
— Qual é o papel da educação em gestão de negócios neste contexto?
— Por que a maioria dos modelos de gestão mais comuns não oferece argumentos suficientes para um melhor design de serviços?
— Qual o papel do Design Thinking para superar essa situação?
— Como o design de serviços cria um Oceano Azul por meio do Design Thinking?

O design de serviços vem ganhando muita atenção nos últimos anos, embora o campo não seja tão novo assim. Entre outras, algumas pesquisas abrangentes datam do início dos anos 1980, e estão intimamente relacionadas aos escritos da professora de Marketing Valarie Lethal (http://bit.ly/zeithaml). Na verdade, a abordagem de Valarie ao design de serviços é fortemente guiada pela obtenção de *insights* a respeito da natureza dos serviços e, portanto, pela exploração de formas de agregar valor aos negócios por meio da gestão sistemática de serviços. Assim, a recente atenção dos profissionais de design ao campo do design de serviços (Satu Miettinen e Mikko Koivisito, 2009), com foco nos processos interativos que ocorrem no momento em que os serviços acontecem, faz total sentido e leva o campo do design de serviços para outro nível profissional.

As corporações e seus funcionários têm razões muito particulares para fazer o que fazem, mesmo que isso possa resultar em serviços de má qualidade.

De volta às raízes da... gestão estratégica

Então, por que, apesar de todos esses *insights*, ainda estamos cercados de serviços de má qualidade? Vamos encarar os fatos: em geral, são os gestores, e não necessariamente os designers de serviços, que tomam as decisões sobre o nível de investimento nos conceitos de serviços. Assim, a partir de uma perspectiva ampla de gestão, o serviço que geralmente acompanha um produto ou transação costuma ser apenas um elemento minúsculo dentro de um conjunto maior de ações que agreguem valor. Consequentemente, é preciso obter uma melhor compreensão dos modelos mentais que (ainda) enquadram as decisões tomadas pelos gestores nos três níveis estratégicos – corporativo, de negócios e operacional – a partir dos quais eles atuam.

Estratégia corporativa

Desde o fim dos anos 1970, o professor da Escola de Administração de Harvard, Michael Porter, e seu Modelo das 5 Forças (1979) vêm moldando a educação e o pensamento de estudantes de administração no mundo inteiro. Dentro desse modelo, a estratégia de uma empresa é o resultado de uma configuração externa de indústrias e mercados. A variável dominante aqui, para decisões estratégicas, é o grau de atratividade geral de uma indústria. Consequentemente, nesse nível estratégico, um serviço é sobretudo um atributo de um produto e/ou transação, em vez de algo que está moldando a própria natureza de uma indústria.

Estratégia de negócios

Este nível estratégico lida com as decisões acerca de como, e por quais meios, uma empresa está competindo em um determinado mercado. Embora inúmeros modelos de escolas de administração possam ser citados, mais uma vez o destaque fica por conta de M. Porter e seu modelo de Estratégias Genéricas (1980). Ele identifica três modelos de estratégias competitivas genéricas que uma empresa deve buscar: liderança por custo (ou preço), por diferenciação e por foco em nicho específico de mercado. A partir dessas estratégias de negócios, ele chama atenção para a ideia de que a empresa deve adotar uma única estratégia, caso contrário ela acabará "em cima do muro"*. De acordo com essa lógica, o "Serviço" seria muito mais um meio de diferenciação do que de liderança nos custos, que resultaria, portanto, em custos acima da média. Nesse sentido, os potenciais benefícios a médio e longo prazo que resultem da maior satisfação dos clientes são geralmente negligenciados, por se tratar de um modelo.

---

* N. de R.T.: O termo original de Porter é *stuck in the middle scenario*.

MODELO DAS 5 FORÇAS – M. E. PORTER

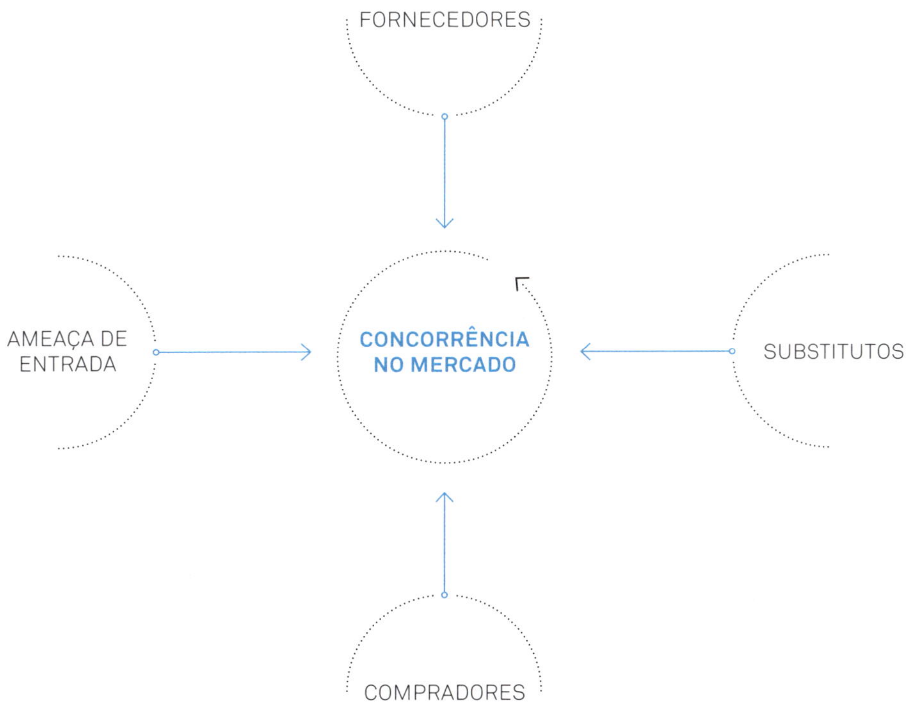

Estratégia operacional

Por fim, Porter (1985) também difundiu, pela primeira vez, a Análise da Cadeia de Valor. A partir de uma perspectiva ampla, uma cadeia de valor ilustra as principais funções de negócios que agregam valor aos produtos e serviços de uma empresa. Essas funções consistem em pesquisa em desenvolvimento, design de produtos, produção, marketing, distribuição e atendimento ao cliente. A diferença entre os custos agregados dessas etapas e o preço de venda final de um produto é chamada de "margem". Isso significa que qualquer redução de custos dentro de sua cadeia de valor pode resultar em uma margem mais alta para a empresa. Uma vez que o atendimento ao cliente está posicionado no fim dessa cadeia, economias são feitas neste estágio, e não no topo da cadeia de valor, como seria o caso de P&D.

Exploração de novas opções: design thinking

O que aprendemos até agora é que nenhum dos modelos dominantes de gestão, em cada um dos níveis estratégicos, oferece argumentos capazes de promover uma cultura de design de serviços razoável. Em minha opinião, o obstáculo mais crítico para o investimento em design de serviços é a presumida exclusividade entre as opções de liderança por preço ou por diferenciação, no nível estratégico de negócios. Foram necessárias incessantes falas de Roger Martin (2007), diretor da Rodman Business School, para que as corporações começassem a perceber que "design thinking", também conhecido como o processo iterativo de pensar em uma lógica de "tanto uma coisa quanto outra", em vez de "ou uma coisa ou outra", oferece uma maneira de superar essa posição exclusiva. Na opinião de Martin, o processo de design, que apresenta o designer como *stakeholder* central, facilita novos desenhos e processos organizacionais, para além dos procedimentos de gestão tradicionais. O rompimento da exclusividade entre liderança por preço ou por diferenciação pode ser apenas um desses possíveis resultados.

Implicações para o design de serviços

Em uma série de palestras para a Association of Registered Graphic Designers of Ontario (RGD Ontario) em 2001, Peter Gorb (http://bit.ly/PeterGorb), o pioneiro de gestão de design, ofereceu uma recomendação básica, porém extremamente útil: *"E o que os designers precisam aprender, e esta é a coisa mais importante, é a linguagem do mundo dos negócios. Vocês só poderão dar voz aos argumentos em favor do design de maneira eficaz se aprenderem a linguagem."* Com base também no que disse anteriormente, isso com certeza não significa que todos os designers de serviços agora precisem tornar-se gestores. No entanto, um enquadre e/ou adaptação dos conceitos de design de serviço

ISTO É HOLÍSTICO.

A relevância de pensar fora dos padrões preestabelecidos se aplica não apenas às inovações em serviços, mas também, especificamente, à formação e à linguagem particulares de alguém.

ços para a lógica do pensamento de gestão pode aproximar essa disciplina da sala da diretoria. Em 2004, W. Chan Kim e Renée Mauborgne criaram seu conceito das Estratégias do Oceano Azul (BOS, Blue Ocean Strategies). As Estratégias do Oceano Azul buscam criar um mercado para algo que não existia até então, e realizar o marketing desse produto em um espaço livre de concorrência. O design de serviços inteligente tem claramente o potencial de agir como um facilitador essencial para criar essas estratégias, conforme ilustra o gráfico. Esse processo pode até mesmo resultar no conceito de "menos é mais" para serviços, como o exemplo da easyjet.com demonstra. Concluindo meus argumentos, eu recomendaria tratar o crescente número de ferramentas, métodos, modelos e abordagens de design de serviços como um meio para chegar a um fim, e não como o próprio fim.

Sempre que possível, busque integrar a lógica de design de serviços aos modelos de gestão e ao pensamento de gestão, e crie casos de negócios que integrem a lógica de design thinking de serviços.

ESTRATÉGIA DO OCEANO AZUL – QUADRO DE AÇÕES

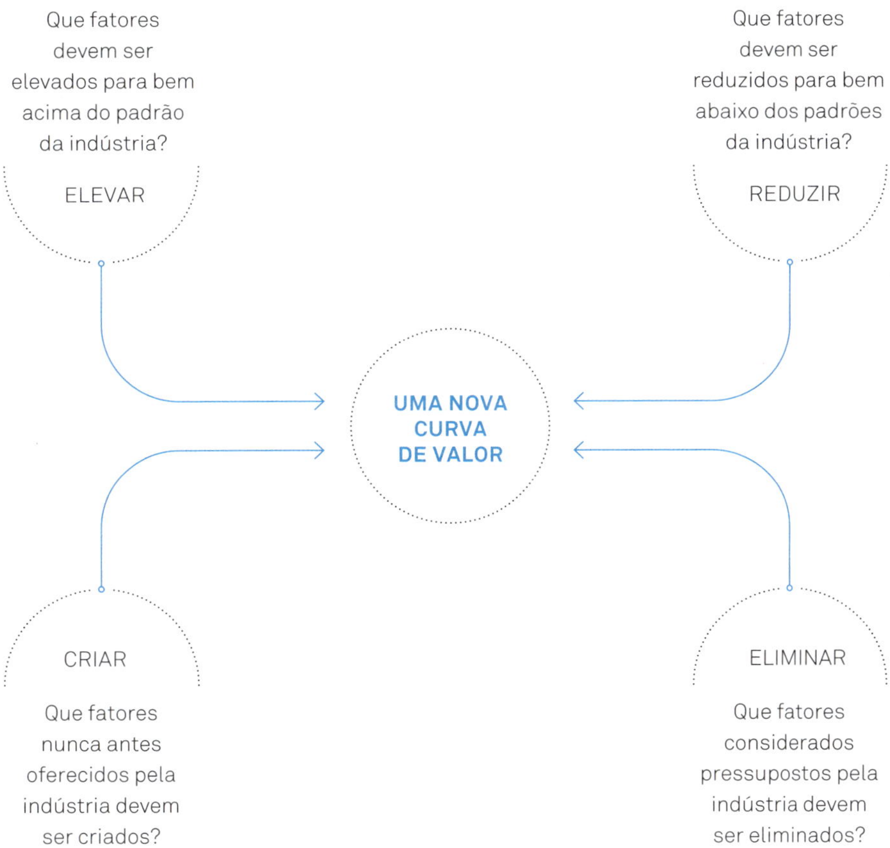

GESTÃO DE OPERAÇÕES: A INCESSANTE BUSCA PELA EFICIÊNCIA

KATE BLACKMON

A gestão de operações trata do design, da gestão e da melhoria dos processos pelos quais os produtos e serviços de uma organização são entregues. O valor de base pauta-se no uso eficiente de "pessoal, métodos, materiais e gestão" (uma expressão que data do início dos anos 1930 na área de operações). Embora os serviços fossem identificados como papel da gestão de operações no início dos anos 1960, as operações de serviços só começaram a assumir uma identidade própria nos anos 1970.

Serviços como produção

Um dos primeiros *insights* em gestão de operações foi o fato de que o design dos processos de produção e os resultados desses processos precisavam estar intimamente associados, de modo que, nos serviços – assim como na produção –, baixos volumes e alta variedade estivessem ligados (serviços especializados, por exemplo), bem como altos volumes e baixa variedade (serviços em massa, como transporte aéreo).

A abordagem inicial da gestão de operações para o design de serviços é capturada pela "abordagem de linha de produção para serviços" de Ted Levitt (1972); ela pressupõe a aplicação de princípios de produção ao ambiente de serviços. Tal como a linha de produção maximizou a produção de carros, televisões e latas de sopa Campbell's, minimizando o custo por unidade produzida, a linha de produção para serviços maximizou o número de usuários atendidos, minimizando o custo do serviço para cada usuário.

A "abordagem de linha de produção" de Levitt tinha na rede de lanchonetes McDonald's a epítome da eficiência em serviços. Entre os princípios fundamentais ilustrados pelo McDonald's estavam os seguintes:

- Padronização e especialização de serviços para usuários/segmentos de mercado restritos
- Simplificação e divisão de trabalho em funções voltadas para o cliente
- Utilização dos clientes como "quase funcionários"
- Substituição da tecnologia pelo discernimento e julgamento humanos
- Utilização da tecnologia de autosserviço para substituir o trabalho dos funcionários

A rede McDonald's combinou elementos de taylorismo (análise de trabalho e especificação de funções para os funcionários) e fordismo (padronização de insumos, processos e resultados). Na contramão da gestão científica e da produção em massa, o McDonald's aplicou esses princípios também aos clientes. Os clientes levavam as próprias bandejas até suas mesas e, depois, deixavam a mesa limpa. Cada aspecto do comportamento de funcionários e clientes passou pelo mesmo processo rigoroso de análise e reformulação que foi aplicado às batatas fritas e aos hambúrgueres, à fritadeira elétrica e à chapa dos hambúrgueres. Todo McDonald's, em qualquer cidade, em qualquer país, era praticamente igual.

A gestão de operações trata do design, da gestão e da melhoria dos processos pelos quais os produtos e serviços de uma organização são entregues.

A abordagem de linha de produção foi difundida para uma vasta gama de serviços em massa, conforme David Halberstam descreve em sua história dos anos 1950, desde a rede de hotéis Holiday Inn até os grandes condomínios padronizados. O sucesso dessa abordagem levou ao que o sociólogo George Ritzer chamou de McDonaldização de tudo: a padronização não apenas dos conceitos de serviço e dos sistemas de entrega de serviços, mas também de todos os aspectos do setor de serviços.

Sasser e seus colegas (1978) da Escola de Administração de Harvard definiram o design de serviços como design, gestão e melhoria do sistema de entrega de serviços. O termo design de serviços foi usado para descrever a elaboração dos detalhes relacionados a pessoas, tecnologias, práticas e processos para obter um certo nível de desempenho de serviços, minimizando os custos e maximizando o uso de recursos escassos e caros.

O design de serviços combinava a filosofia de Levitt com a "fábrica focalizada" de Wickham Skinner (1974), que argumentava que uma única fábrica não conseguiria satisfazer as demandas heterogêneas dos clientes (p. ex., baixo custo *versus* alta qualidade), e por isso ela deveria especializar-se em um segmento específico e homogêneo de clientes. Um exemplo clássico de aplicação da abordagem de linha de produção aos serviços especializados foi o hospital canadense Shouldice Hospital, que aplicou uma abordagem de serviços em massa às cirurgias de hérnia. Aqui, os pacientes desempenhavam funções importantes para seu próprio bem-estar, e para o bem-estar dos outros pacientes. A gestão de operações concentrou-se em obter aquilo que Schmenner e Swink (1998) descreveram como um "fluxo ágil e uniforme" em operações de serviços de linha de frente e de retaguarda.

Como trazer os clientes de volta

Embora muitas atividades de serviços pudessem ter seu design e gestão realizados pelos princípios derivados da produção, Dick Chase (1981) ofereceu uma estrutura importante para o design de serviços, que classificava os serviços de acordo co/

PERSPECTIVA DE OPERAÇÕES	PERSPECTIVA DE DESIGN
CENTRADO EM TECNOLOGIA	CENTRADO NO USUÁRIO
ARTEFATOS	NARRATIVAS
PADRONIZAÇÃO	VARIAÇÃO
EFICIÊNCIA	EXPERIÊNCIA

ISTO É CENTRADO NO USUÁRIO.
O foco no usuário é uma das principais distinções entre a perspectiva de operações e a perspectiva de design.

om a quantidade de contato com o cliente. Partindo dos *insights* do sociólogo Erving Goffman acerca de como as pessoas se comportavam de maneira diferente dependendo da presença dos clientes, estabeleceu que as atividades que exigiam contato com os clientes eram atividades de "linha de frente", enquanto as atividades que não exigiam a presença dos clientes eram de "retaguarda", com design e características operacionais distintas para "serviços puros" (principalmente de atendimento) serviços mistos (tanto de linha de frente quanto de retaguarda) e "quase produção" (principalmente de retaguarda). O *insight* fundamental de Chase foi o de que as atividades de linha de frente (alto contato com o cliente) eram qualitativamente diferentes das atividades de produção, e era necessário aplicar a elas os *insights* do marketing de serviços e da gestão de recursos humanos.

Heskett e seus colegas introduziram o modelo da cadeia de serviços-lucro, que enfatizava a importância do encontro de serviço entre cliente e funcionário.

Tecnologia em design de serviços

No McDonald's, a tecnologia foi utilizada de maneira extensiva na linha de frente, para orientar, monitorar e controlar o comportamento dos funcionários. Equipamentos de cozinha especialmente projetados para suas finalidades e diversos temporizadores eliminavam o fator "adivinhação" envolvido no preparo dos alimentos; tecnologias de apoio, como caixas registradoras com códigos de imagens, simplificavam as funções de linha de frente; além disso, substitutos de automação, como papéis e roteiros, eram utilizados para tornar as interações entre funcionário e cliente mais eficientes; as instalações físicas eram uma máquina projetada para moldar o comportamento dos clientes de inúmeras maneiras. No entanto, independentemente de sua inexperiência, o funcionário do McDonald's continuava sendo um ponto de contato importante para os clientes, do mesmo modo que no Starbucks, atualmente.

Com o desenvolvimento das tecnologias de computação e de comunicação, o design de serviços deu outro salto em busca da eficiência, substituindo inteiramente o contato direto entre cliente e funcionário pela tecnologia. É claro que podemos citar exemplos anteriores de tecnologias de autosserviço, como a máquina de venda automática (*vending machine*, inventada na Inglaterra nos anos 1880) ou o caixa eletrônico (inventado nos anos 1960), mas essas tecnologias exigiam que o cliente estivesse fisicamente presente no local determinado pelo provedor do serviço. No entanto, a invenção da Web, que popularizou o uso de serviços online, revolucionou os serviços, uma vez que o provedor do serviço, como a Amazon, por exemplo, podia estar localizado em qualquer parte do mundo.

Design de serviços: abordagem operacional

Conforme mencionado anteriormente, o design de serviços vem sendo usado desde os anos 1970 para descrever tanto os atributos do sistema de entrega de serviços quanto o processo que determina esses atributos. No entanto, a partir de seu foco em eficiência e tecnologia, a visão de design do serviço proveniente da gestão de operações é consideravelmente diferente da abordagem orientada pelo design que se tornou padrão nos dias de hoje. Embora os fatores humanos dos funcionários e clientes não sejam ignorados, eles são vistos como elementos do serviço que precisam ser controlados, padronizados ou até mesmo eliminados (como no caso dos serviços eletrônicos e outros meios de mediação tecnológica).

Se compararmos a abordagem tradicional da gestão de operações com a abordagem orientada pelo design, podemos identificar uma variedade de diferenças críticas entre as duas, resumidas na tabela anterior. Embora a abordagem da gestão de operações possa ser, de certa forma, a antítese do design de serviços na abordagem orientada pelo design, trata-se de uma perspectiva que possui uma lógica dominante definitiva. A "abordagem de linha de produção para serviços" identificada em 1972 ainda representa o design de serviços "ideal", seja para *fast-food*, para centrais telefônicas de atendimento ao cliente ou para cirurgias médicas. Numa visão abstrata, um serviço é uma máquina que pode ser reduzida a sistemas, maquinário, funcionários e clientes, que podem ser tratados "como se" fossem, também, máquinas. Para obter eficiência máxima, a tarefa mais importante é o design dessa máquina e de suas peças, de modo a economizar tempo e dinheiro. E, se cada máquina puder ser "clonada" inúmeras vezes, como no caso dos McDonald's e Starbucks que se tornaram onipresentes, de Seattle a Beijing, tanto melhor.

DESIGN ETNOGRÁFICO: EM BUSCA DA INSPIRAÇÃO NA VIDA COTIDIANA

GEKE VAN DIJK

O design etnográfico tem como objetivo entender os futuros usuários de um projeto de design, como por exemplo, um determinado serviço. Trata-se de um processo estruturado para estudar, em profundidade, a vida cotidiana e as experiências das pessoas a quem o design se destina. A intenção é permitir que a equipe de design identifique-se com essas pessoas, estabelecendo um entendimento empático de suas práticas, rotinas e daquilo que é importante para elas. Isso permite que a equipe trabalhe, a partir da perspectiva dos usuários, para criar novos projetos de design para fatias relevantes de suas vidas cotidianas. Os designers utilizam esse entendimento para trabalhar na geração de ideias e no desenvolvimento e implementação de conceitos.

A etnografia é uma metodologia de pesquisa desenvolvida e utilizada em diversas ciências sociais, como antropologia e sociologia. Literalmente, o significado da palavra etnografia é "descrição de pessoas". A metodologia tem suas origens no fim do século XIX, quando os acadêmicos aventuraram-se nas colônias para estudar culturas, comportamento humano e relações sociais. Um dos fundadores da antropologia social moderna, Bronislaw Malinowski, teve grande impacto na área ao declarar que os etnógrafos deveriam enxergar as coisas a partir do ponto de vista de seus objetos de estudo, em vez de impor sobre eles seus próprios preconceitos culturais e políticos. Muitos outros pesquisadores influentes seguiram nessa linha e continuaram a desenvolver a área. Nomes importantes, nesse sentido, são Max Weber, Émile Durkheim, Claude Lévi-Straus, Clifford Geertz e Margaret Mead. Para uma introdução concisa e útil sobre etnografia, o livro *Social & Cultural Anthropology*, de John Monaghan e Peter Just (2000) é um bom começo. Hoje, a etnografia é utilizada para estudar tanto sociedades urbanas quanto industriais. Os métodos de pesquisa evoluíram em relação à simples observação dos participantes e agora incluem mais interação, conversa e cocriação.

Profundamente enraizado no processo de design

O design etnográfico é a pesquisa etnográfica qualitativa aplicada a um contexto de design. Ele oferece resultados que informam e inspiram processos de design como, por exemplo, os processos de design de serviços. Além disso, ela oferece um material de referência sobre a vida diária das pessoas; seus hábitos, motivações, sonhos e preocupações. Os resultados também podem ser usados para comunicar as conclusões da pesquisa para as outras pessoas da equipe do projeto, que podem ter

O design etnográfico permite que a equipe trabalhe, a partir da perspectiva dos usuários, para criar novos projetos de design para fatias relevantes de suas vidas cotidianas. Os designers utilizam esse entendimento para trabalhar na geração de ideias e no desenvolvimento e implementação de conceitos.

diferentes formações e representar diferentes disciplinas (p. ex., tecnologia, marketing, comunicação, gestão, atendimento ao cliente). O design etnográfico busca explicitamente gerar materiais que comuniquem os *insights* da pesquisa para um amplo grupo de *stakeholders*, de modo a garantir que seus designs sejam bem compreendidos e aceitos.

Deliberadamente, o design etnográfico não é uma *expertise* externa ao processo de criação. Ele está situado bem no centro do processo de criação, assim como as outras *expertises* específicas que existem dentro do design (p. ex., design de produtos, design de interação, design gráfico ou gestão de design). É importante que os designers etnográficos colaborem de perto com o restante da equipe de design.

Não faz sentido isolá-los do processo de design geral, como no caso da pesquisa de marketing tradicional. O design etnográfico busca facilitar conversas empáticas entre usuários, clientes e designers, além de outros especialistas e *stakeholders* envolvidos no processo de design de serviços.

Os designers etnográficos são profissionais de design thinking. Eles possuem um forte entendimento acerca do processo de design. Além disso, eles sabem o que é necessário em cada etapa do processo e como essas necessidades podem ser exploradas, discutidas e compartilhadas da melhor maneira possível. Alguns designers etnográficos começaram com uma formação em design e posteriormente se especializaram em conduzir pesquisas em design com base em metodologias etnográficas. Outros designers etnográficos podem ter começado como antropólogos ou pesquisadores sociais que depois se especializaram em aplicar essas disciplinas a processos de design.

Papel fundamental no design de serviços

O design de serviços é um campo de estudo extremamente amplo que abrange diversas disciplinas, não apenas as diversas *expertises* do design, mas também outras disciplinas, como estratégia e tecnologia. O trabalho em equipe entre essas disciplinas requer enfoque e linguagem compartilhados. Os resultados do design etnográfico facilitam esse enfoque e essa linguagem, fornecendo um ponto de referência firme que conecta todas as disciplinas envolvidas – as pessoas para quem os serviços estão sendo desenvolvidos. Isso é relevante tanto durante a etapa de design dos serviços quanto durante sua implementação. O design etnográfico ajuda a comunicar conceitos, diretrizes, estratégias, cenários, etc. para pessoas de toda a empresa.

Uma vez que os serviços são intangíveis, difíceis de padronizar e são coproduzidos ao mesmo tempo em que são sendo entregues/consumidos, o ponto de partida central da abordagem de design de serviços precisa estar focado no ser humano. É preciso envolver os corações e mentes das pessoas para projetar design de serviços que sejam populares e bem-sucedidos. É impossível praticar design de serviços sem alguma forma de design etnográfico. O nível de detalhamento da pesquisa etnográfica pode variar imensamente de um projeto para outro (dependendo do tempo, orçamento e experiência). Em projetos de pequeno porte, isso pode ser feito em poucos dias, ao passo que, em projetos maiores, esse processo pode levar várias semanas.

O design de serviços é uma interdisciplina dentro da qual pessoas T colaboram. O conceito de pessoas T foi introduzido ao campo do design e da inovação pela consultoria de design IDEO (Kelley, 2000). A ideia por trás da metáfora é indicar que a maioria dos profissionais tem uma *expertise* aprofundada em uma determinada área e um entendimento geral de outras áreas que encontram em seu trabalho. Em projetos estratégicos e inovadores, como é o caso de muitos projetos de design de serviços, diversa

A PESSOA T

Quem são os designers de serviços?

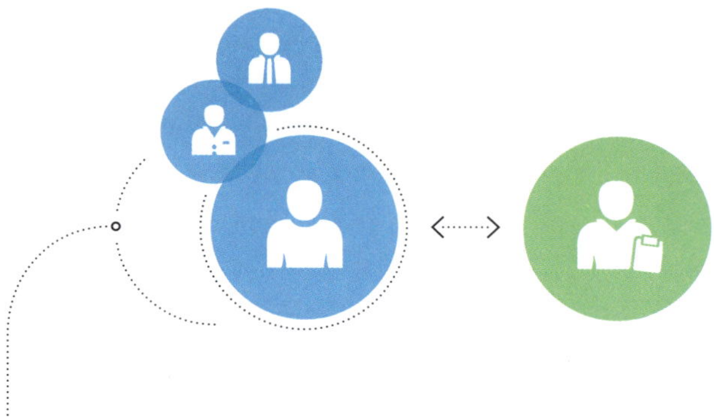

/as pessoas T com diferentes formações e funções trabalham juntas como parte da mesma equipe. Isso se aplica ta/

ISTO É COCRIATIVO.

Ter um entendimento amplo em diversas disciplinas e um conhecimento aprofundado em uma área específica é essencial para o trabalho de cocriação em equipes interdisciplinares.

tanto às agências envolvidas quanto aos membros da equipe que fazem parte da empresa-cliente. Geralmente, há uma grande zona de sobreposição entre diversos especialistas. É por essa razão e dessa maneira que eles entendem uns aos outros e conseguem colaborar. Sem a *expertise* aprofundada desses diversos especialistas, o conhecimento e as qualificações da equipe de design de serviços seriam extremamente superficiais. Generalistas que sabem "de tudo um pouco" não são capazes de fazer uma diferença real para a inovação em serviços. Portanto, o design etnográfico é uma das áreas de *expertise* aprofundada que contribuem para a disciplina do design. A combinação entre o entendimento geral na parte superior dos Ts e a *expertise* mais aprofundada na parte inferior dos Ts leva a colaborações valiosas que desencadeiam novos conceitos de serviços e garantem sua implementação eficaz.

Sobre os ombros de gigantes

Conforme explicado na introdução, a etnografia é uma tradição de pesquisa com uma longa história. O design etnográfico baseia-se nessa história. Não se trata de uma abordagem completamente nova ou "ingênua". Alguns antropólogosjá faziam experimentos com cocriação e visualização de material etnográfico nos anos 1960. Eles não só observavam e estudavam pessoas, como também interagiam com elas para gradualmente descobrirem as motivações mais profundas para determinadas práticas e preferências sociais. Jean Rouch foi um desses antropólogos. Ele expressava os resultados de seus estudos em livros, fotografias e filmes. Seus filmes eram, muitas vezes, realizados em colaboração com seus objetos de estudo. Eles atuavam como atores e também como membros ativos da equipe de filmagem. Um exemplo desse tipo de filme é *Chronique d'un été*, de 1960. A obra de Rouch foi uma inspiração importante, por exemplo, para que Bas Raijmakers desenvolvesse, mais recentemente, o método etnográfico *Design Documentaries* (Documentários de Design).

O design etnográfico utiliza diversas ferramentas e técnicas consagradas, adaptando-as para contextos específicos. Podemos perceber gradualmente a evolução de um conjunto de métodos que sejam adequados e bem-sucedidos para sua utilização em projetos de design de serviços. Durante a etapa inicial de imersão na vida cotidiana, esses métodos tipicamente servem para desencadear e/ou documentar conversas empáticas com as pessoas que estarão, em última instância, utilizando e entregando os serviços. Durante a etapa de análise que se segue, os métodos enfocam o agrupamento e a sondagem dos dados de pesquisa para descobrir *insights* relevantes e inspiradores. Os métodos utilizados durante a etapa de desenvolvimento contribuem para geração de ideias, desenvolvimento de conceitos, cocriação, prototipagem e validação. A seção Ferramentas deste livro oferece descrições detalhadas de muitos desses métodos. Durante todo o processo de pesquisa e desenvolvimento, o design etnográfico oferece uma ponte entre usuários, provedores e designers do serviço.

Sinergia entre design e pesquisa etnográfica

É importante que haja uma conexão forte entre design e pesquisa etnográfica, para garantir o sucesso dos projetos de design de serviços. As conversas empáticas entre diversas pessoas e partes envolvidas exigem uma atitude sensível, além de uma abordagem de forte apelo visual. As atividades e os materiais de pesquisa precisam ter um bom design, de modo a envolver as pessoas e extrair resultados úteis e inspiradores. As versões subsequentes do design precisam ser novamente pesquisadas e testadas, para garantir que os resultados finais sejam ainda melhores, o que ocorre por meio de um processo iterativo. Dessa forma, o design de serviços não busca simplesmente inspirar-se na vida cotidiana; ele a coloca no coração do processo de design.

Lucy diz: *O que realmente importa é que, hoje, sabe-se que um aspecto central do design de serviços é entender o valor e a natureza das relações entre pessoas e pessoas, entre pessoas e coisas, entre pessoas e organizações e entre organizações de diversos tipos.*

Ralf diz: *Sempre que possível, busque integrar a lógica de design de serviços aos modelos de gestão e ao pensamento de gestão, e crie casos integrativos de design thinking de serviços.*

Marc diz: *O design thinking de serviços dá suporte à cooperação de diferentes disciplinas, tendo o sucesso corporativo como meta. Isso se dá pela melhoria de experiências de usuário, satisfação do pessoal e integração de processos tecnológicos sofisticados para atingir os objetivos corporativos.*

Simon diz: *Para valorizar seus clientes, você precisa investir algum tempo para entender as interações que eles têm com seu serviço, e isso significa duas coisas: primeiro, é preciso enxergar seu serviço através do olhar do usuário; depois, criar o design do serviço de maneira que os usuários possam obter, ao longo do tempo, experiências consistentes que eles considerem valiosas.*

Jakob diz: *A apresentação visual desempenha um papel importante de três maneiras. Ela antecipa o processo do serviço em si e controla as expectativas do cliente. A aparência pode evocar uma atmosfera predominantemente positiva, ou até mesmo viabilizar a usabilidade do serviço, por meio de orientações visuais. Por fim, a aparência visual opera como uma âncora que liga o usuário à experiência positiva.*

Satu diz: *O desenvolvimento de design iterativo ajuda a solucionar os problemas encontrados durante os testes com usuários. Deve haver um ciclo de design, testes e medições, e então reformulação do design, e esse ciclo deve ser repetido sempre que necessário. Essa é uma maneira de incorporar os resultados dos testes comportamentais numa próxima versão do sistema.*

Como funciona o design de serviços?

Métodos e ferramentas

FERRAMENTAS DO DESIGN THINKING DE SERVIÇOS

O PROCESSO É ITERATIVO

Marc Stickdorn descreve uma abordagem reiterativa em quatro etapas para o design de serviços.

MÉTODO AT-ONE

Simon Clatworthy apresenta um exemplo de uma série de *workshops* de design de serviços.

ISTO É UMA CAIXA DE FERRAMENTAS – NÃO UM MANUAL

Com a ajuda da comunidade de design de serviços, STBY descreve uma coleção de ferramentas de design de serviços.

Esta segunda parte descreve como o design de serviços funciona de fato. O primeiro texto explica o processo de design de serviços em quatro etapas iterativas e as dificuldades de definir um procedimento padronizado para o design de serviços. O artigo subsequente, no entanto, introduz um exemplo de abordagem bastante estruturada para as etapas iniciais de um processo de design de serviços. No artigo seguinte, 25 métodos e ferramentas de design de serviços são ilustrados e classificados de acordo com as respectivas etapas do processo.

MARC STICKDORN, ÁUSTRIA
Processo iterativo

SIMON CLATWORTHY, NORUEGA
Método AT-ONE

COMUNIDADE EM TODO O MUNDO
Ferramentas

GEKE VAN DIJK, HOLANDA / REINO UNIDO
Edição de ferramentas

LUKE KELLY, REINO UNIDO
Edição de ferramentas

BAS RAIJMAKERS, HOLANDA/REINO UNIDO
Edição de ferramentas

O PROCESSO É ITERATIVO

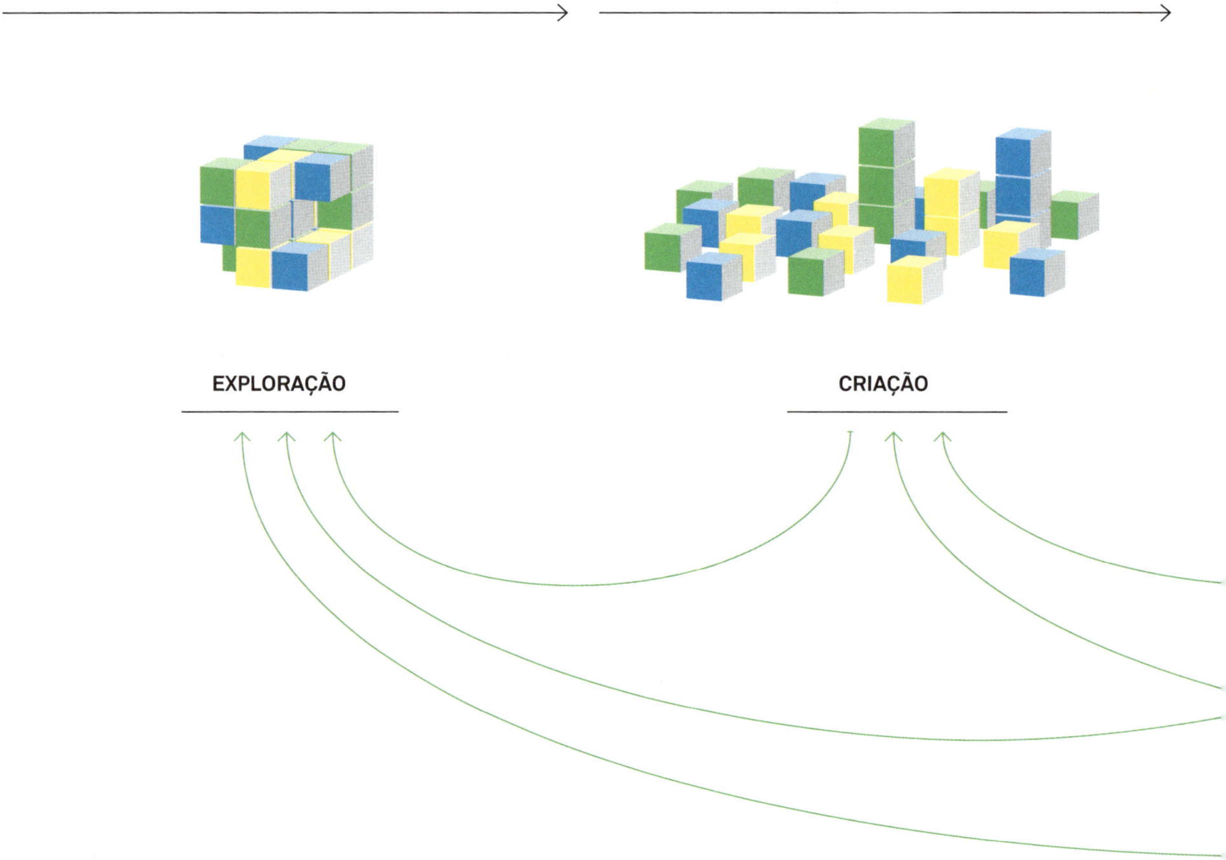

REFLEXÃO
IMPLEMENTAÇÃO

Como funciona o design de serviços?

MARC STICKDORN

O processo iterativo do design thinking de serviços

É relativamente simples imaginar o processo de design de um produto físico, como um carro, por exemplo. Podemos começar por uma pesquisa de mercado, para descobrir que tipo de carro os clientes em potencial prefeririam; quais as características, forma, cores, design de interior e tipo de motor. Obviamente, só vale a pena criar o design de um produto assim se houver um mercado para ele. Com base nessas análises, os designers começam a criar ideias. Por meio de diversos esboços e, posteriormente, por simulações virtuais em 3D ou até mesmo modelos tangíveis produzidos em massa de modelar, a ideia inicial ganha forma. Com base na criação de um primeiro conceito de design, devem ser integrados os componentes técnicos e diversos aspectos do conceito precisam ser remodelados e melhorados. Os protótipos são construídos e testados em termos de funcionalidade, usabilidade, viabilidade de produção, custo e preço, resposta de mercado, e assim por diante. O novo carro só será produzido e levado ao mercado se esses testes permanecerem positivos. Quaisquer erros durante esse processo podem resultar em custos enormes e mesmo danos à imagem e à reputação do fabricante. Esses danos à reputação podem ser acompanhados pelos casos recentes de *recall* por parte das grandes empresas automotivas. Conforme ilustra esse exemplo simples de processo de design e implementação por exploração-criação-reflexão, o sucesso de um novo produto depende fortemente de uma abordagem de design bem planejada. Tendo em vista que os processos de design para produtos físicos como esse já estão estabelecidos, seria possível implementar uma abordagem estruturada também ao design de serviços?

As próximas páginas ilustram essa estrutura para os processos de design de serviços. Embora os processos de design sejam, na realidade, não lineares, é possível articular uma estrutura geral para eles. É importante entender que essa estrutura é

"THE SQUIGGLE"

de Damien Newman,
Central Inc.

Embora os processos de design sejam, na realidade, não lineares, é possível articular uma estrutura geral para eles. É importante entender que essa estrutura é iterativa em sua abordagem.

iterativa em sua abordagem. Isso significa que, a cada etapa do processo de design de um serviço, pode ser necessário retroceder um passo, ou até começar tudo do zero. A única (porém importantíssima) diferença está em certificar-se de aprender com os erros da iteração anterior. Assim, o processo proposto é tão somente uma estrutura geral, e não deve ser considerado como um manual de instruções linear e prescritivo. Na verdade, o primeiro passo de um processo de design de serviços é criar o design do próprio processo, uma vez que o processo depende, em última instância, do contexto para o qual o serviço está sendo criado, e portanto poderia variar de acordo com cada projeto.

Os quatro passos iterativos de exploração, criação, reflexão e implementação são uma forma bastante básica de abordar a estrutura de um processo de design de tamanha complexidade.

"Os designers precisam ser críticos em relação a qualquer teoria ou modelo do processo de design" (Hegeman, 2008). Tendo isso em mente, talvez seja válido observar que, independentemente da intencionalidade do processo, ele terá grande importância para o resultado final do design. A vantagem de articular claramente o processo de design é que isso permite um maior grau de reflexão sobre a influência que o designer teve sobre o resultado do processo de design.

Os quatro passos iterativos de exploração, criação, reflexão e implementação apresentados a seguir são uma forma bastante básica de abordar a estrutura de um processo de design de tamanha complexidade. A literatura e a prática fazem referência a diversas outras estruturas compostas de três a sete passos ou mais, mas todas compartilhando fundamentalmente a mesma mentalidade (Best, 2006; Mager, 2009; Miettinen & Koivisto, 2009). As palavras usadas também variam: identificar-construir-mensurar (Engine, 2009), *insight*-ideia-protótipo-entrega (live|work, 2009), descoberta-conceito-design-construção-implementação (Designthinkers, 2009), apenas para citar algumas.

Ao pensar o processo de design, é importante ter em mente algumas considerações fundamentais. É necessário realizar saltos constantes entre os estados de projetar com foco nos detalhes e projetar com uma visão holística. Ou seja, enquanto se trabalha nos detalhes de um ponto de contato, é preciso considerar a localização desse ponto de contato dentro de toda a jornada do usuário, ou ainda, enquanto se trabalha na reformulação do design das interações com os funcionários, é necessário levar em conta a estrutura organizacional como um todo. Mais que isso, sempre será necessário lidar com dilemas e paradoxos. Uma vez que é impossível prestar atenção a cada um dos aspectos, *insights* ou pontos de vista, será preciso tomar decisões de acordo com seu orçamento, recursos e as visões de seus clientes.

O DUPLO DIAMANTE

conforme descrito pelo British Design Council

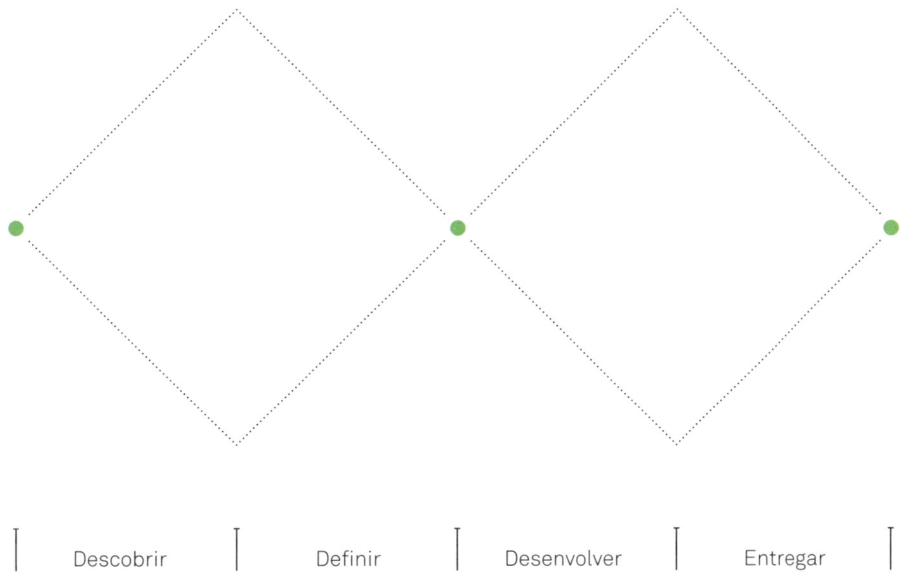

ETAPA 1 – EXPLORAÇÃO

EXPLORAÇÃO

Descoberta

Embora o design de serviços busque colocar o usuário no centro de seu processo, esse processo raramente começa com o usuário. A primeira tarefa de um designer de serviços é entender a cultura e as metas da empresa que vai oferecer o serviço. Eles entendem o que é design thinking de serviços? A empresa está preparada para esse processo? Uma vez que o processo de design de serviços geralmente envolve cocriação, é importante chegar a um acordo sobre a soberania do designer de serviços dentro do processo criativo. Além disso, o processo sempre começa pela identificação do problema sobre o qual o designer de serviços deverá trabalhar; esse problema costuma ser organizacional ou inicialmente visualizado a partir de uma perspectiva organizacional. É importante entender o ponto de vista da empresa acerca de um determinado problema e, de fato, é possível argumentar que boa parte do papel de um designer de serviços está em articular o problema organizacional a partir da perspectiva do cliente.

A segunda tarefa não é encontrar uma solução, mas sim identificar o problema real. Obter um entendimento claro da situação a partir da perspectiva dos usuários atuais e potenciais acerca de determinado serviço é crucial para o sucesso do design de serviços. Mais uma vez, é importante ter em mente o panorama geral e, na medida do possível, determinar as verdadeiras motivações por trás do comportamento dos usuários. Para isso, é importante buscar *insights* para além da simples coleta de dados empíricos. O design de serviços utiliza uma vasta coleção de métodos e ferramentas de diversas disciplinas para explorar e entender o comportamento e a mentalidade de todas as pessoas envolvidas. Dessa forma, as abordagens etnográficas das ciências sociais foram adotadas e estão entre as abordagens de pesquisa mais empregadas no design de serviços. Em suma, não se trata de tentar encontrar a solução imediatamente – a questão é encontrar o problema primeiro!

Obter um entendimento claro da situação a partir da perspectiva dos usuários atuais e potenciais acerca de determinado serviço é crucial para o sucesso do design de serviços.

A terceira tarefa é visualizar esses dados e, na medida do possível, a estrutura subjacente dos serviços, até então intangível. Essa tarefa ajuda a simplificar processos complexos e intangíveis e cria, junto à equipe de design e aos *stakeholders* do serviço, uma sensação de que é possível alterar os aspectos da proposição de serviços que talvez pareçam não estar funcionando adequadamente. Mais uma vez, existem inúmeros métodos e ferramentas de diversas disciplinas que podem ser adotados para ajudar nessa tarefa.

ETAPA 2 – CRIAÇÃO

CRIAÇÃO

Design de conceito

A criação representa o estágio generativo dentro desse processo iterativo e está intimamente relacionada à etapa seguinte, de reflexão. É entre essas duas etapas que se dá a maior parte das iterações. O objetivo é testar as ideias e conceitos e, em seguida, testá-los novamente. Uma das principais características do design thinking de serviços é o fato de que essa abordagem não pretende evitar erros, e sim explorar o maior número possível de erros. O ponto crucial é identificá-los o mais cedo possível dentro do processo e aprender o máximo com eles antes de implementar ou adotar os novos conceitos. O custo de uma iteração adicional durante a fase de design do conceito é desprezível se comparado ao custo de falhas no conceito após o lançamento.

Se há um preconceito contra o design thinking de serviços, é o fato de que os designers de serviços compartilham uma obsessão por *post-its*! Há um bom motivo para isso; *post-its* são uma ferramenta simples e rápida para visualizar processos, ilustrar associações e relações ou servir como lembrete durante processos de ideação cocriativos. O design thinking de serviços é iterativo não apenas durante o processo das quatro etapas apresentadas, mas também dentro de cada etapa, de cada *workshop*, de cada sessão de *brainstorming*.

As notas adesivas oferecem um suporte visual para acompanhar essa abordagem de desenvolvimento rápida e iterativa. A tarefa é gerar e desenvolver soluções com base nos problemas identificados e nos *insights* em profundidade que foram gerados durante a etapa exploratória; a identificação das necessidades, motivações e expectativas dos usuários, bem como dos processos e restrições dos provedores de serviço, e a ilustração da jornada do usuário, que consiste em uma sequência de pontos de contato. Para obter soluções holísticas e sustentáveis, é crucial incluir todos os principais *stakeholders* e trabalhar com equipes interdisciplinares compostas por usuários, funcionários e gestores, assim como engenheiros, designers e outros *stakeholders* envolvidos tanto no design de serviços quanto no processo de presta-

Uma das principais características do design thinking de serviços é o fato de que essa abordagem não pretende evitar erros, e sim explorar o maior número possível de erros.

ção de serviços. Obter um bom grau de cocriatividade em equipes interdisciplinares é uma característica essencial para um bom designer de serviços. De acordo com os cinco princípios do design de serviços, é importante trabalhar de maneira centrada no usuário para cocriar soluções que levem em consideração toda a sequência de pontos de contato, gerem evidências e criem conceitos holísticos. Mais uma vez, há uma variedade de métodos e ferramentas que podem ser utilizados para isso.

ETAPA 3 – REFLEXÃO

REFLEXÃO

Protótipo

Com base nas ideias e conceitos da fase de criação anterior, é chegada a hora de testá-los. Como já foi mencionado, existem muitas iterações entre essas duas etapas de desenvolvimento. Testar produtos físicos é relativamente fácil; consiste na construção de protótipos baseados nas ideias visualizadas na fase de teste dos protótipos junto a alguns usuários ou especialistas para obtenção de *feedback* e, consequentemente, melhoria dos protótipos, e, em seguida, em nova testagem até que eles correspondam às expectativas desses públicos. O design de serviços utiliza a mesma abordagem iterativa de teste e reteste. No entanto, a aplicação de técnicas de prototipagem no desenvolvimento de serviços intangíveis requer métodos distintos daquelas implementadas na prototipagem de design de produtos.

O principal desafio nesta fase do processo é lidar com a intangibilidade dos serviços, uma vez que você não pode simplesmente colocar um serviço sobre a mesa e perguntar aos usuários o que eles acham dele. Até mesmo as formas relativamente simples de coleta de *feedback* por meio de entrevistas e questionários enfrentam esse problema. Os usuários precisam ter uma boa imagem mental do conceito do futuro serviço. Gerar essa visão de um conceito de serviço na mente dos usuários é a tarefa nesta etapa. Nesse contexto, é importante levar em consideração os aspectos emocionais gerados pelo serviço. Uma mera descrição raramente é suficiente para criar uma visão clara. Oferecer uma história concebível utilizando histórias em quadrinhos, *storyboards*, vídeos ou sequências de fotos ajuda a gerar o envolvimento emocional necessário, mas ainda assim deixa a desejar em termos de interação significativa com o usuário.

Portanto, é importante fazer protótipos dos conceitos de serviço no contexto de seu uso real ou em circunstâncias próximas da realidade. O design thinking de serviços utiliza diferentes abordagens de encenação e dramatização, oriundas do universo do teatro, para reproduzir determinadas situações de serviço e ajudar a incorporar os aspectos emocionalmente importantes das interações pessoais com a proposição de serviço. A utilização dessa abordagem lúdica não apenas provoca diversão e envolvimento emocional dos usuários, mas também representa um poderoso método para testar conceitos de serviços intangíveis a um custo baixo e com a oportunidade de fazer intervenções rápidas e testar melhorias iterativas para esses conceitos. Uma vez que nem sempre é possível fazer protótipos dos momentos do

É importante fazer protótipos dos conceitos de serviço no contexto de seu uso real ou em circunstâncias próximas da realidade. O design thinking de serviços utiliza diferentes abordagens de encenação e dramatização.

serviço em seu ambiente real, o ambiente no qual as situações do serviço ocorrem deve ser construído como uma espécie de cenário. Nesse caso, um cenário simples e rudimentar não é, necessariamente, ruim; ele pode, na verdade, resultar em uma expansão da imaginação e da eventual resposta criativa dos participantes.

ETAPA 4 – IMPLEMENTAÇÃO

IMPLEMENTAÇÃO

Implementação

A implementação de novos conceitos de serviço requer necessariamente um processo de mudança. A gestão de mudança é, por si só, uma arte. A chave para essa arte são alguns princípios básicos de gestão de mudança que precisam ser levados em consideração nessa fase. Dentro desse contexto, a sequência básica do planejamento de mudanças, implementação de mudanças e análise de mudanças é uma diretriz simples e fácil, baseada em muitas teorias básicas da gestão de mudança (Cameron & Green 2009).

A mudança deve ser baseada em um conceito de serviço coerente formulado e testado durante as etapas anteriores. É essencial comunicar claramente esse conceito, e isso deve incluir os aspectos emocionais de um serviço – a experiência do usuário desejada. Além dos usuários, daqui em diante os funcionários também serão atores importantes no processo. Sua motivação e engajamento serão cruciais para a implementação sustentável de um serviço. Por isso, é importante envolver os funcionários desde o início do processo de design do serviço. Incorrer no erro de desrespeitar suas contribuições nessas etapas iniciais do processo pode custar caro para a empresa depois. Portanto é essencial que os funcionários entendam e apoiem o conceito em desenvolvimento. A comunicação com eles pode ser mediada por diversas ferramentas, desde diretrizes de pessoal até *storyboards* em formato de quadrinhos, sequências de fotos ou vídeos. O ideal é que os funcionários contribuam para a prototipagem de alguns momentos do serviço a fim de terem uma visão clara do conceito. Em um nível organizacional, é importante manter um panorama e visão geral dos processos e dos resultados melhorados ao longo do processo. Nesse sentido, os *blueprints* de serviço são o método padrão para ilustrar esses processos e evidências.

O ideal é que os funcionários contribuam para a prototipagem de alguns momentos do serviço a fim de terem uma visão clara do conceito.

A implementação de mudanças requer que a gerência esteja convencida do conceito do serviço e não recue diante de quaisquer problemas resultantes ao longo do processo de implementação da mudança. Os funcionários precisam ser acompanhados durante o processo de implementação e os problemas precisam ser resolvidos de modo rápido e criativo. Haverá sempre alguns aspectos que não foram considerados e que criarão atrito, porém quanto mais recursos forem utilizados nas fases anteriores, maior serão as chances de uma transição harmoniosa.

Na análise dos resultados da mudança, seu sucesso é verificado. O ideal é que a implementação da mudança seja seguida por uma ação exploratória posterior, com o objetivo de avaliar seu progresso. Isso nos orienta ao processo iterativo do design thinking de serviços.

MÉTODO AT-ONE: COMO ENTRAR EM HARMONIA COM SEUS USUÁRIOS

SIMON CLATWORTHY

O método AT-ONE é uma abordagem para auxiliar equipes de projeto durante as fases iniciais de um processo de design de serviços. Essa abordagem é focada nas diferenças entre produtos e serviços, e possui um foco claro na experiência do usuário. A abordagem AT-ONE foi desenvolvida durante os últimos quatro anos como parte de uma iniciativa de pesquisa para melhorar a inovação em serviços.

O método AT-ONE é executado por uma série de *workshops*, cada qual focado nas letras A, T, O, N, E, conforme descrito abaixo. Os *workshops* podem ser executados separadamente ou em combinação, de modo que o método é facilmente escalonável. Cada uma das letras do AT-ONE está relacionada a uma fonte de inovação em potencial dentro do processo de design de serviços.

Cada letra pode ser planejada individualmente ou em combinação com outra letra. A metáfora para os *workshops* é a de que cada um deles é uma "lente de inovação" diferente, utilizada para visualizar e explorar o mesmo desafio de design. Graças a essas "cinco lentes diferentes", o objetivo desse método é expandir e explorar o espaço da solução o mais cedo possível dentro do processo de design.

Cada sessão de *workshop* tem três fases e baseia-se em processos criativos comumente utilizados (Isaksen et al., 2000):

- Início: estabelecimento de uma plataforma de conhecimento comum a todos os participantes (1/5 do *workshop*)
- Divergência: exploração e geração de ideias e soluções
- Convergência: síntese, priorização e tomada de decisões

Um aspecto central dos *workshops* é a combinação entre participantes que representam *stakeholders* da empresa-cliente, calcados em seu domínio de *expertises*, e as habilidades específicas dos designers de serviços. Você, leitor, enquanto designer, especialista em administração de empresas ou pesquisador, provavelmente já está acostumado com alguns dos elementos utilizados no método AT-ONE. Ele não introduz ferramentas radicalmente novas ao processo de desenvolvimento. Ao contrário, ele traz uma combinação das melhores práticas de administração, design e pesquisa. Sua relevância e senso de novidade provêm da combinação dos vários elementos centrada no usuário e de sua introdução no início do processo de design.

A

A de Atores, colaborando em redes de valor

Uma das principais mudanças da última década foi no entendimento acerca de como o valor é criado. Cada vez mais, o valor é criado em redes de colaboração, e não nos silos de *expertise* tradicionais, por isso é importante prestar atenção a quem precisa colaborar com quem, com o intuito de criar experiências atraentes que possam satisfazer os usuários. Embora sejam exemplos um tanto esgotados, o iPod e o iPhone demonstram a importância de integrar os atores ao lançamento de um serviço como o iTunes (pagamento, promoção, conteúdo, admin). A integração bem-sucedida de uma ecologia altamente complexa entre parceiros necessária para satisfazer os usuários foi um dos fatores que contribuíram para esse sucesso. Este é o principal pano de fundo da letra A do AT-ONE – redes de Atores.

Um aspecto fundamental da seção dos Atores é uma evolução recente na área das redes de valor como uma alternativa para a cadeia de valor. Em se tratando de serviços, redes de valor são predominantes. O segredo é conseguir enxergar o potencial da reconfiguração dos papéis e dos relacionamentos no seio da constelação de atores, para facilitar a criação de valor de novas maneiras e envolvendo novos participantes. O objetivo estratégico fundamental aqui é criar um ajuste cada vez mais afinado entre as competências da rede e seus usuários. A seção Atores investiga os usuários como cocriadores de valor, e um aspecto chave aqui é substituir o mapeamento de atores "centrado na empresa" por um mapeamento de atores em que o "usuário esteja no centro da rede", pensando em um conjunto diferente de atores que possam agregar mais valor para o usuário.

T → **Como fazer os pontos de contato (*Touchpoints*) funcionarem como um todo**

Pense bem nas diferentes maneiras que você pode acessar seu saldo bancário. Você pode ligar para alguém em sua agência bancária e perguntar, pode ligar para um sistema automatizado gerado por computador, acessar sua conta de seu *smartphone* ou computador, ler seu último extrato impresso, ir a uma agência ou usar um caixa eletrônico. Cada uma dessas ações é um ponto de contato (*touchpoint*) entre você, o usuário, e seu banco.

Há um potencial considerável para inovar a partir de uma atenção cuidadosa com os pontos de contato. De modo geral, a experiência mostra que dentro de uma empresa, diferentes setores são responsáveis por diferentes pontos de contato. Quem formula o extrato bancário? Quem faz o design e a manutenção do sistema online? Quem é responsável pelas instalações do banco e pelo comportamento dos funcionários? Há boas chances de que a resposta seja: diferentes setores da empresa, que usam diferentes terminologias, tons de voz e, provavelmente, estilos de interação. Então, uma simples brincadeira de "quem oferece esse ponto de contato" provavelmente revelará um grande potencial de melhoria.

O design de serviços envolve escolher os pontos de contato mais relevantes para a entrega do serviço e criar o design de uma experiência do usuário que seja coerente entre todos esses pontos de contato. Além disso, o design de serviços busca oportunidades de introduzir pontos de contato potencialmente novos e mais eficazes, remover pontos de contato fracos e coordenar a experiência do usuário ao longo de todos os pontos de contato, em relação à mensagem da marca e às necessidades dos usuários. Um dos aspectos principais da inovação em pontos de contato está relacionado à experiência total que o serviço proporciona ao usuário ao fim de sua jornada pelo serviço. Como uma corrente que se arrebenta no elo mais fraco, a experiência do usuário pode romper-se em seu ponto de contato mais frágil.

O → **A Oferta de serviço é a marca**

Marcas de serviços são diferentes de marcas de produtos. Muitas vezes, há pouca diferenciação de marca, e o serviço tem uma cultura de marca monolítica. Isso significa que o serviço e a marca estão intimamente ligados. Se você pensar em um banco, mesmo um com inúmeros serviços financeiros, perceberá que, sob o ponto de vista do cliente, ele oferece uma quantidade limitada de serviços. Compare o banco com uma empresa como a Sony, e você perceberá que ele tem um leque de opções de serviços limitado. As marcas de serviços só começaram a diversificar recentemente. A empresa aérea Virgin e a rede de varejo Tesco, do Reino Unido, são bons exemplos de empresas que oferecem uma vasta gama de serviços sob uma mesma marca. As duas têm em comum um entendimento claro do que a empresa oferece e a oferta tende a ser mais uma orientação filosófica do que algo relacionado a produtos físicos.

Quando marca e serviço estão ligados de maneira tão íntima como citado, a inovação em serviços, de uma forma ou de outra, sem dúvida influencia a marca e, consequentemente, pode influenciar também o modo como seus usuários percebem sua marca. O método AT-ONE enfoca o entendimento acerca de como a oferta de serviço é experimentada em um nível funcional, emocional e autoexpressivo. Como parte do projeto, desenvolvemos um modelo de processo que ajuda a entender o DNA da marca, e então utilizamos esse processo para inovar a oferta da empresa. Um elemento central nisso é a criação de uma personalidade para o serviço que descreva a marca, como se ela fosse uma pessoa. Uma vez que a personalidade é descrita, torna-se mais fácil descrever como deve ser o design dos pontos de contato e quais os comportamentos que cada ponto de contato deve ter. Esse modelo de processo de amplificação é chamado de "megafone da marca".

N

Como saber quais são as demandas, Necessidades e desejos dos clientes?

Conversar com os clientes está em voga novamente. Há alguns anos, o foco das organizações estava em obter informações quantitativas (ou seja, fatos) sobre como os clientes viam seu serviço. É claro que isso rende dados valiosos, gráficos atraentes e uma sensação de controle, mas esse método só fornece as respostas que você deseja obter. Ele não revela o que os clientes querem dizer a sua empresa, o que pode ser bem diferente. De algum modo, em termos de inovação, as medidas quantitativas não oferecem as respostas de que a equipe de um projeto necessita. Conversar com os clientes, observá-los e ouvir o que eles têm a dizer pode, muitas vezes, revelar um conjunto de necessidades diferente, que foge dos métodos quantitativos tradicionais. O diálogo com os clientes é capaz de identificar necessidades profundamente arraigadas ou ocultas e tendências culturais.

A seção Necessidades do método AT-ONE assume uma perspectiva de design centrado no usuário, a partir da qual as necessidades dos usuários são exploradas. Esta seção utiliza personas como veículo para estabelecer uma perspectiva de usuário e agrega contribuições de uma vasta seleção de métodos centrados no usuário, como entrevistas, observação ou sessões de design participativo. As principais questões que as ferramentas de necessidade buscam abordar são quem são as pessoas em cujas necessidades a empresa deve focar, o quanto a empresa entende as necessidades de seus clientes e até que ponto a ela está satisfazendo essas necessidades. Nessa etapa, entender e envolver os clientes e garantir o que eles necessitam, querem e desejam do seu serviço é provavelmente uma das melhores maneiras de assegurar o futuro sucesso de seu serviço.

E

Experiências que surpreendem e encantam

As experiências são aquilo que os clientes obtêm quando utilizam um serviço e quando se lembram dele posteriormente. A etapa Experiência do método AT-ONE baseia-se nas recentes evoluções do nosso entendimento acerca do modo como as pessoas experimentam serviços. Os clientes no Ocidente, hoje, não estão buscando apenas soluções funcionais para problemas, eles também desejam soluções prazerosas para os problemas cotidianos. A Apple tornou-se mais desejável que a Microsoft, a Nokia mais que a Ericsson, a Nike mais que a Adidas e o Starbucks, o lugar ideal para se tomar café. Por quê? Não é por causa de sua oferta funcional, mas pelo modo como essas experiências nos fazem sentir. Joseph Pine e James Gilmore descrevem isso como "Economia da Experiência" (Pine & Gilmore, 1999). Funcionalidade e usabilidade já não são suficientes em nossas vidas; hoje essas características já são esperadas e são consideradas básicas. O que os clientes buscam hoje são conexões e experiências emocionais. Hoje, as experiências são um diferencial valioso. Mais do que oferecer uma experiência de serviço prazerosa, elas nos ajudam a criar e a expressar nossas identidades.

Várias ferramentas foram desenvolvidas para apoiar as experiências de uso como ponto de partida para o design. O ideal é iniciar o processo pela experiência do serviço e então fazer a engenharia reversa da oferta, dos pontos de contato, do serviço em si e até mesmo da empresa, para que possamos produzir a experiência desejada de maneira confiável. Esse é um método em que o motor é a experiência.

Como funciona o design de serviços?

1 Escolha a ordem de "lentes" mais adequada ao seu projeto.

2 Analise e planeje um *workshop* para cada letra (seção).

3 Conclua os *workshops* selecionando as 5 ideias mais promissoras.

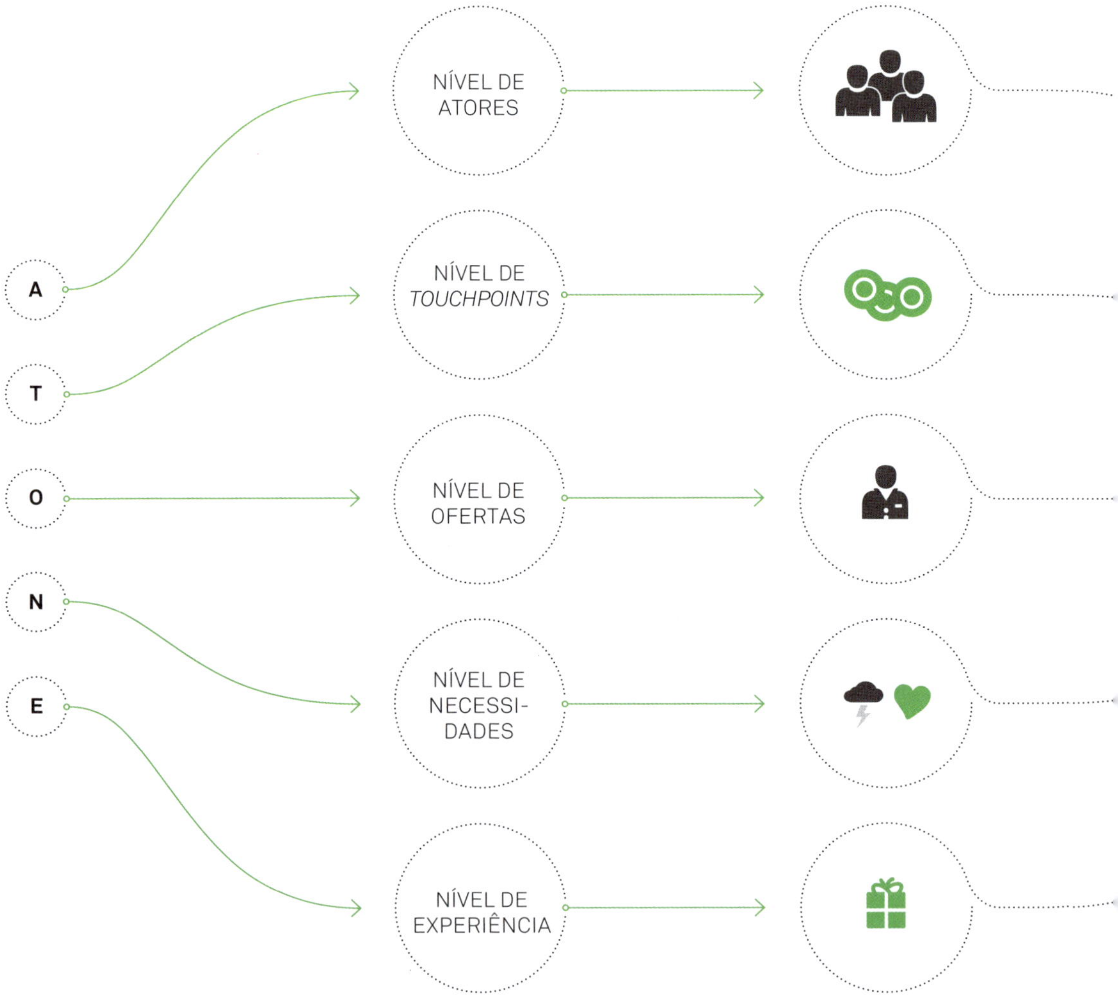

4 Organize um *workshop* final para combinar e criar de 1 a 5 conceitos holísticos.

5 Represente graficamente e comunique os conceitos finais aos líderes da empresa.

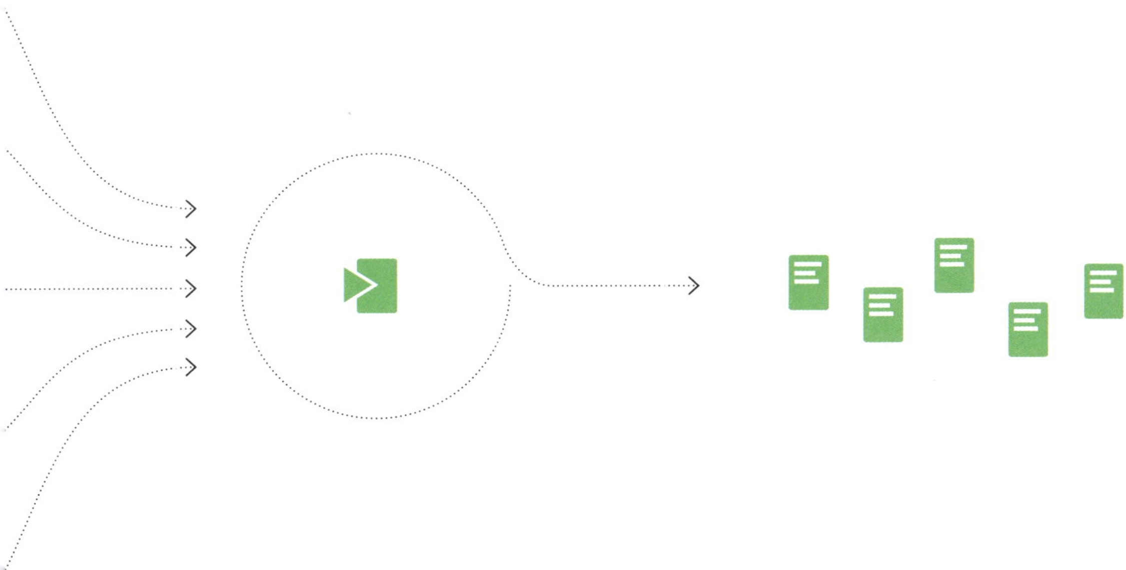

A — Novas combinações de ATORES que, juntos, prestam o serviço

T — Coordenação e desenvolvimento dos PONTOS DE CONTATO (*TOUCHPOINTS*) entre usuário e serviço

O — Design da OFERTA real do serviço

N — As NECESSIDADES que o serviço satisfaz

E — A EXPERIÊNCIA que o serviço oferece ao usuário

Quais são as ferramentas do design de serviços?

Métodos e ferramentas

ISTO É UMA CAIXA DE FERRAMENTAS – NÃO UM MANUAL

A COMUNIDADE

Para compilar o conjunto das ferramentas mais utilizadas e eficazes para o design de serviços, pedimos aos membros da comunidade que contribuíssem com suas ideias e sugestões através de um fórum online. Que ponto de partida poderia ser melhor do que as pessoas que vêm usando e desenvolvendo essas ferramentas em seu trabalho diário? Assim, uma variada coleção de materiais foi estruturada, editada e complementada pelos editores. O resultado final é uma caixa de ferramentas lindamente ilustrada para designers de serviços, publicada aqui como fonte de inspiração para quem está embarcando em seus próprios projetos.

COLABORADORES ONLINE, EM ORDEM ALFABÉTICA

Adam Lawrence / Ahmet Emre Acar / Aidan Kenny / Aleinad / Alexander Osterwalder / Alexis Goncalves / Anonymous / Arandag / Balulu / Bas Raijmakers / Ben Freundorfer / Bernard / Damian Kernahan / Daniel Christadoss / Darby / Dave / David Güiza Caicedo / D-LABS / Dolly Parikh / Eric Roscam Abbing / Esteban Kolsky / Fabian Segelström / Fergus Bisset / Geke van Dijk / Graham Hill / Jaap Frolich / Jakob Schneider / Jennylynnpie / Jo / John Coldwell / Josh Clarke / Julia Schaeper / Julian Sykes / Karine / Kirsty Joan Sinclair / Laura Pandelle / Lauren Currie / Luisalt / Luke Kelly / Luther Thie / Ly / Marc Stickdorn / Markus Hormess / Matt Currie / Melis Senova / minds & makers / Patrick Lerou / Qin / Rob Markey / Sachin /Saharald / Sarah Drummond / Satu Miettinen / Scott Rogers / Steve / Tennyson Pinheiro / Traci Lepore / Walter Aprile / Wim Rampen / Wjan

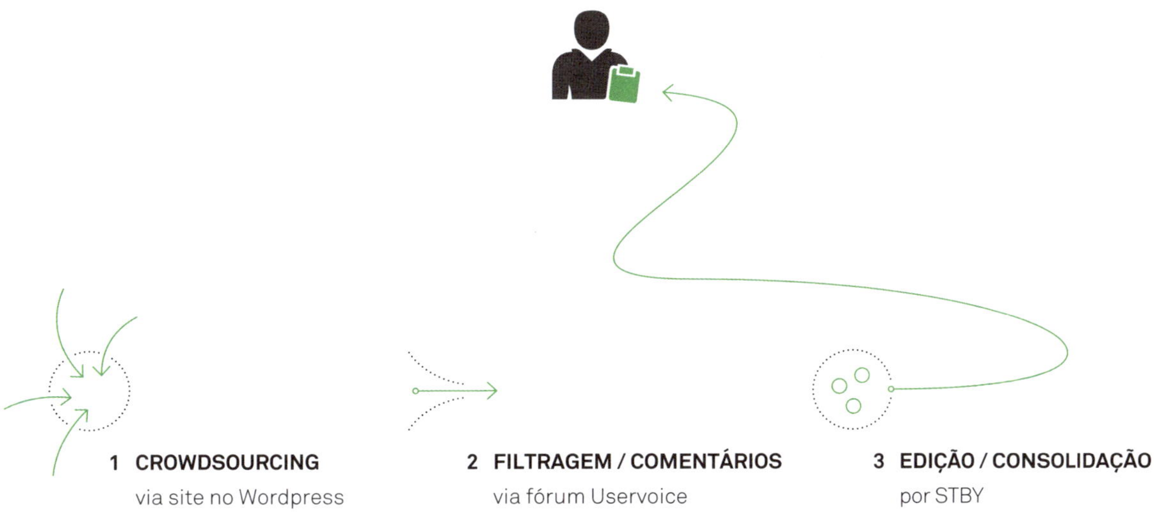
1 CROWDSOURCING
via site no Wordpress
2 FILTRAGEM / COMENTÁRIOS
via fórum Uservoice
3 EDIÇÃO / CONSOLIDAÇÃO
por STBY

ISTO É UMA CAIXA DE FERRAMENTAS – NÃO UM MANUAL

GEKE VAN DIJK
BAS RAIJMAKERS
LUKE KELLY

Este capítulo reúne uma vasta gama de métodos e ferramentas de design de serviços, em um esforço de apresentar uma caixa de ferramentas de abordagens eficazes e populares ao design de serviços. Não se trata de um manual que detalha como um projeto deve ser conduzido, uma vez que um conjunto de instruções restritiva iria contra o etos do design de serviços. Os métodos e ferramentas descritos aqui são recursos a partir dos quais é possível construir projetos personalizados e iterativos.

Essas ferramentas podem ser utilizadas em praticamente qualquer combinação. Embora estejam apresentadas aqui de acordo com as etapas que provavelmente estão envolvidas na maioria dos projetos de design de serviços, isso não significa que elas só podem ser utilizadas dentro dessas etapas. Na verdade, muitas dessas ferramentas foram inicialmente desenvolvidas por meio da experimentação com abordagens existentes e novos objetivos.

Assim como em qualquer outro aspecto de um projeto de design de serviços, não existe uma maneira certa ou errada de empregar essas ferramentas. Um projeto bem-sucedido envolve simplesmente encontrar uma combinação funcional capaz de conceitualizar, desenvolver e fazer protótipos das ideias utilizando um processo iterativo de melhoria gradual.

Exploração

Esta etapa está relacionada a descobertas. Aqui, os designers de serviço vão tentar descobrir novas perspectivas acerca de um determinado serviço, o que pode implicar colocar-se "na pele" de clientes, funcionários, gestores, ou até de concorrentes, para desenvolver novos *insights* sobre a experiência do serviço. Como esse processo formará a base para o restante do projeto, é essencial que as ferramentas utilizadas gerem resultados confiáveis e convincentes.

Criação e Reflexão

É na etapa de criação que os *insights* são visualizados na forma de novas ideias e conceitos, ao passo que a etapa de reflexão envolve testar essas ideias e conceitos para descobrir como eles podem ser aperfeiçoadas ainda mais. Soluções holísticas exigem o envolvimento de um grande leque de *stakeholders*, e por isso muitas das ferramentas criativas foram projetadas para integrar o máximo possível de pessoas no processo criativo. As ferramentas de reflexão permitem que as ideias para soluções gerem protótipos e sejam testadas a partir dos *insights* gerados durante a etapa exploratória.

Implementação

As ferramentas da etapa de implementação oferecem várias maneiras de transferir os projetos de design de serviços novos ou aperfeiçoados para todos os departamentos de uma organização. A ideia é engajar novos públicos, envolver os funcionários no processo de inovação e criar uma argumentação convincente e persuasiva a favor da mudança. Afinal, implementar significa colocar as ideias em ação.

EXPLORAÇÃO

VISUALIZAÇÃO DE TODOS OS ATORES ENVOLVIDOS EM UM SERVIÇO

MAPA DE *STAKEHOLDERS*

O que é?

Um mapa de *stakeholders* é uma representação visual ou física dos diversos grupos/públicos envolvidos em determinado serviço. Ao representarmos dessa maneira funcionários, clientes, organizações parceiras e outros *stakeholders*, podemos analisar e mapear as atividades entre esses grupos.

Como é feito?

227 Primeiro, é necessário desenhar uma lista completa das necessidades dos *stakeholders*. Além de entrevistas, isso geralmente requer uma boa quantidade de *desk* 242 *research*, uma vez que o objetivo do mapa é também destacar os *stakeholders* que o provedor do serviço possa não ter mencionado (ou talvez nem conheça). Ainda, é 272 importante revelar tanto os interesses quanto as motivações de cada grupo, e esses dados também devem ser incorporados ao mapa.

Assim que a lista estiver completa, devemos focar no modo como esses grupos se relacionam e interagem entre si. Essas conexões devem, de preferência, ser destacadas de uma maneira visualmente atraente, uma vez que o objetivo de todo esse processo é produzir um panorama acessível que possa identificar pontos problemáticos e explorar áreas de oportunidade em potencial.

Por que é utilizado?

O panorama geral que o mapa de *stakeholders* oferece é uma boa forma de destacar as questões relacionadas a cada grupo de *stakeholders*. Esses grupos podem, por sua vez, ser agrupados de acordo com seus interesses compartilhados, permitindo que o provedor do serviço mobilize seus recursos de maneira mais eficaz no momento de responder aos problemas e expandir o seu serviço. De modo semelhante, esses grupos podem ser categorizados de acordo com sua importância e influência; grupos que tenham sido negligenciados anteriormente podem ser reconsiderados, uma vez revelada a influência que exercem sobre os demais. Assim, os mapas de *stakeholders* visualizam os ambientes complexos que cercam a maioria dos serviços, onde muitos atores influenciam o modo como o serviço é recebido e percebido. Um panorama de *stakeholders* que seja abrangente, e acessível, é essencial em qualquer tentativa de aumentar o grau de engajamento ao serviço.

EXEMPLO →

Quais são as ferramentas do design de serviços?

MARKETING – CONTABILIDADE

O pessoal de marketing sente que o pessoal de contabilidade é controlador.

GESTOR – CONSULTOR

O gestor acha que o consultor não entende a cultura organizacional.

PESSOAL DE RETAGUARDA – FORNECEDOR

O pessoal de retaguarda tem uma boa relação com o fornecedor.

Um mapa de *stakeholders* pode ter diversos formatos. No entanto, todos eles devem identificar os grupos de *stakeholders* internos e externos, determinar sua importância relativa para o projeto em questão e detalhar a relação que eles têm uns com os outros.

EXPLORAÇÃO

CONSCIENTIZAÇÃO DA QUALIDADE DO SERVIÇO

SAFÁRI DE SERVIÇOS

O que é?

Durante um safári de serviços, as pessoas são convidadas a saírem para explorar exemplos de experiências de serviço em seu "habitat natural" (seu contexto real) e opinar sobre suas experiências positivas e negativas.

Como é feito?

Qualquer pessoa pode ser convidada para participar de um safári de serviços. Essa experiência costuma ser bastante esclarecedora para pessoas da equipe do cliente. Para conduzir um safári de serviços, é necessário um conjunto de ferramentas bastante simples. Como as pessoas são convidadas a registrarem suas experiências, elas precisam receber algum material para o registro, por exemplo, um gravador de áudio, uma câmera de vídeo ou até mesmo papel e caneta. Na hora de escolher alguns serviços para experimentar, as pessoas quase sempre são convidadas a explorar serviços do mesmo setor da empresa onde trabalham. No entanto, também é comum convidar as pessoas para explorarem todos os tipos de serviço que encontrarem pela frente, na tentativa de identificar os fatores comuns a todas as experiências de serviço positiva.

Por que é utilizado?

Os safáris são uma das formas mais fáceis de as pessoas se colocarem "na pele" dos usuários. Olhar para uma grande variedade de serviços permite que as pessoas desenvolvam um entendimento das necessidades comuns dos usuários e dos problemas comuns com os quais se deparam. Esses *insights* podem, posteriormente, ser desenvolvidos para gerar oportunidades de inovação nos serviços e, muitas vezes, essas inovações tornam-se mais aceitas porque as pessoas sentem-se responsáveis por sua criação.

Um safári permite observar e documentar um serviço em seu “habitat natural”. A pré-formatação de uma folha de relatório ajuda a estruturar as anotações para seu processamento posterior.

EXPLORAÇÃO

GERAÇÃO DE *INSIGHTS* DE SERVIÇO EM TEMPO REAL

SHADOWING

O que é?

O *shadowing* (acompanhamento) envolve uma imersão dos pesquisadores na vida dos usuários, pessoal de atendimento e funcionários de retaguarda, para observar seu comportamento e suas experiências.

Como é feito?

247 272 274 289

Embora o pesquisador frequentemente tente se manter o menos invasivo possível, ainda assim pode empregar uma variedade de métodos para documentar os achados. Textos, vídeos e fotografias podem ser usados aqui, no entanto, é sempre necessário levar em consideração o "efeito observador" – a influência que o pesquisador pode estar exercendo sobre o comportamento que está observando, simplesmente por estar presente.

Por que é utilizado?

O *shadowing* permite que os pesquisadores identifiquem os momentos em que os problemas ocorrem. Observando esses momentos em primeira mão, eles podem documentar problemas que talvez sequer sejam reconhecidos pelos funcionários e usuários. Passar um tempo dentro de um ambiente de serviços é a única maneira de desenvolver uma visão verdadeiramente holística de como um serviço opera, uma vez que isso gera um entendimento mais profundo das interações em tempo real que ocorrem entre os diversos grupos e pontos de contato envolvidos. O *shadowing* também é uma técnica útil para identificar aqueles momentos em que as pessoas às vezes dizem uma coisa e, no entanto, fazem outra.

Vídeos funcionam bem para o processo de *shadowing*, pois capturam aqueles detalhes que as pessoas podem se esquecer de mencionar durante as entrevistas. Um *shadowing* bem-sucedido requer discrição – usar salto alto está fora de cogitação, já que o ruído pode ser captado pelo microfone.

MAPA DE JORNADA DO USUÁRIO

O que é?

O mapa de jornada do usuário oferece uma visualização vívida, porém estruturada, da experiência do usuário de um serviço. Os pontos de contato por meio dos quais o usuário interage com o serviço são muitas vezes usados para construir uma "jornada" – uma narrativa envolvente baseada na experiência dos usuários. Essa narrativa detalha suas interações com o serviço e as emoções que acompanham essas interações de modo altamente acessível.

Como é feito?

228

274

É essencial identificar os pontos de contato em que os usuários interagem com o serviço. Esses pontos de contato podem assumir diversas formas, desde o contato face a face entre indivíduos até interações virtuais com um site, ou deslocamentos físicos a determinado local. Construir um mapa de jornada do usuário envolve definir esses pontos de contato com a geração de *insights* dos usuários. Entrevistas funcionam bem aqui, mas os mapas de jornada também podem ser construídos pelos próprios usuários – blogs e vlogs oferecem *insights* a partir da perspectiva do próprio usuário, o que sempre fornece um conjunto envolvente de materiais para a construção do mapa.

Uma vez identificados os pontos de contato, eles podem ser conectados por uma representação visual geral da experiência. Esse panorama geral deve ter um apelo visual que o torne facilmente acessível para todos, mas também deve incluir um nível de detalhamento suficiente para oferecer *insights* reais sobre as jornadas exibidas. Isso significa que o mapa deve ser baseado em personas, de modo que os usuários realizando a jornada tornem-se muito mais do que meros nomes em um pedaço de papel. Basear o mapa em materiais produzidos pelos próprios usuários ajuda a facilitar o engajamento empático, o que é essencial para expressar a infinidade de emoções que compõe a maioria das jornadas.

Por que é utilizado?

Um mapa de jornada do usuário oferece um panorama de alto nível sobre os fatores que influenciam a experiência do usuário, construído a partir da perspectiva do próprio usuário. Basear o mapa nos *insights* dos usuários permite que ele represente tanto os pontos de contato formais quanto os informais. "Personalizar" o mapa – incorporando fotografias, bem como citações e comentários pessoais – pode tornar a experiência centrada no usuário ainda mais imersiva. O panorama geral que o mapa oferece permite identificar tanto áreas problemáticas quanto oportunidades de inovação, e o enfoque em pontos de contato específicos permite que a experiência de serviço seja decomposta em etapas individuais, para uma análise mais profunda. Essa representação visual estruturada possibilita comparar diversas experiências com base em uma mesma linguagem visual, além de facilitar comparações rápidas entre um serviço e seus concorrentes.

EXEMPLO →

Quais são as ferramentas do design de serviços?

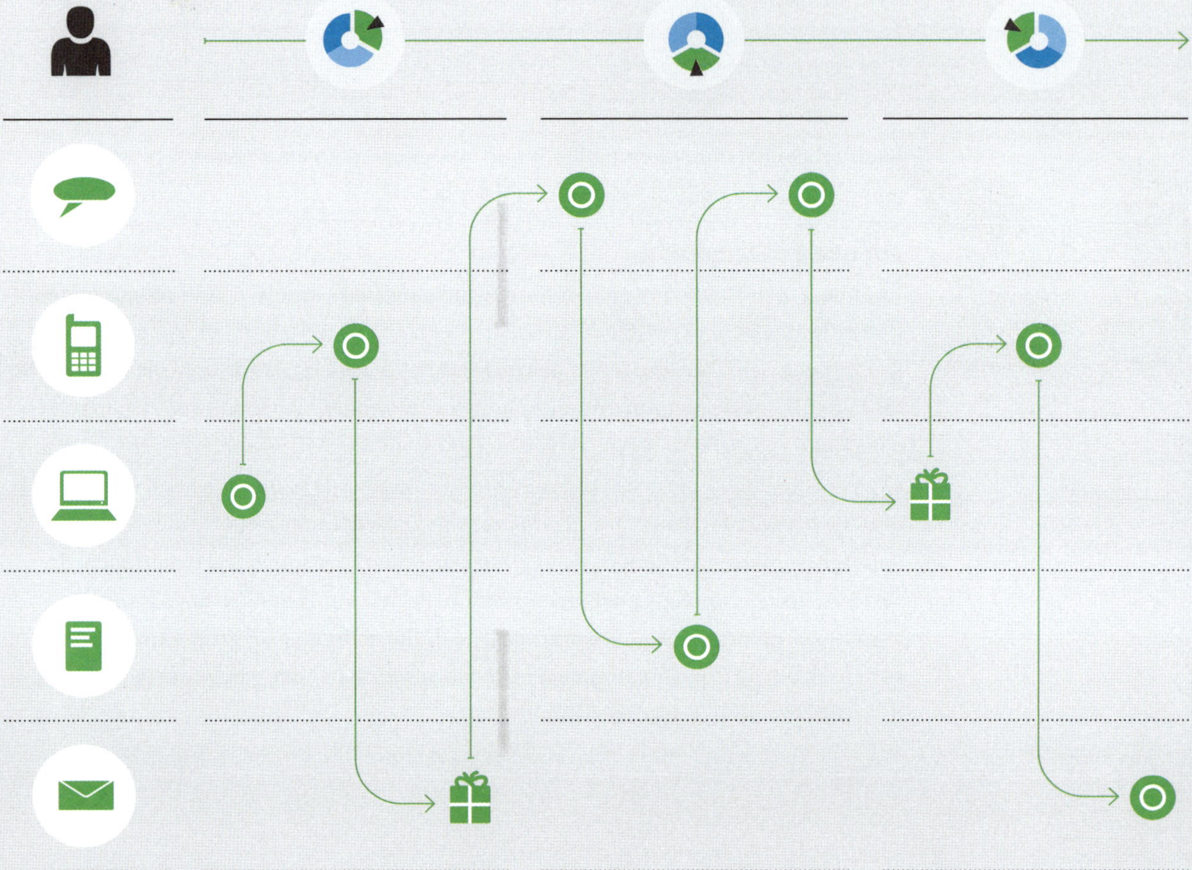

Uma jornada típica do usuário de um serviço envolve canais múltiplos e ocorre em um período específico de tempo. Os usuários obtêm suas informações a partir de diversas fontes, sendo que algumas delas – como amigos e familiares – não podem ser controladas pelo provedor do serviço.

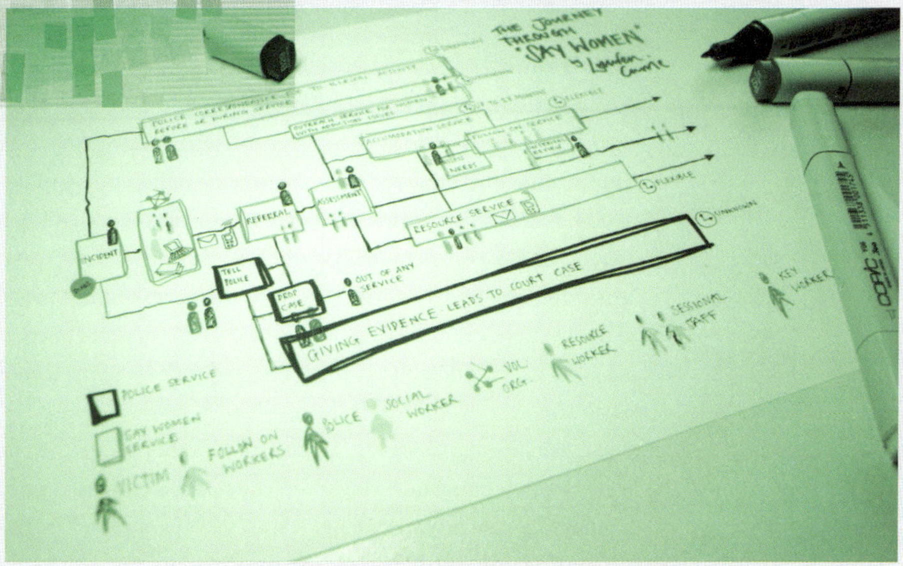

É importante não apenas visualizar o trajeto da jornada do usuário – expresso por meio de uma série de pontos de contato –, mas também coletar narrativas que expliquem por que a jornada aconteceu de determinada forma. Quais foram as circunstâncias, motivações e experiências que resultaram nesse processo?

EXPLORAÇÃO

AQUISIÇÃO DE UM ENTENDIMENTO APROFUNDADO SOBRE OS *STAKEHOLDERS*

ENTREVISTAS CONTEXTUAIS

O que é?

Entrevistas contextuais são conduzidas no ambiente, ou contexto, em que ocorre o processo do serviço em questão. Essa técnica etnográfica permite que os entrevistadores observem e investiguem o comportamento no qual estão interessados.

Como é feito?

245 Essas entrevistas podem ser conduzidas com usuários, funcionários e outros
stakeholders relevantes. O entrevistador visita os usuários no ambiente no qual eles
257 interagem com o serviço que está sendo analisado, e utiliza uma série de perguntas
e observações para gerar os *insights* desejados. Os participantes geralmente são
259 selecionados por meio de um processo de recrutamento especializado, que leva em
consideração fatores como maneiras de fazer o entrevistado se sentir à vontade. Esse
272 é um aspecto crucial, uma vez que o sucesso de uma entrevista depende de as pes-
soas estarem confortáveis para compartilhar *insights,* muitas vezes íntimos, sobre
289 suas vidas.

O entrevistador, em geral, poderá escolher dentre uma série de locações possíveis. Aqui, é importante levar em consideração os estímulos ambientais que podem ajudar a desencadear uma discussão mais profunda – por exemplo, o debate de rotinas de trabalho sempre será mais fácil quando a conversa acontecer no local do escritório onde esses processos são definidos.

Normalmente, a entrevista é documentada por meio de gravações em áudio e fotografias, e pode até mesmo ser filmada – uma técnica que muitas vezes produz materiais muito ricos que devem ser apresentados ao provedor do serviço e a toda a equipe envolvida no projeto.

Por que é utilizado?

Uma das principais vantagens de fazer uma entrevista contextual é que ela ajuda o entrevistado a lembrar o tipo de detalhe específico que muitas vezes se perde nos ambientes onde os grupos de foco são tradicionalmente realizados.* A maioria das pessoas não se sente à vontade para falar de suas ideias e de seu comportamento quando o debate ocorre fora de um ambiente que lhe é familiar, e esses *insights* podem ser validados e expandidos pelas observações do entrevistador, pois – aquilo que não é dito pode ser tão valioso quanto o que é dito. No entanto, os *insights* são se limitam ao entrevistado. As entrevistas contextuais permitem que os pesquisadores também obtenham um entendimento do ambiente social e físico que cerca o serviço investigado. Isso ajuda a gerar um entendimento muito mais holístico do que aquele proporcionado pelas técnicas tradicionais de entrevista.

EXEMPLO →

---

* N. de R.T.: Normalmente, os grupos de foco são realizados em locais específicos, onde os participantes ficam em uma sala com o moderador, que faz perguntas e estimula a conversa sobre assuntos relacionados ao produto/serviço, enquanto a equipe de pesquisa os filma e observa através de um falso-espelho.

Quais são as ferramentas do design de serviços?

Conduzir diferentes partes da entrevista em diversos lugares da casa (todos relevantes para o tópico do projeto) ajuda as pessoas a contarem histórias mais ricas sobre suas práticas cotidianas.

1

2

1 Conduzir entrevistas no conforto do lar ajuda as pessoas a expressarem de modo mais detalhado suas experiências e seu contexto pessoal. Os pesquisadores ganham uma noção muito mais rica de quem é a pessoa com quem estão conversando.

2 Usar gatilhos visuais e tangíveis para capturar dados significativos durante a entrevista é uma maneira útil de documentar observações e comentários para análise posterior.

EXPLORAÇÃO

REVELAÇÃO DE MOTIVAÇÕES SUBCONSCIENTES DOS *STAKEHOLDERS*

OS 5 PORQUÊS

O que é?

Os 5 porquês são exatamente isso – uma corrente de perguntas utilizada para explorar mais profundamente um sintoma exterior na experiência do usuário, com o objetivo de revelar as motivações que constituem sua causa raiz.

Como é feito?

245 Os cinco porquês são geralmente mobilizados para explorar um problema específico em maior profundidade. A pessoa ou equipe que está respondendo às perguntas precisa produzir uma explicação convincente para cada etapa da cadeia causal que leva à experiência ou problema original. Limitar essa cadeia a cinco etapas impede que o processo perca relevância, afastando-se demais da pergunta original, mas garante a geração de *insights* sobre os processos subjacentes que podem estar influenciando a questão.

Por que é utilizado?

Os cinco porquês são uma maneira simples e fácil de estabelecer ligações entre causas subjacentes e os problemas aparentes. Sua aplicação não requer muita preparação. Isso é útil para obter um entendimento acerca de questões complexas e para provocar uma abordagem mais profunda na explicação de problemas comuns pelas pessoas que estão respondendo às perguntas. Os cinco porquês podem ser utilizados em diversas circunstâncias. Uma das vantagens de definir a causalidade por etapas, por exemplo, é que esse processo pode incluir etapas que o cliente não enxerga dentro de um processo de serviço, o que pode ser altamente vantajoso para empresas que estejam tentando classificar seus problemas como sendo internos ou externos.

POR QUE DEMORA TANTO PARA SERVIR UM CLIENTE?

Porque estamos muito ocupados! Há sempre uma fila de pessoas esperando serviço na hora do almoço.

POR QUE HÁ SEMPRE UMA FILA DE PESSOAS NA HORA DO ALMOÇO?

É a hora de maior movimento do dia, e não temos funcionários suficientes para servir todo mundo.

POR QUE NÃO TEMOS FUNCIONÁRIOS SUFICIENTES PARA DAR CONTA DOS MOMENTOS DE MAIOR MOVIMENTO?

Não temos espaço suficiente para contratar mais funcionários – eles provavelmente só nos atrapalhariam.

POR QUE NÃO HÁ ESPAÇO SUFICIENTE PARA MAIS FUNCIONÁRIOS?

A área de serviço é muito atravancada, porque os equipamentos que usamos são grandes demais e ocupam muito espaço.

POR QUE HÁ TANTO EQUIPAMENTO NA ÁREA DE SERVIÇO?

Compramos os equipamentos no atacado para economizar. De fato se consegue produtos baratos assim, mas eles também tendem a ser maiores e criam obstáculos para nós durante o trabalho.

A tática por trás dos cinco porquês é continuar mergulhando mais fundo nas motivações subjacentes para um determinado comportamento ou opinião. Cada nova pergunta é desencadeada pela resposta à pergunta anterior.

EXPLORAÇÃO

OBTENÇÃO DE *INSIGHTS* PROFUNDOS SOBRE AS PERSPECTIVAS DO USUÁRIO

SONDAGEM CULTURAL

O que é?

Sondagem cultural é um método de coleta de informações feito de forma remota e interativa. O usuário participa da pesquisa por meio de registro e autodocumentação, feitos com o auxílio de um kit para sondagem. Os kits para sondagem geralmente são fornecidos aos participantes durante um período prolongado, no qual eles podem produzir materiais ricos e envolventes para inspirar o processo de design.

Como é feita?

As possibilidades de inovação no desenho dos kits para sondagem cultural são quase infinitas. Os kits podem ser tão simples quanto um diário que o participante deve completar ao longo de um período determinado, e pode ser complementado com uma câmera descartável ou um conjunto de instruções criado para estimular o tipo de reflexão comportamental que os pesquisadores estejam buscando. Vídeos também podem ser incorporados ao kit, por meio de um roteiro simples que os participantes seguem para autodocumentar *insights* que seriam inatingíveis utilizando as técnicas tradicionais.

Mesmo depois de enviado, o kit ainda pode ser "dirigido" remotamente pelos pesquisadores. É possível enviar instruções regulares por email ou mensagem de texto, por exemplo, de modo que o material coletado pela sondagem cultural possa ser adaptado de acordo com a evolução dos objetivos do projeto. Assim, os pesquisadores podem acompanhar *insights* especialmente ricos sem comprometer a intimidade que os kits permitem. O sucesso de uma sondagem depende não apenas da originalidade de sua forma de aplicação, como também do monitoramento contínuo dos *insights* que ela permite gerar, de modo a garantir que ela possa adaptar-se a novas descobertas e prioridades.

Por que é utilizada?

Para extrair o máximo dos *insights* mais profundos, os pesquisadores devem evitar ser invasivos. A sondagem cultural permite que os *insights* sejam gerados sem a presença do pesquisador. Com base em simples roteiros e instruções, muitas vezes complementadas por "gatilhos" como mensagens de texto, as informações coletadas podem ser parametrizadas de modo a entregar resultados eficazes e consistentes. A intimidade dos *insights* gerados pelas sondagens também serve para criar empatia com os participantes. As sondagens frequentemente oferecem um relato impressionista das crenças e desejos das pessoas, produzindo um conjunto altamente evocativo de materiais de pesquisa. Assim, elas são imensamente eficazes para superar barreiras culturais e trazer uma diversidade de pessoas e perspectivas para o cerne do processo de design.

EXEMPLO →

Quais são as ferramentas do design de serviços?

Com uma câmera USB e um conjunto de ferramentas coloridas, os participantes podem ser convidados a criar pequenos vídeos registrando experiências de serviço – e até mesmo comentar essas experiências ao vivo.

2

1

1 Se um estudo exige que as pessoas mantenham um registro de atividades e experiências específicas, ofereça a elas um caderno previamente estruturado. Isso também será útil durante a análise dos dados.

2 Incluir cartões-postais e mapas no kit de sondagem, bem como perguntas em adesivos, é uma maneira eficaz de estimular as pessoas a anotarem atividades e pensamentos do dia a dia.

EXPLORAÇÃO

DOCUMENTAÇÃO DE PROCESSOS DE SERVIÇO ESTRUTURADA PELO USUÁRIO

ETNOGRAFIA MÓVEL

O que é?

A etnografia móvel pode ser definida como a pesquisa etnográfica que ocorre independentemente da localização geográfica. Isso em geral significa que o pesquisador não está presente, mas a técnica também se diferencia da sondagem cultural porque os participantes não são guiados – os *insights* gerados giram em torno do modo como os próprios participantes optam por estruturar a pesquisa.

Como é feita?

Recentes avanços tecnológicos permitem que a etnografia móvel seja conduzida em praticamente qualquer ambiente. Equipados com *smartphones*, por exemplo, os participantes podem coletar informações centradas no usuário independentemente do horário ou da localização de sua coleta. Isso pode incluir os pontos de contato em que os usuários percebem-se interagindo com um serviço específico, que pode ser documentado usando uma combinação de áudio, texto, foto ou vídeo.

Por que é utilizada?

Permitir que os participantes definam seus próprios pontos de contato – e até mesmo que qualifiquem sua eficácia – oferece uma visão estruturada pelo usuário de como um serviço está funcionando. Os materiais produzidos são, na verdade, *post-its* digitais, que podem ser agrupados e analisados para que possa mapear e refletir sobre as tendências e possibilidades que possam vir a surgir. Essa técnica não se limita a somente extrair *feedback* dos usuários; projetos internos de etnografia móvel podem gerar *insights* reveladores sobre os processos, experiências e opiniões dos provedores de serviço.

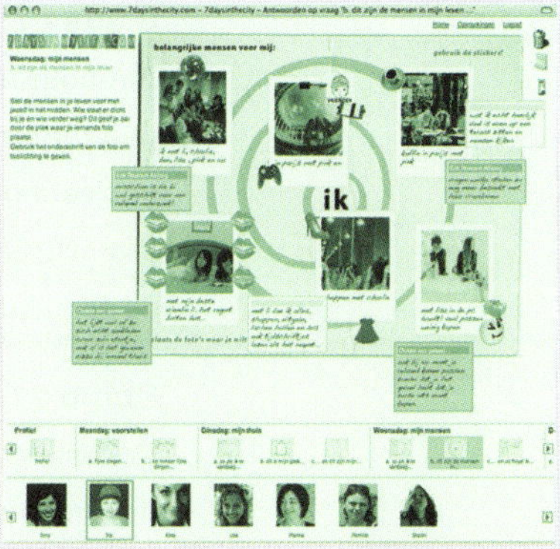

Pesquisas de etnografia móvel podem ser conduzidas em qualquer lugar, a qualquer hora. Mantenha o processo de pesquisa aberto; os participantes talvez precisem de algumas orientações, mas não estruture demais o processo – isso iria totalmente contra o princípio da coisa!

EXPLORAÇÃO

VISUALIZAÇÃO DE ROTINAS E ATIVIDADES DOS USUÁRIOS

UM DIA NA VIDA

O que é?

"Um Dia na Vida" condensa materiais de pesquisa relacionados a um tipo específico de usuário (que talvez já tenham sido condensado em uma persona) para criar um passo a passo descritivo de suas atividades diárias típicas.

Como é feito?

"Um Dia na Vida" pode ser apresentado em diversos formatos diferentes; gráficos simples ou quadrinhos podem ser produzidos de maneira rápida e fácil, enquanto vídeos ou fotografias produzem uma descrição rica dos ambientes e rotinas diários de um usuário. Independentemente do formato escolhido, o "Dia na Vida" deve incorporar o máximo possível de *insights* coletados – o objetivo é oferecer um panorama geral de um dia típico desse usuário, incluindo o que ele está pensando e fazendo, para além de suas interações com o serviço.

Por que é utilizado?

"Um Dia na Vida" contextualiza as interações com o serviço de um usuário, permitindo revelar inúmeras informações secundárias relacionadas aos seus pensamentos e sentimentos durante sua interação com determinado ponto de contato. Quando nos concentramos apenas naquelas instâncias em que os usuários entram diretamente em contato com o serviço desconsideramos esses *insights* contextuais, ao passo que quando revelamos os problemas e soluções cotidianos das pessoas obtemos uma visão bem mais holística de seus *drivers* e motivações – algo que é essencial para a criação eficaz de um serviço.

Uma maneira eficaz de coletar dados para a técnica “Dia na Vida” é solicitar aos participantes que anotem suas atividades durante um dia específico da semana anterior à pesquisa.

EXPLORAÇÃO

REVELAÇÃO DAS EXPECTATIVAS DOS USUÁRIOS EM RELAÇÃO A SERVIÇOS

MAPA DE EXPECTATIVAS

O que é?

Criar um mapa de expectativas envolve investigar e mapear as expectativas dos usuários quando eles estão interagindo com um serviço. O mapa pode ser focado em um serviço específico ou assumir uma forma mais generalizada com objetivo de analisar uma categoria de serviços específica.

Como é feito?

O material usado para construir um mapa de expectativas pode ser retirado de uma variedade de fontes. Uma primeira versão do mapa pode ser desenvolvida de maneira rápida e fácil a partir de fontes como *clipping*, por exemplo, e isso pode servir de indicação geral de como uma empresa está sendo percebida em seu "habitat natural". No entanto, conduzir pesquisas tradicionais – por exemplo, entrevistas em profundidade com os usuários, projetadas para coletar suas reflexões – permite que o mapa seja mais detalhado, tendo como alvo uma área específica.

Por que é utilizado?

Mapear expectativas serve, muitas vezes, como ferramenta de diagnóstico, destacando as áreas de um serviço que exigem mais atenção, a partir de uma perspectiva do usuário. Mapas de expectativas que enfocam um aspecto específico de um serviço são uma maneira útil de definir e rever aquelas áreas em que os clientes enfrentam problemas regularmente. Um mapa de expectativas pode ser criado em relação ao que os usuários esperam ao entrar em contato com o provedor do serviço por telefone, por exemplo, e isso pode ser comparado com mapas de expectativas de atendimento ao vivo ou de correspondência por email.

Produzir mapas de expectativas de maneira aberta e lúdica ajuda a garantir que os participantes estejam relaxados o suficiente para compartilhar seus verdadeiros sentimentos.

EXPLORAÇÃO

VISUALIZAÇÃO DE GRUPOS DE USUÁRIOS A PARTIR DE ARQUÉTIPOS COMUNS

PERSONAS

O que é?

Personas são perfis fictícios, muitas vezes desenvolvidos como uma maneira de representar um grupo específico de pessoas com base em seus interesses comuns. Elas representam um "personagem" com o qual as equipes de design e do cliente podem "se envolver".

Como é feito?

228 A maneira mais comum de desenvolver personas é compilar *insights* de pesquisa em agrupamentos por interesses comuns, desenvolvendo um "personagem" funcional.
246 O segredo para a construção de uma persona bem-sucedida é o nível de veracidade que ela demonstra ter, portanto uma grande variedade de técnicas – desde representações visuais até perfis anedóticos detalhados – pode ser utilizada para "dar vida" a esses personagens. A maioria das personas é desenvolvida a partir dos *insights* de pesquisa colhidos dos mapas de *stakeholders*, acompanhamentos, entrevistas e coisas afins.

Por que é utilizado?

As personas podem oferecer diferentes perspectivas acerca de um serviço, permitindo que as equipes de design definam e envolvam os diferentes grupos de *stakeholders* que possam existir dentro de seu mercado-alvo. Personas realistas podem tirar o foco de dados demográficos abstratos, criando destaque para as vontades e as necessidades de pessoas "reais". Embora as próprias personas sejam fictícias, as motivações e reações que elas exibem são reais; as personas são uma compilação de informações extraídas da etapa de pesquisa de um projeto e, portanto, incorporam percepções do mundo real acerca do serviço de uma empresa.

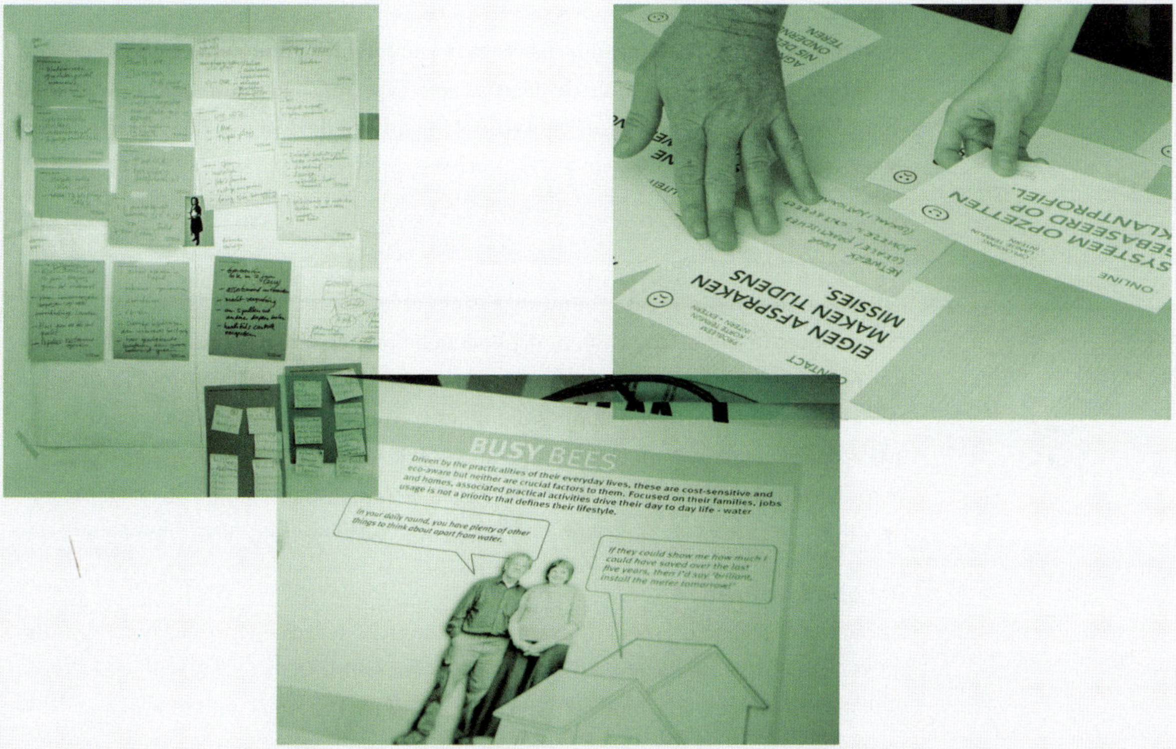

Personas podem ser construídas como uma atividade de grupo nos *workshops*. Isso facilita as discussões acerca de segmentos específicos de clientes/usuários do serviço. Para um uso mais formal e sustentável, personas são geralmente visualizadas e detalhadas em maior profundidade por meio de relatórios.

ESTRUTURAÇÃO E INSPIRAÇÃO PARA SESSÕES DE *BRAINSTORMING*

GERAÇÃO DE IDEIAS

O que é?

Para estruturar e inspirar sessões de *brainstorming* em grupo, os designers de serviço utilizam técnicas de ideação. Essas técnicas geralmente se revelam em forma de exercícios simples que podem ser usados para estimular discussões em grupo, além de oferecerem uma estrutura dentro da qual é possível trabalhar. Mapas mentais, análise S.W.O.T e Os Seis Chapéus do Pensamento* são exemplos de técnicas de ideação.

Como é feito?

Diferentes métodos de ideação obviamente serão utilizados de maneiras diferentes, mas todos os esforços devem estar focados na geração de dinâmicas ou reflexões durante sessões de discussão em grupo. Isso é algo que o designer de serviço certamente irá incorporar no programa de qualquer sessão de *brainstorming*, após decidir qual técnica é mais adequada para objetivos da sessão. Escolher a técnica de ideação certa para a situação em questão é uma habilidade essencial que qualquer designer de serviço deve aprender – assim como ser capaz de abandonar uma técnica que não esteja dando resultado, para tentar algo novo.

Por que é utilizado?

Cada técnica de ideação apresenta um conjunto distinto de justificativas para sua aplicação. Algumas, por exemplo, podem ser empregadas para "quebrar o gelo", deixando os participantes mais relaxados, de modo que eles possam participar de maneira mais plena da sessão. Outras oferecem formas de desencadear a imaginação ou apontamentos simples ao redor dos quais a discussão possa ser organizada. Todas têm como objetivo estimular a geração de ideias, permitindo que as sessões de *brainstorming* transcorram de maneira fluida.

---

* N. de R.T.: Método de Edward de Bono chamado de The Six Thinking Hats.

Os exercícios de geração de ideias durante os *workshops* têm o objetivo de estimular e inspirar as pessoas. É essencial usar recursos visuais e criar uma dinâmica de trabalho ativa.

CRIAÇÃO E REFLEXÃO

EXPLORAÇÃO DE FUTUROS CENÁRIOS DESAFIADORES PARA SERVIÇOS

E SE ...?

O que é?

"E se ...?" é uma pergunta que os designers de serviços podem fazer para desencadear uma exploração até mesmo dos cenários mais bizarros.

Como é feito?

"E se ...?" diferencia-se das ferramentas de criação de cenários porque a pergunta é geralmente usada para explorar mudanças de grande alcance, em vez de situações específicas da experiência de serviços. Isso muitas vezes significa apresentar às pessoas uma pergunta desafiadora acerca de como seu serviço seria afetado por mudanças em nível tecnológico, social ou cultural. Dessa forma, as pessoas são convidadas a explorar essas situações e a imaginar os tipos de problemas que surgiriam a partir desse ponto.

Por que é utilizado?

Perguntar "o que aconteceria com seu serviço se a Internet passasse a ser móvel?" no início do século XXI teria ajudado diversos provedores de serviço a se prepararem para os problemas que iriam enfrentar. Hoje, perguntas semelhantes podem ser usadas para preparar as empresas para a grande variedade de mudanças que podem ocorrer ao longo das próximas décadas. Explorar essas situações é muitas vezes uma maneira eficaz de isolar e analisar os componentes-chave a partir dos quais o design de um serviço pode ser criado. Olhar para o modo como um serviço poderia adaptar-se aos potenciais problemas do futuro ajuda a colocar o foco de atenção naquilo que o serviço tem de melhor – e no que poderia ser melhorado – hoje.

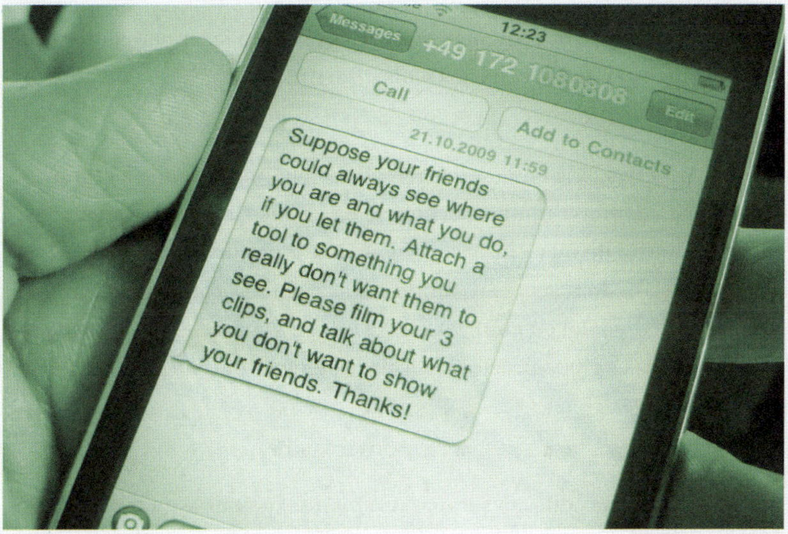

As perguntas "E se ...?" precisam estimular os participantes a explorarem situações futuras em potencial, sem que eles sejam sufocados por preocupações cotidianas. Essas perguntas podem ser usadas tanto em estudos e pesquisas de campo quanto em *workshops*.

CRIAÇÃO E REFLEXÃO | EXPLICAÇÃO DOS ELEMENTOS-CHAVE DAS IDEIAS DE SERVIÇO SOB A FORMA DE NARRATIVAS

CRIAÇÃO DE CENÁRIOS

O que é?

A criação de cenários é essencialmente a criação de narrativas hipotéticas, criadas com um nível de detalhamento suficiente para explorar de maneira relevante um aspecto específico da oferta de um serviço.

Como é feito?

231 Os cenários podem ser apresentados com textos simples, *storyboards* ou até mesmo
vídeos. Os dados de pesquisa são utilizados para construir uma situação plausível
243 na qual o cenário possa ser baseado. Para conferir ainda mais veracidade, é possível
incorporar algumas personas ao cenário para orientar a situação que está sendo exa-
260 minada ao redor de um personagem específico. O tipo exato de situação será defini-
do pelo objetivo do cenário.

275 Por que é utilizado?

A criação de cenários pode ser utilizada em praticamente qualquer etapa de um projeto de design de serviços. Áreas problemáticas de uma oferta de serviços em funcionamento podem ser transformadas em cenários que permitirão a efetivação de *brainstormings* de soluções; protótipos de cenário permitem examinar os potenciais problemas que novas ideias de serviços podem enfrentar; cenários "negativos" nos levam a perguntar "Como as coisas poderiam ficar piores?" para estimular uma discussão sobre fatores que, na realidade, estejam funcionando bem. Todos esses cenários são capazes de ajudar a rever, analisar e entender os fatores determinantes que, em última instância, definem a experiência de serviço. Por fim, criar cenários em um ambiente de grupo incentiva o intercâmbio de conhecimentos entre os diversos *stakeholders* envolvidos.

Os cenários tornam conceitos e protótipos mais acessíveis e envolventes, colocando-os em um contexto de fácil identificação. Essa técnica facilita as discussões sobre como as pessoas usarão novos serviços no futuro.

CRIAÇÃO E REFLEXÃO

VISUALIZAÇÃO DE CONCEITOS E USOS IMAGINADOS PARA NOVOS SERVIÇOS

STORYBOARD

O que é?

Um *storyboard* é uma série de desenhos ou imagens que permitem visualizar uma sequência de eventos específica. Pode retratar uma situação comum em que um serviço é usado, ou auxiliar na implementação hipotética de um novo protótipo de serviço.

Como é feito?

247 275 276

Os *storyboards* podem ser construídos de diversas maneiras. A mais comum delas é o formato de história em quadrinhos, no qual um designer cria uma série de ilustrações que conta a história da situação em questão. Aqui, o designer deverá buscar incluir o máximo possível de detalhes contextuais, de modo que qualquer pessoa que visualize o *storyboard* poderá rapidamente entender o que está acontecendo. O seu objetivo é gerar *insights* sobre a experiência do usuário que está sendo retratada. É possível usar cenários da vida real ou imaginários, sendo que, no caso de cenários reais, a documentação é feita com fotografias em vez de ilustrações.

Quando usado em um ambiente colaborativo ou em uma sessão de *workshop*, o *storyboard* deve conseguir expressar os aspectos-chave de um serviço ou protótipo da maneira mais direta possível. Isso muitas vezes significa apresentar um breve cenário ilustrado no qual o serviço está sendo utilizado, podendo incorporar diversos resultados contrastantes. Esse material pode, então, ser apresentado a um grupo de designers ou usuários em potencial do serviço com o objetivo de provocar uma discussão sobre o que parece funcionar ou não no contexto do serviço.

Por que é utilizado?

Um *storyboard* faz exatamente o que seu nome sugere – permite trazer histórias sobre as experiências de usuários para dentro do processo de design. Os tipos de histórias utilizados são aqueles que oferecem algum tipo de perspectiva sobre um serviço ou protótipo – trata-se de uma maneira de encapsular as experiências das pessoas que utilizam o serviço. Ao colocar uma situação de serviço em seu contexto adequado – mesmo que seja um protótipo que ainda não existe fisicamente –, os *storyboards* podem ser usados para estimular a execução de análises relevantes, gerando discussões acerca de potenciais problemas e áreas de oportunidade. Além disso, o processo de criar *storyboards* força os designers a se colocarem “na pele” das pessoas que utilizam o serviço, o que também ajuda a trazer essa perspectiva para o processo de design.

EXEMPLO →

Storyboards visualizados como histórias em quadrinhos são uma boa forma de comunicar e prever as jornadas dos usuários. Organizando os *storyboards* em diferentes quadros com cenas, fica mais fácil adaptar a história quando surgem novos *insights*.

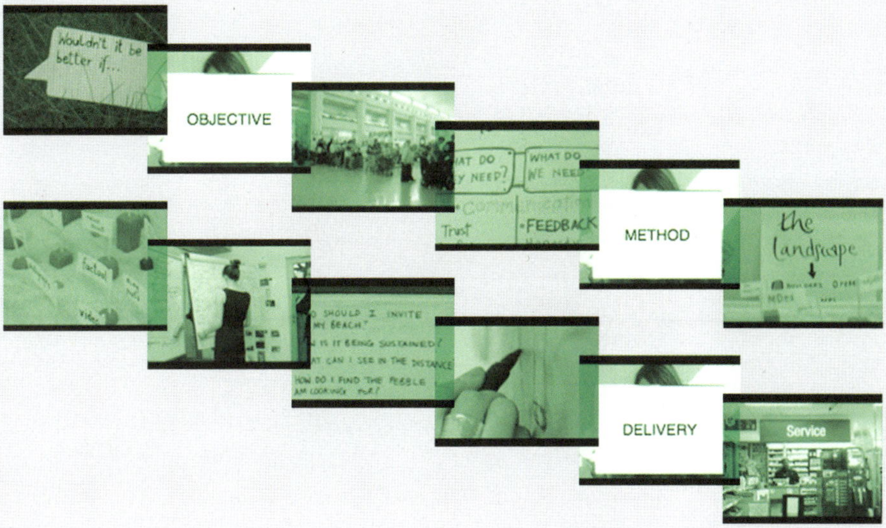

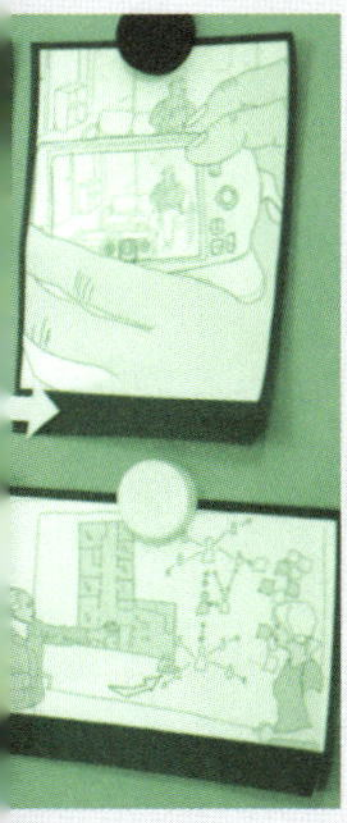

Os *storyboards* devem ser fáceis o suficiente para serem entendidos por qualquer pessoa. Podem ser usados para apresentar rapidamente um novo conceito e para gerar discussões sem a necessidade de uma introdução longa ao tema em questão.

CRIAÇÃO E REFLEXÃO

TESTE DE CONCEITOS DE SERVIÇO COM PROTÓTIPOS EM MINIATURA

MAQUETE DE MESA

O que é?

Uma maquete de mesa (*desktop walkthrough*, algo como "passo a passo de mesa") é uma réplica miniaturizada em 3D representando um ambiente de serviço. Empregando acessórios simples, como bonecos de Lego, os designers podem dar vida a uma situação, encenando situações em cenários comuns e auxiliando no desenvolvimento de protótipos.

Como é feito?

As maquetes geralmente são simples e desenvolvidas a partir de *insights* sobre o ambiente do serviço. Simples edifícios de Lego com etiquetas podem ser usados para construir "situações", e os personagens nelas inseridos podem ser baseados nas personas de funcionários e usuários do serviço. A partir disso, é possível encenar situações comuns utilizando a maquete e simular as interações entre as diferentes personas envolvidas.

Por que é utilizado?

As maquetes de mesa permitem uma análise iterativa das situações retratadas. A mesma cena pode ser encenada múltiplas vezes, e em diversos locais, introduzindo constantemente novas ideias e melhorias à simulação. Também é possível testar protótipos utilizando esse método, uma vez que eles "ganham vida" de uma maneira altamente envolvente. As maquetes de mesa oferecem uma linguagem comum na qual diversas pessoas podem avaliar e desenvolver em conjunto um protótipo, ou analisar e reestruturar um ponto de contato problemático.

As maquetes de mesa podem funcionar de diversas formas. O principal objetivo é ter uma configuração tangível que permita que as pessoas compartilhem suas expectativas sobre o uso futuro do serviço. Quanto mais humanizada for a maquete, mais vivas serão as discussões que ela poderá provocar.

CRIAÇÃO E REFLEXÃO

TESTE DE CONCEITOS DE SERVIÇO COM PROTÓTIPOS EM ESCALA REAL

PROTÓTIPO DO SERVIÇO

O que é?

O protótipo de um serviço é a simulação de uma experiência do serviço. Essas simulações podem variar, desde conversas informais no estilo "dramatização" até recriações mais detalhadas, em escala natural, envolvendo a participação ativa de usuários, acessórios de cena e pontos de contato físicos.

Como é feito?

233 Em geral, algum tipo de maquete do serviço é criado. O protótipo pode variar em
termos de tom e complexidade, mas o elemento comum será a capacidade de testar
244 as soluções de serviço propostas em um ambiente próximo da vida real. O protótipo
costuma ser desenvolvido de maneira iterativa, com a constante incorporação de
261 sugestões e melhorias.

Por que é utilizado?

276 O protótipo de um serviço é capaz de gerar um entendimento muito mais profundo
de um serviço do que seria possível obter com descrições escritas ou visuais. O prin-
288 cípio de "aprender fazendo" é dominante durante todo o processo, e o foco na expe-
riência do usuário significa que o protótipo também consegue gerar evidências tan-
290 gíveis que podem servir de base para soluções. Os protótipos ainda ajudam a iterar
soluções de design, uma vez que podem rapidamente incorporar e testar as ideias e
melhorias que eventualmente podem provocar.

Os protótipos não precisam ser confinados ao ambiente de um estúdio ou *workshop* – testá-los em seu "habitat natural" também pode gerar respostas esclarecedoras.

CRIAÇÃO E REFLEXÃO

TESTE DE CONCEITOS DE SERVIÇO COM DIVERSOS *STAKEHOLDERS*

ENCENAÇÃO DO SERVIÇO

O que é?

A encenação do serviço (*service staging*) é o ato de encenar cenários e protótipos usando equipes de design, funcionários, ou mesmo os próprios usuários, em uma situação que lembra um ensaio teatral. Os participantes geralmente encenam um encontro que alguém da equipe experimentou ou exploram uma situação-protótipo.

Como é feito?

Para utilizar encenações do serviço, é essencial criar um ambiente "seguro" e lúdico a fim de garantir que os participantes sintam-se suficientemente confortáveis e abertos para se envolverem plenamente no exercício. Depois de uma etapa de *storyboarding* para registrar experiências reais ou desenvolver novos protótipos, as pessoas assumem papéis – de usuário ou funcionário – e encenam a situação em um ciclo iterativo, partindo do *storyboard* para chegar a uma nova solução de design. Métodos de grupo, como o "teatro-fórum", são utilizados para gerar ideias e manter todos os participantes envolvidos. Como alternativa, uma pessoa pode atuar como "diretor", fazendo sugestões para solucionar os problemas que são revelados.

Por que é utilizado?

A encenação do serviço incorpora aprendizado cinestésico e emoção ao processo de design. Ela permite que as pessoas se concentrem nas minúcias de subtexto e linguagem corporal, ambos aspectos cruciais para entender as situações reais nas quais um serviço é entregue. Interpretar diferentes personagens em um cenário baseado na realidade permite que os designers empatizem com as personas nas quais esses personagens são baseados.

A encenação do serviço pode ser utilizada para o design de serviços em um novo local e/ou ao redor dele, criando uma parte do espaço no local e convidando as pessoas para fazerem um teste.

CRIAÇÃO E REFLEXÃO

ADAPTAÇÃO DO DESENVOLVIMENTO DE SERVIÇOS EM PASSOS ITERATIVOS

DESENVOLVIMENTO ÁGIL

O que é?

O desenvolvimento ágil é uma metodologia iterativa que permite que os projetos cresçam e se desenvolvam ao longo do tempo, adaptando-se em torno da evolução das necessidades do cliente e dos materiais de pesquisa que o projeto pode gerar.

Como é feito?

Esta abordagem deriva do mundo da engenharia de software e é centrada em diversos princípios fundamentais. Por exemplo, um projeto ágil enfatiza os indivíduos e as interações, em detrimento dos processos e das ferramentas. Isso significa que as metodologias formalizadas são abandonadas em favor de abordagens iterativas, capazes de acomodar as contribuições de uma vasta gama de *stakeholders*. Isso permite que um projeto adapte-se e evolua à medida que progride, em vez de restringí-lo dentro de uma metodologia formalizada de maneira rígida.

Por que é utilizado?

Projetos ágeis conseguem se manter alinhados com os objetivos-chave de um projeto, mesmo quando as situações, ambientes ou pessoal envolvidos mudam. Eles podem ser adaptados em torno das respostas e ideias geradas pelo material coletado na etapa de pesquisa inicial. Os materiais criados por projetos de design não são limitados a um único método "correto" de aplicação; o segredo de um projeto bem-sucedido é, muitas vezes, trabalhar de perto com o cliente e as equipes de design para desenvolver uma estrutura de longo prazo para inovação. Projetos ágeis adaptam-se ativamente com o objetivo de auxiliar na implementação e na inovação de processos.

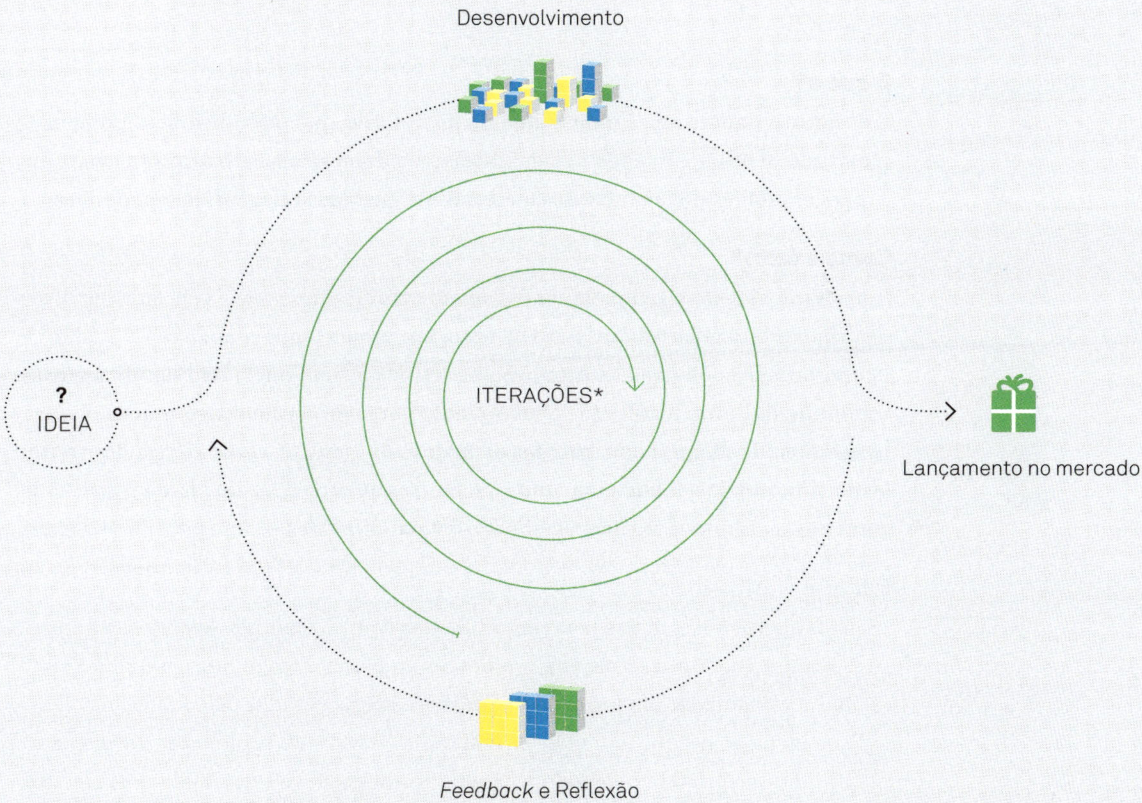

* Espiral heurística de Loschelder

O desenvolvimento ágil envolve reuniões frequentes nas quais a equipe do projeto discute o desenvolvimento do projeto do serviço. Esse processo iterativo de desenvolvimento e reflexão continua até que o serviço esteja pronto para seu lançamento.

COCRIAÇÃO

O que é?

Cocriação é um aspecto fundamental da filosofia do design de serviços. Ela pode incluir funcionários, designers, executivos ou usuários, trabalhando colaborativamente para examinar e inovar uma determinada experiência de serviço.

Como é feito?

231
248
259
262
273

O princípio da cocriação pode ser usado em combinação com outras ferramentas da caixa de ferramentas do design de serviços. Quase todos os métodos da caixa de ferramentas podem ser adaptados para utilização em um ambiente cocriativo, e muitos deles foram projetados precisamente para esse tipo de colaboração. A adoção bem-sucedida da cocriação em uma dinâmica, no entanto, ainda requer que os designers de serviços lidem com uma série de questões na hora de planejar a sessão. É preciso superar diversas barreiras iniciais à participação – como o medo de dizer a coisa errada, a relutância em discordar de um superior, a falta de familiaridade com os princípios de cocriação – e, muitas vezes, a sessão precisará ser mediada por um designer para garantir que gere o tipo de resultado que possa ser incorporado à próxima etapa do processo.

Essa mediação pode ser feita, ao menos em parte, por meio da estruturação eficaz de uma sessão de cocriação. O foco aqui deve ser produzir materiais capazes de criar parâmetros para a discussão sem restringir as possíveis respostas dos participantes. Saber quando fazer uma pergunta generalizada para abrir a discussão e quando se concentrar em um ponto específico para trazer o foco de volta ao serviço em questão é essencial para garantir que as sessões de cocriação sejam eficientes.

Por que é utilizado?

De certo modo, os exercícios cocriativos são uma maneira de incorporar uma filosofia de desenvolvimento open-source. No entanto, isso não significa que o design de serviço se torne uma "decisão do grupo", uma vez que as ideias e as soluções propostas sempre serão filtradas de maneira iterativa, a fim de que apenas os temas mais fortes e relevantes sejam desenvolvidos para gerar novos protótipos e inovações. A sessão de cocriação busca explorar direções possíveis e coletar uma ampla variedade de perspectivas dentro do processo. Os resultados da sessão serão, então, utilizados como inspiração para a equipe do núcleo de design, que precisa desenvolver e refinar mais profundamente essas contribuições nas etapas seguintes do processo de design. Uma vantagem adicional da cocriação é que ela facilita as colaborações no futuro, uma vez que reúne os grupos, criando um sentimento de propriedade compartilhada dos conceitos e inovações que ali são desenvolvidos.

EXEMPLO →

Quais são as ferramentas do design de serviços?

As sessões de cocriação geralmente reúnem pessoas que devem trabalhar em pequenos grupos e, em seguida, apresentar seu trabalho para o grupo inteiro, gerando *feedback* e discussões.

Os materiais utilizados durante uma sessão de cocriação podem variar desde maquetes de mesa em 3D até *mood boards* e desenhos. O mais importante é que as pessoas se sintam livres para expressar suas ideias – algo essencial para que o processo mantenha-se simples e aberto.

IMPLEMENTAÇÃO

COMUNICAÇÃO DE CONCEITOS DE SERVIÇOS DENTRO DE ORGANIZAÇÕES

STORYTELLING

O que é?

Storytelling, ou narrativa, é um método de compartilhamento de *insights* e novos conceitos de serviços. É possível construir narrativas envolventes para todos os aspectos do serviço de uma empresa, desde a vida dos usuários até as experiências dos funcionários e a experiência do serviço que a empresa oferece.

Como é feito?

O *storytelling* situa serviços novos ou reformulados dentro de um contexto narrativo, usando *insights* e ideias-chave para contar histórias envolventes a partir de uma variedade de perspectivas. É comum usar uma combinação de *storytelling* e personas para expressar *insights* profundamente relevantes sobre as experiências dos usuários. Técnicas narrativas também podem demonstrar com eficácia como as inovações nos novos serviços afetam todos os departamentos do provedor de serviços.

Por que é utilizado?

Contar uma história torna a proposição de serviço mais envolvente. *Insights* e ideias isolados do contexto em que foram gerados muitas vezes perdem sua relevância, à medida que são filtrados dentro dos diversos departamentos de uma empresa. Quando são situados dentro de narrativas eficazes e acessíveis, no entanto, eles conseguem manter sua relevância, mesmo quando são apresentados a pessoas que não estão acostumadas ao modo como o projeto foi conduzido. Na verdade, apresentar o próprio projeto em um contexto narrativo permite que as pessoas acompanhem os processos mais de perto, o que pode ajudar as empresas a reorientarem seus negócios e a organização em torno dos princípios do design de serviços.

GEOFFREY QUER frequentar uma academia para entrar em forma e ficar forte. Porém, ele se sente intimidado pelos outros frequentadores da academia, que parecem todos maiores e mais em forma do que ele. De que modo seu serviço pode ser melhorado?

GEOFFREY CONTA ao entrevistador que ele quer tentar se exercitar em casa, para melhorar sua forma física – e sua autoconfiança – antes de se exercitar em público. Assim, um serviço que ajudasse Geoffrey a monitorar seu progresso poderia ser muito interessante para ele.

GEOFFREY USA o serviço de monitoramento para comparar seu progresso com o de outros usuários da academia. Ele está se saindo muito bem! Ganhou a autoconfiança que precisava para voltar à academia, mas vai continuar usando o serviço em casa também.

É possível contar histórias de muitas maneiras diferentes. Dependendo da natureza do projeto, textos, recursos visuais, vídeos, encenações ou uma combinação de todos esses elementos podem ser usados com essa finalidade.

IMPLEMENTAÇÃO | VISUALIZAÇÃO DE TODOS OS ASPECTOS E ATORES RELACIONADOS À ENTREGA DO SERVIÇO

BLUEPRINTS DE SERVIÇOS

O que é?

Blueprints de serviços (*service blueprint,* uma espécie de raio-x do serviço como um todo), são uma maneira de especificar e detalhar cada aspecto individual de um serviço. Eles geralmente envolvem a criação de esquemas visuais que incorporam as perspectivas do usuário, do provedor do serviço e de qualquer outra parte relevante que pode estar envolvida, detalhando tudo, desde os pontos de contato com o usuário até os processos de retaguarda.

Como é feito?

232 É comum que os *blueprints* de serviço sejam produzidos de modo colaborativo, já que essa é uma excelente maneira de reunir os diversos departamentos ou equipes que 244 podem existir dentro da empresa do provedor de serviço. Como, muitas vezes, equipes diferentes têm alguma influência sobre a entrega do serviço, reuní-las para criar um 272 *blueprint* gera uma consciência compartilhada acerca das responsabilidades de cada equipe. Um *workshop* colaborativo é um fórum extremamente eficaz para esse tipo de cocriação, que quase sempre tem como propósito a construção de um documento "vivo" o qual as equipes do provedor do serviço podem perceber como sendo delas.

Essa noção de documento "vivo" está relacionada à ideia de que, de preferência, o *blueprint* deve ser revisado periodicamente. Isso pode ajudar a garantir que de fato ele permaneça em contato com o ambiente em que o provedor do serviço opera e com as preferências dos usuários que estão sendo atendidos. A reformulação contínua do enfoque do *blueprint* diante das inevitáveis mudanças no estilo de vida e nas motivações das pessoas refina e melhora as atividades de pesquisa das empresas, reforçando a necessidade do provedor do serviço manter-se suficientemente ágil para responder e reagir a um ambiente que está em constante evolução.

Por que é utilizado?

Por meio da descrição e definição de todos os elementos contidos em um serviço, o *blueprint* permite que as áreas mais cruciais do serviço sejam identificadas, além de revelar áreas de sobreposição ou duplicação. A produção colaborativa desse documento promove cooperação e trabalho em equipe, e ainda ajuda a coordenar as pessoas e os recursos que o prestador do serviço tem à sua disposição. Os *blueprints* de serviço são capazes de mostrar processos que estão por trás dos elementos críticos do serviço, ao redor dos quais a experiência do usuário é definida. Muitas vezes, eles são produzidos em forma de rascunho no início de um projeto de design de serviços, para explorar aqueles aspectos do serviço que podem ser revistos e refinados. Uma vez que as ideias e inovações já foram formuladas, o *blueprint* é detalhado em maior profundidade e expandido durante sua etapa de implementação. Isso ajuda a oferecer um roteiro claro para a entrega do serviço em si.

EXEMPLO →

Quais são as ferramentas do design de serviços?

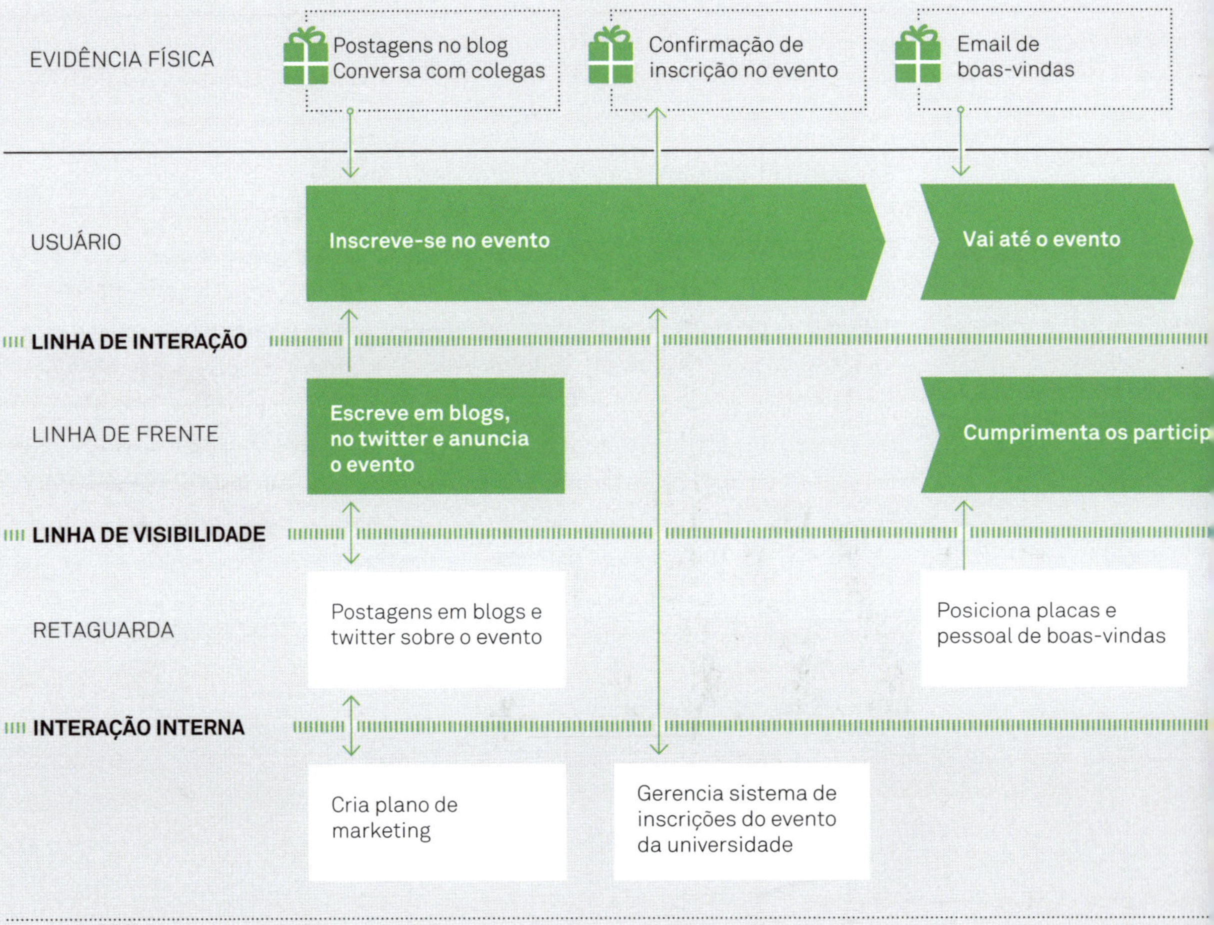

A "linha de interação" representa os pontos de contato entre o usuário e o provedor do serviço. A "linha de visibilidade" representa a distinção entre a visibilidade do pessoal (ou sistemas) de linha de frente e os funcionários e processos de retaguarda, que são invisíveis para o usuário.

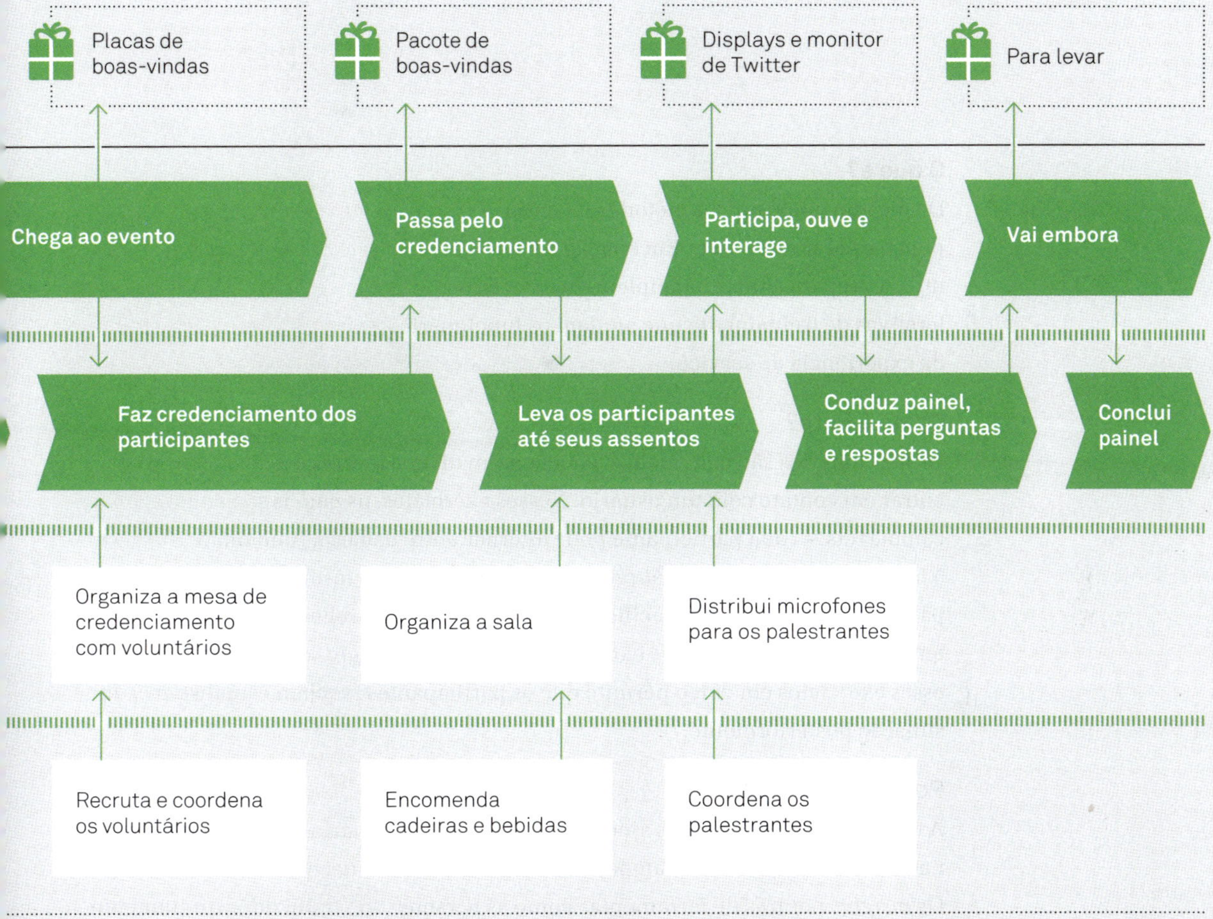

Exemplo de *blueprint* de serviço inspirado em Brandon Schauer, da Adaptive Path.

DRAMATIZAÇÃO DO SERVIÇO

O que é?

Do mesmo modo que os métodos de ensaios teatrais podem ser utilizados para explorar e gerar ideias (ver Encenação do serviço), outras técnicas teatrais podem ser utilizadas para ajudar na implementação. Isso geralmente envolve experiências interativas de treinamento que ajudam os funcionários a contribuírem para a melhoria da experiência de serviço.

Como é feito?

Os funcionários são convidados a encenarem diversas situações nas quais podem entrar em contato com um usuário. Nesses exercícios, os papéis são altamente intercambiáveis, e cada participante pode alternar entre usuário, funcionário ou gestor, à medida que novas ideias surgem e são imediatamente testadas. Cartões contendo palavras que detalham especificamente uma persona, problema, atmosfera ou característica pessoal enfocam os exercícios em torno de *insights* específicos, e registrar esses exercícios em vídeo permite que os participantes revejam e analisem cada situação posteriormente.

Por que é utilizado?

A dramatização de serviços ajuda a oferecer aos funcionários as ferramentas e o treinamento necessários para atender de maneira eficaz às necessidades dos usuários. Os *insights* por trás de ferramentas como as personas são traduzidos diretamente para os pontos de contato de serviço, gerando empatia com os usuários em todos os níveis da empresa. Eles também ajudam os funcionários a se sentirem donos das inovações que estão sendo convidados a implementar, uma vez que seus *feedbacks* ajudam a ajustar a introdução de novas ideias.

Gravar as sessões de dramatização em vídeo permite que os participantes analisem suas ações em um *workshop* subsequente.

IMPLEMENTAÇÃO

VISUALIZAÇÃO DE PANORAMA GERAL DO RELACIONAMENTO ENTRE USUÁRIOS E PRESTADORES DE SERVIÇOS

MAPA DE CICLO DE VIDA DO USUÁRIO

O que é?

O mapa de ciclo de vida do usuário (*customer lifecycle map*) é uma visualização holística do relacionamento entre usuário e prestador do serviço. Ele pode incluir uma série de jornadas do usuário ao longo do tempo, desde o contato inicial do usuário com o serviço até o ponto em que ele deixa de usar o serviço.

Como é feito?

Dados conhecidos sobre os usuários são visualizados em uma série de eventos-chave relacionados ao uso do serviço. Esses eventos representam as etapas pelas quais um usuário típico passa, quando utiliza o serviço. Em cada uma dessas etapas, materiais de pesquisa são incorporados ao mapa para oferecer *insights* sobre os *drivers* e motivações dos usuários.

Por que é utilizado?

A geração desse panorama da série de jornadas de serviço de um usuário permite que as empresas criem casos de negócios mais completos e equilibrados, desenvolvendo estratégias de marketing mais eficazes. Os mapas permitem que os prestadores de serviços apresentem aos seus usuários uma oferta holística, uma vez que os ciclos de vida de vários serviços podem ser sincronizados em torno das vontades e necessidades dos usuários, que estão constantemente evoluindo. Ao entender os motivos pelos quais a interação do usuário com determinado serviço pode se encerrar, os prestadores de serviços podem desenvolver e promover novos serviços que intuitivamente atendam aos desejos dos usuários, sempre em constante mudança.

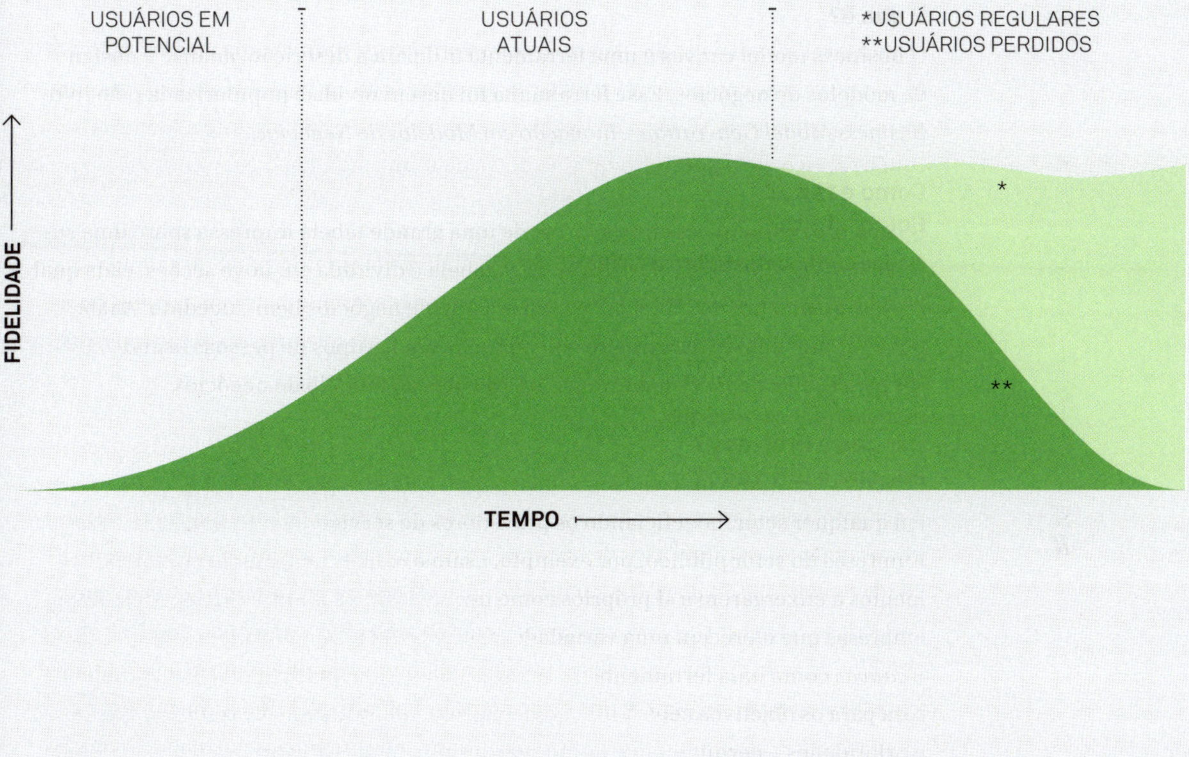

Os mapas de ciclo de vida do usuário são, muitas vezes, utilizados para destacar os pontos em que as pessoas tendem a abandonar um serviço – algo que é de extrema importância no momento de planejar novas ofertas de serviço.

IMPLEMENTAÇÃO

COMBINAÇÃO DA ESTRATÉGIA DE NEGÓCIOS COM O DESIGN DE SERVIÇOS

BUSINESS MODEL CANVAS

O que é?

O business model canvas é uma ferramenta útil para a descrição, análise e design de modelos de negócios. Essa ferramenta foi desenvolvida e popularizada pelo livro *Business Model Generation – Inovação em Modelos de Negócios*.

Como é feito?

O *canvas* geralmente assume a forma de uma grande tabela impressa sobre uma superfície na qual é possível escrever. Essa tabela é dividida em nove seções, cada qual representando um dos "blocos" de um modelo de negócios bem-sucedido. A tabela pode ser preenchida de maneira colaborativa, com grupos de pessoas usando *post-its* para esboçar e modelar os diversos aspectos do modelo de negócios.

Por que é utilizado?

O *canvas* vem ganhando cada vez mais popularidade, e pode ser usado praticamente em qualquer setor, beneficiando os provedores de serviços de inúmeras maneiras. Empresas do setor público, por exemplo, usam o *canvas* para ajudar seus departamentos a enxergarem a si próprios como negócios focados em serviços. Além disso, empresas que oferecem uma variedade de ofertas de serviços muitas vezes utilizam o *canvas* como uma ferramenta de enfoque. Suas principais vantagens – trazer clareza para os objetivos centrais de uma empresa, identificando suas forças, fraquezas e prioridades – permitem que ele ofereça um "instantâneo" atualizado de qualquer empresa que esteja buscando implementar os resultados de um projeto de design de serviços.

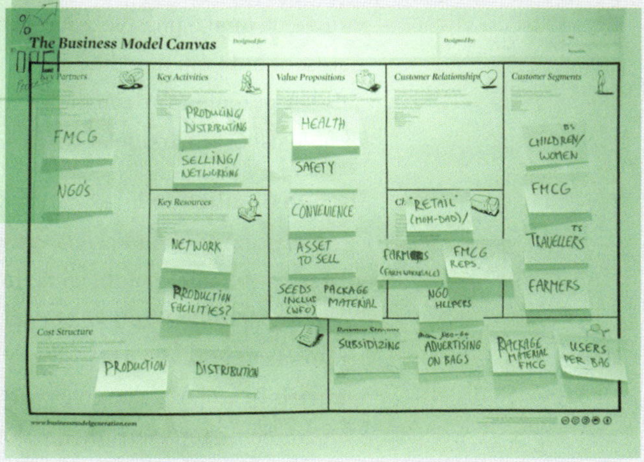

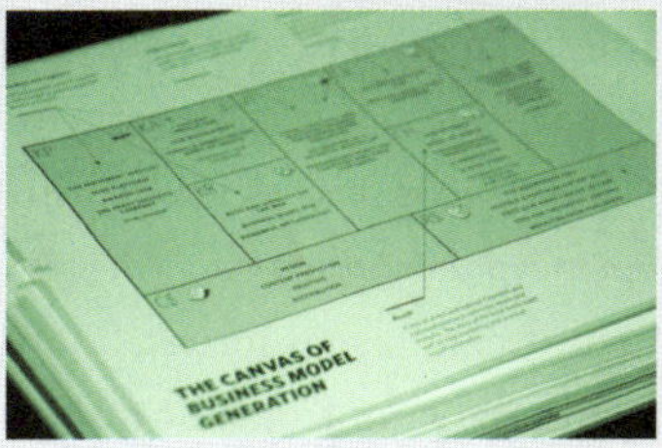

Usar o business model canvas como modelo ou lembrete visual dos diversos fatores que um modelo de negócios precisa incorporar ajuda a gerenciar o escopo das discussões.

Marc diz: *É importante entender que essa estrutura é iterativa em sua abordagem. Isso significa que, a cada etapa do processo de design de um serviço, pode ser necessário retroceder um passo, ou até começar tudo do zero. A única (porém importantíssima) diferença está em certificar-se de aprender com os erros da iteração anterior.*

Simon diz: *O design de serviços envolve escolher os pontos de contato mais relevantes para a entrega do serviço e criar o design de experiência do usuário que seja coerente ao longo de todos esses pontos de contato. O design de serviços busca oportunidades de criar pontos de contato potencialmente novos e mais eficazes, eliminar pontos de contato frágeis e coordenar a experiência do usuário ao longo de todos os pontos de contato, desde que seja condizente com a marca e responda às necessidades dos usuários.*

Geke diz: *Assim como em qualquer outro aspecto de um projeto de design de serviços, não existe uma maneira certa ou errada de empregar essas ferramentas. Um projeto bem-sucedido envolve encontrar uma combinação funcional, que nos permita conceitualizar, desenvolver e fazer protótipos das ideias por meio de um processo iterativo de melhoria gradual.*

Design de serviços aplicado

Casos

DESIGN THINKING DE SERVIÇOS NA PRÁTICA

AGÊNCIA NL E DESIGNTHINKERS

Arne van Oosterom sobre design de serviços para um órgão governamental

MYPOLICE E SNOOK

Sarah Drummond e Lauren Currie sobre design de serviços para uma empresa de capital aberto

HELLO CHANGE E FUNKY PROJECTS

Beatriz Belmonte e Asier Pérez sobre design de serviços para um processo de seleção

UPMC E UNIVERSIDADE CARNEGIE MELLON

Jamin Hegeman sobre design de serviços para um hospital

SEB E TRANSFORMATOR

Erik Widmark sobre design de serviços para um banco

Os cinco casos apresentados aqui exemplificam diferentes processos e abordagens do design de serviços na prática. Propositalmente, os exemplos abrangem tanto serviços privados quanto públicos, projetos internos e externos de uma empresa, bem como empreendimentos de empresas de pequeno até grande porte, para demonstrar as diversas possibilidades no campo de atuação do design thinking de serviços. Com qual destes casos seu processo se parece?

ARNE VAN OOSTEROM, HOLANDA
Agência NL e DesignThinkers

SARAH DRUMMOND E LAUREN CURRIE, REINO UNIDO
MyPolice e Snook

BEATRIZ BELMONTE E ASIER PÉREZ, ESPANHA
Hello Change e Funky Projects

JAMIN HEGEMAN, ESTADOS UNIDOS
UPMC e Universidade Carnegie Mellon

ERIK WIDMARK, SUÉCIA
SEB e Transformator

NL Agency
Ministry of Economic Affairs

*design*thinkers

AGÊNCIA NL E DESIGNTHINKERS

Agência NL (Ministério da Fazenda da Holanda)

Agência NL é um departamento do Ministério da Fazenda da Holanda que implementa políticas governamentais para sustentabilidade, inovação, negócios internacionais e cooperação. É o ponto de contato para negócios, centros de excelência e órgãos governamentais que estejam em busca de informações e aconselhamento, questões financeiras, de networking e de regulamentação.

A Agência NL busca criar uma comunidade de negócios inovadora em uma sociedade segura, solidária e sustentável, e promove o crescimento econômico sustentável criando um elo entre mercado e governo, tanto no nível nacional quanto no internacional. Ela oferece a empresas, centros de excelência e autoridades governamentais aconselhamento, conhecimento e apoio financeiro.

DesignThinkers

DesignThinkers é uma empresa cooperativa constituída por vários associados. Construímos nossa empresa com base em liberdade, confiança e igualdade. Esses princípios introduzem um forte senso de responsabilidade e empreendedorismo entre todas as pessoas que trabalham na DesignThinkers.

A DesignThinkers acredita na importância do pensamento criativo e facilita o diálogo constante e o aprendizado pela prática. Somos uma agência de marketing para a "nova era". Criamos comunidades, desenvolvemos estratégias e campanhas e implementamos produtos e serviços inovadores.

Empresas, centros de excelência e órgãos governamentais

O principal público-alvo da Agência NL são empresas, centros de excelência e órgãos governamentais. Assim, pessoas físicas não constituem um público-alvo central para a Agência NL.

Os públicos-alvo da Agência NL e seus serviços que foram estudados numa série de *workshops* de Laboratório de Jornada do Usuário são compostos por empresas holandesas de pequeno e médio porte – empresas em busca de oportunidades para exportar seus produtos ou serviços para o exterior, ou em busca de financiamento para acelerar seu processo de inovação, ou, ainda, empresas que queiram proteger o produto ou serviço que desenvolveram.

Como criar uma empresa de serviços orientada para o cliente

Os diferentes setores que formam a Agência NL oferecem diferentes serviços para vários tipos de empresas na Holanda. Municípios, empresas de pequeno, médio e grande porte e todos os demais tipos de organizações utilizam os seus serviços.

Esses diferentes setores, no entanto, são configurados principalmente ao redor dos serviços que oferecem, e nem tanto ao redor dos usuários para os quais os serviços são oferecidos. Para que permaneçam competitivos e sobrevivam às mudanças que empresas como a Agência NL atualmente enfrentam, os setores precisam reavaliar sua estrutura, função e forma de construção de relacionamentos com seus usuários. Sendo assim, preencher a "lacuna de perspectiva" entre a empresa e as pessoas (tanto funcionários quanto usuários) deve ser a prioridade número um para eles. E para isso, é necessário um novo conjunto de habilidades, métodos e ferramentas.

Os serviços da Agência NL demonstram uma falta de foco no cliente.

PROBLEMA DOS USUÁRIOS DETECTADO

O principal objetivo da Agência NL é tornar-se uma empresa de serviços orientada para o cliente.

PROBLEMA DA EMPRESA

A entrega de serviços está sendo continuamente melhorada e renovada com base na verdadeira experiência do cliente, por meio do Laboratório de Jornada do Usuário.

VISÃO DE SERVIÇO

ARNE VAN OOSTEROM EXPLICA

O PROCESSO DA DESIGNTHINKERS

A Agência NL precisa criar e implementar sistemas que permitirão que sua empresa tenha um diálogo constante e relevante com seus clientes, se servindo dos insights adquiridos para melhorar e inovar seus serviços em um processo constante de iteração. Tudo isso começa a partir de um criterioso olhar externo sobre a empresa. Não existem truques de mágica, mas o senso comum parece sugerir que se comece pelas pessoas com quem você trabalha e com seus usuários. Para facilitar esse diálogo constante, a DesignThinkers desenvolveu o Laboratório para estudar a jornada do usuário.

O Laboratório de Jornada do Usuário é um método iterativo permanente, desenvolvido pela DesignThinkers utilizando metodologias de design de serviços e design thinking para construir uma cultura de confiança e adaptabilidade, o que é visto como o passo mais importante para construir uma relação com seus usuários e manter uma vantagem competitiva forte e quase insubstituível. Trata-se de uma maneira eficaz de obter *insights* e melhorar as experiências de seus usuários.

Exploração: descoberta das emoções dos usuários

As metodologias de design de serviços e, neste caso, as ferramentas do Laboratório de Jornada do Usuário fizeram a Agência NL enxergar os serviços que oferecem a partir da perspectiva de seus usuários/clientes. A "jornada emocional" de um usuário ao utilizar os diferentes serviços oferecidos forneceu indicadores-chave dos pontos onde os serviços precisavam ser melhorados ou completamente renovados.

O objetivo desse clima de laboratório era gerar ideias que melhorariam a experiência que os clientes obtêm ao entrarem em contato com os serviços da Agência NL. O foco estava nos canais de *front-end* e nos pontos de contato que os clientes encontram quando trabalham ou entram em contato com a Agência NL. Desse modo, é possível descobrir o cenário em que sua empresa se encontra a partir da perspectiva de seus usuários/clientes.

Para tornar este artigo uma espécie de guia para a aplicação de metodologias científicas ao design e para respeitar a privacidade de nosso cliente, o foco aqui é oferecer uma descrição completa das ferramentas que utilizamos dentro desse ambiente de Laboratório de Jornada do Usuário para a Agência NL.

Contexto e mapeamento de *stakeholders*: "Na mosca"

O mapeamento de contexto ou de *stakeholders* é uma ferramenta que a DesignThinkers utiliza como primeiro passo para compor o ambiente do Laboratório de Jornada do Usuário. É de suma importância ter uma visão completa do que se passa na mente dos usuários, para que se possa entender seu comportamento.

Listamos todos os *stakeholders* e organizamos a hierarquia em círculos de influência ao redor do centro, onde você se encontra: "Na mosca". Ao trabalhar com usuários, posicionamos o usuário no centro do processo. Descrevemos todas as relações no mapa de *stakeholders* respondendo às seguintes perguntas: o que fazemos por eles? O que eles fazem por nós? Esse mapa revela o cenário do campo de força com o qual estamos lidando. E nos permite discutir de que forma isso influencia a qualidade do trabalho e quais serão as vantagens ou desvantagens para o usuário.

Os *insights* que obtivemos a partir do Laboratório de Jornada do Usuário com a Agência NL foram, por exemplo, que os clientes nem sempre estavam no centro do mapa – prova de que, dentro da empresa, o cliente não estava no centro do processo. O ambiente da Agência NL é muito complexo, o que às vezes gera um excesso de *stakeholders*. Além disso, os funcionários são dirigidos tanto por quem cria políticas internas quanto por clientes externos, o que resulta quase sempre em um conflito de motivações para a entrega de serviços. Assim, boa parte do tempo era gasto na gestão de questões internas, em vez de da enfoque ao propósito principal: o usuário.

Persona "Hans"

Uma boa maneira de simular a presença de usuários é pela criação de Personas, ou Perfis de usuário/cliente. Os participantes do Laboratório são "forçados" a entrar na vida de um usuário típico para investigar e descrever sua situação pessoal e profissional no momento (situação atual) e no futuro (ambições).

Jornada emocional do usuário

Um Mapa da Jornada Emocional do Usuário é construído camada por camada. Começamos na camada superficial, com o cliente, e lentamente mergulhamos cada vez mais fundo nas estruturas organizacionais e no contexto. Essa ferramenta pode ser utilzada com clientes ou gestores, funcionários e outros *stakeholders*, ou – melhor ainda – com uma combinação desses grupos. Ela permite que mergulhemos em seus mundos e realidades para obter *insights* mais profundos acerca das necessidades, percepções, experiências e motivações dos clientes. Essa ferramenta responde a perguntas como: o que as pessoas realmente tentam obter? Como elas tentam obter isso? O que elas utilizam e em que ordem? Por que elas fazem escolhas? O que elas sentem ao tentar atingir o resultado desejado?

Listamos todas as ações (dentro do possível) que o cliente precisa realizar para atingir determinado objetivo (posicionadas em uma linha horizontal) e classificamos os pontos de contato em uma escala de um a dez. A partir disso, surge o Gráfico da Jornada Emocional. Mas atenção: não comece a listar as ações no momento em que o cliente usa seu serviço pela primeira vez. Comece antes do momento em que ele decide usar seu produto ou serviço. Desse modo, é possível identificar padrões comportamentais.

Como um empreendedor dedicado, nossa Persona "Hans" da Agência NL tem uma percepção positiva de muitos dos serviços que a Agência NL oferece. No entanto, preencher uma infinidade de formulários, muitas vezes com as mesmas informações, certamente reduz o entusiasmo de Hans.

Durante as sessões de Laboratório produzidas para a Agência NL, foi desenvolvida a **Persona "Hans"**. Definiu-se que Hans é um empreendedor experiente, que aprecia *networking* e busca conhecer outros empreendedores. Ele está determinado a "ficar rico" cedo e aproveitar sua aposentadoria. Hans aprecia os serviços da Agência NL, mas considera que está sempre sobrecarregado de atividades administrativas, como preenchimento de formulários, questionários de avaliação), etc.

Criação: o momento em que as pessoas mais se divertem

A próxima fase do processo consiste em utilizar criação, *brainstorming* e outras técnicas de ideação para inovar as oportunidades de serviço identificadas (pontos baixos) e/ou criar serviços ou jornadas completamente novos e ideais. Esse costuma ser o momento do processo em que as pessoas mais se divertem. É surpreendente observar o talento e a disposição das pessoas para se engajarem neste processo criativo. As pessoas costumam ser bem mais criativas do que imaginamos, e o desafio aqui é criar a situação e a atmosfera certas para que isso ocorra.

Apresentação da Grade de Prioridades

Utilizando o Gráfico de Jornada Emocional do Usuário, são coletados os "pontos baixos" da experiência dos serviços da Agência NL por seus usuários. Esse é o ponto de partida para encontrar soluções (de negócios) adequadas a fim de melhorar ou renovar os serviços.

Os "pontos baixos" na experiência do usuário são colocados em "Cartões de problemas" e debatidos em profundidade na dinâmica do laboratório. Com a ajuda desses cartões, os problemas do serviço são indexados por ordem de prioridade, levando-se em consideração o ponto de vista do usuário. Isso permite à Agência NL decidir por onde começar a melhorar seus serviços. Os problemas priorizados são representados em um gráfico no qual são adicionados a viabilidade a curto e longo prazo. O resultado desse processo é a construção do que chamamos de Grade de Prioridades. Essa grade mostra, no canto superior esquerdo, os problemas de prioridade mais alta, que podem ser solucionados mais rapidamente. No canto inferior direito, encontram-se os problemas que não precisam de muita atenção, uma vez que são de baixa prioridade e extremamente difíceis de solucionar.

Para a Agência NL, os problemas relacionados a seu conteúdo Web estavam listados no canto superior esquerdo da grade. A Agência NL achava que seus problemas específicos de conteúdo Web poderiam ser solucionados rapidamente com pouco esforço e resultariam em alto impacto sobre a Experiência do usuário. São esses tipos de ganhos rápidos (*quick wins*) que fazem uma empresa como a Agência NL entender o impacto de um processo como esse, em que se cria um ambiente de Laboratório de Jornada do Usuário.

Cocriação: desenvolvimento de soluções com os usuários

A verdadeira cocriação baseia-se no desenvolvimento de soluções valiosas junto aos clientes/usuários. Tomando a Grade de Prioridades como ponto de partida, a cocriação no ambiente de laboratório deve ser um exercício focado no desenvolvimento de soluções para os problemas detectados ao longo da Jornada Emocional do Usuário.

Os usuários da Agência NL que participaram das sessões de Laboratório de Jornada do Usuário tinham que descrever pelo menos quatro direções estratégicas para os cenários, a começar por não fazer "coisa alguma". A ideia era criar tanto cenários extremos quanto como cenários que pudessem ser descritos como "meio termo". A criação desses cenários sempre evoca muitos *feedbacks* e estimula um debate de qualidade entre os participantes.

Reflexão: mapa de soluções de serviços

Agora, para resumir um pouco a história, podemos continuar listando a organização "abaixo da superfície", listando as equipes que oferecem apoio àqueles que prestam o serviço (retaguarda) e as que influenciam essa retaguarda (para isso, voltamos ao Mapa de *stakeholders*), até que tenhamos um mapa organizacional e uma imagem completos do funcionamento da empresa e da jornada emocional, de fora para dentro.

Em vez de criar um *blueprint* de serviços completo da organização Agência NL, nosso foco foi algo que, na DesignThinkers, chamamos de *Blueprint* de Solução de Serviços. O *Blueprint* de Soluções de Serviços consiste nos seguintes elementos: objetivo da solução proposta em termos de impacto sobre a experiência dos usuários e um *blueprint* de serviços que dê conta tanto de uma perspectiva funcional quanto de uma perspectiva de "*look & feel*" do serviço. Além disso, as habilidades e características das pessoas que trabalham no processo de serviços que deve ser implementado ou ajustado precisam ser detalhadas no *blueprint*.

Implementação: O momento da verdade

Só os seres adaptáveis sobrevivem. Essa é apenas uma daquelas inconvenientes verdades evolutivas. De maneira geral, empresas e órgãos governamentais não são criados para exercerem tal grau de adaptabilidade. Eles organizam-se em modelos estáticos de estrutura piramidal, com difusão de informações de forma unilateral, de cima para baixo. Além disso, não estão organizados para receber *feedback* externo ou da "base da pirâmide", e muito menos para usar essas informações para gerar mudanças e melhorias contínuas. De fato, a maioria das empresas não consegue ter diálogos reais e relevantes "via de mão dupla" com seus clientes. Com essa série de Pilotos de Laboratório de Jornada do Usuário, a Agência NL deu o primeiro passo na direção de um diálogo constante com seus usuários. O "momento da verdade"* ocorreu quando apresentamos o resultado do ambiente de Laboratório à gestão da Agência NL.

O resultado final de um típico ambiente de Laboratório de Jornada do Usuário inclui um Mapa de Jornada Emocional do Usuário, um *Blueprint* de Serviços, um Roteiro ou Proposição de Marketing. Para convencer a direção da Agência NL de que havia uma necessidade de implementar o *Blueprint* de Soluções de Serviços, usamos exercícios de Prototipagem Visual ao final das sessões do Laboratório de Jornada do Usuário. Junto a especialistas da própria NL (TI, RH, Gestão de Projetos, Gestão de Produtos), os participantes das últimas sessões de Laboratório foram

* N de R.T.: "moment of truth", referente a uma expressão do marketing.

convidados a criar anúncios e propostas de campanhas de marketing para as diferentes soluções. O desenvolvimento de um anúncio requer foco na mensagem central (objetivo) da solução e estimula o pensamento criativo acerca dos problemas a serem resolvidos e da solução desejada. Esse processo resultou em uma campanha de marketing impressionante, que foi em seguida apresentada aos diretores da Agência NL.

Considerações finais

As sessões do Laboratório de Jornada do Usuário criam um efeito de espelho que nos permite perguntar por que *stakeholders* agem de determinadas formas. O processo torna visíveis mesmo aquelas coisas que podem estar bem debaixo do nosso nariz, mas que, por serem tão óbvias, não percebemos ou questionamos. Jamais pensamos que poderíamos mudar essas coisas. Isso pode trazer à tona um conhecimento já incorporado na organização, explicitando o que já está implícito.

Design de serviços aplicado

1

2

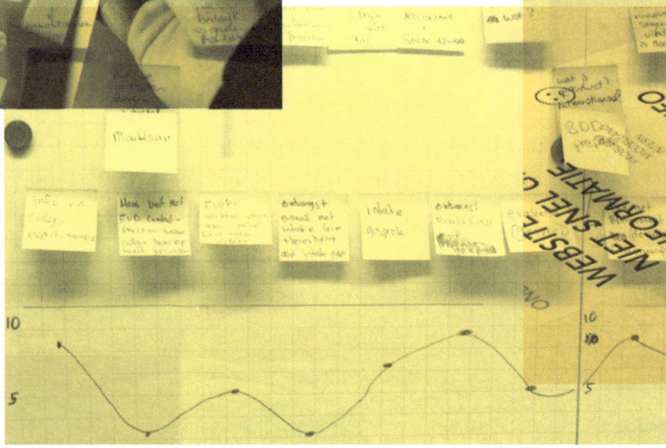

3

1 Convite personalizado para participação no Laboratório de Jornada do Usuário

2 Indexação de dados na Grade de Prioridades

3 Mapa de Jornada Emocional do Usuário

4 *Blueprint* de Soluções de Serviços

5 Mapeamento de *Stakeholders*

5

5

4

(my) police

SNOOK™
transforming people

MYPOLICE E SNOOK

MyPolice

MyPolice é uma companhia limitada do Reino Unido que fornece informações qualitativas sobre as experiências dos usuários com o serviço da polícia escocesa, incentivando um entendimento mais empático de áreas problemáticas da prestação de serviços da força policial. Fundada em outubro de 2009, a empresa teve suas origens em maio daquele ano, quando a ideia foi inscrita no primeiro Social Innovation Camp da Escócia. A MyPolice interage com uma variedade de empresas do terceiro setor, bem como dos setores público e privado que atuam na área da criminalidade e da justiça.

Entre os clientes da MyPolice estão 53 forças policiais em todo o Reino Unido, forças especiais, incluindo a Agência Escocesa de Combate ao Crime e às Drogas (Scottish Crime and Drug Enforcement Agency), órgãos estratégicos independentes, incluindo a Associação dos Delegados de Polícia, e diversas organizações do terceiro setor que lidam com vítimas de crimes e outras questões relacionadas.

Snook

Radicada na Escócia, a Snook atua no campo da inovação social e do setor público. Fundada por dois designers de serviços, a empresa utiliza design thinking e métodos criativos para desenvolver soluções com base em *insights* empáticos dos usuários. A Snook trabalha com organizações para cocriar essas soluções, garantindo que políticos de nível sênior com poder de decisão, pessoal da linha de frente e usuários estejam envolvidos nesse processo para gerar mudanças visíveis e transformar seu modo de pensar. Fundada em 2009, a Snook já trabalhou em inúmeros setores diferentes, como saúde, criminalidade, serviços sociais e arte, a fim de cocriar soluções para nosso mundo no futuro e garantir que as pessoas estejam sempre no centro da prestação de serviços.

A polícia e o público

Atualmente direcionado para o Reino Unido, o site serve para que o público contribua com *feedbacks* sobre suas experiências com a polícia, faça comentários sobre o policiamento local e visualize outras histórias e estatísticas do site. A polícia utiliza o produto para responder às preocupações do público e atingir novos públicos, em termos de visibilidade.

Falta de confiança na polícia

Foi identificada uma ruptura de comunicação e confiança entre o público e a polícia. Nos últimos dez anos, as taxas de criminalidade haviam caído consideravelmente; no entanto, de acordo com a pesquisa de Estatísticas de criminalidade da Grã-Bretanha, o público não sentiu o impacto disso e acredita que a criminalidade está aumentando. (Kershaw et al., 2008)

O problema identificado na época foi que a confiança da população na polícia havia caído drasticamente. Com uma mentalidade de difusão de informações unilateral, profundamente enraizada na tradição, a polícia tinha dificuldades de engajamento com o público, principalmente porque grande parte dele costuma estar online. As próprias organizações policiais admitem que sua agenda é definida por formas de consulta tradicionais; com uma cultura avessa a riscos, receio das mídias sociais e falta de proximidade com o mundo digital, a polícia tem dificuldade de participar do "diálogo que acontece na Internet".

"Escrever para a polícia é uma coisa tão estranha e formal, quem dera eu pudesse simplesmente tuitar algo usando @mypolice" / "Provavelmente o serviço público mais impenetrável para oferecer algum feedback."

Além disso, muitos dos entrevistados durante a fase de pesquisa de design do projeto descreveram o atual sistema de ouvidoria da polícia como "datado", "fechado", "parcial", fazendo os cidadãos se sentirem "desconfortáveis" e "pressionados a dizerem a coisa certa".

Os cidadãos do Reino Unido sentem que a polícia não escuta o que eles têm a dizer.

PROBLEMA DOS USUÁRIOS DETECTADO

A polícia, em muitos dos casos, perdeu a confiança do público britânico.

PROBLEMA DA EMPRESA

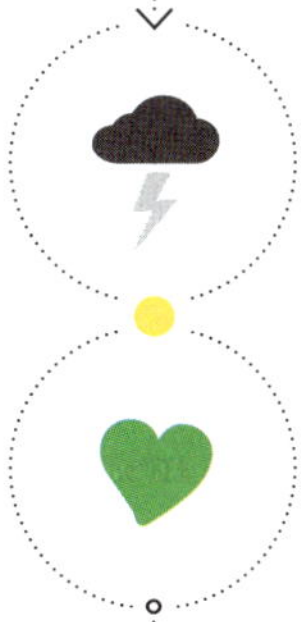

Criar um espaço independente e neutro onde polícia e público possam se reunir. Uma plataforma que permita o diálogo, promovendo conversas construtivas e colaborativas entre público e polícia.

VISÃO DO SERVIÇO

SARAH DRUMMOND E LAUREN CURRIE EXPLICAM

O PROCESSO DA SNOOK

"...muitas vezes, não se sabe se o resultado do processo de design será um produto, um serviço, uma interface ou outra coisa. O objetivo desta exploração é definir os problemas e oportunidades fundamentais e determinar o que deve, ou não, ser criado e produzido." (Sanders & Simons, 2009)

No caso do MyPolice, a Snook partiu de uma ideia e trabalhou de maneira reversa. Com base em uma ideia simples, a equipe de projeto precisava explorar o cenário e a base de usuários em potencial para fazer perguntas como quem usaria esse novo serviço, quando, onde, como e por quê? Passando da etapa de criação para a etapa de exploração, a ideia foi reenquadrada e o serviço foi construído ao redor dela para agregar valor ao produto. As contribuições para o conceito do MyPolice foram retiradas de pesquisa de dados primários e baseadas nos *insights* coletados a partir das interações dos designers da Snook com a polícia e o público. Em essência, a Snook partiu de um lampejo de inspiração e utilizou uma mentalidade de design de serviços e técnicas de pesquisa para expandir e validar a ideia.

Foi quando o primeiro concurso Social Innovation Camp da Escócia abriu uma chamada para ideias, somado à experiência de uma amiga que tentava enviar um comentário para a polícia e ao fato de que ela passava horas na Internet todos os dias, que tudo, subitamente, fez sentido. E assim nasceu o projeto MyPolice. Depois de dois dias de desenvolvimento intenso entre programadores, designers e especialistas de negócios, o resultado tornou-se a ideia vencedora do camp, no segundo semestre de 2009.

A ideia do MyPolice surgiu a partir de diferentes fatos que estavam acontecendo ao mesmo tempo. A confiança do público na polícia local estava em uma baixa histórica após os acontecimentos dos protestos do G20, quando Ian Tomlinson, um vendedor de jornais, foi jogado ao chão por um policial e morreu mais tarde naquele mesmo dia.

Esse fato, em combinação com uma observação primária – de nossa amiga, uma cidadã local –, forneceu o estímulo inicial para inscrevermos nossa ideia no Social Innovation Camp.

Depois de presenciar nossa amiga tentando contatar a polícia local e reclamando de precisar telefonar para isso, ficou claro que havia uma oportunidade para desenvolver algo que preenchesse essa lacuna. Observando as estatísticas divulgadas em 2010, o instituto de pesquisa Nielsen declara que 80% dos usuários de Internet no Reino Unido passam cerca de seis horas por dia em sites e plataformas de mídias sociais (Nielsen, 2010). A ideia do MyPolice foi um reconhecimento desses fatos e uma sinergia entre múltiplos *insights*.

Ter um prazo de dois dias* para desenvolver algo em um ambiente fechado certamente trouxe desafios quanto a nossa capacidade de adotar uma abordagem de design centrada no usuário. Foi aí que começou o processo reverso. A primeira manchete de jornal a respeito do MyPolice foi algo muito desanimador depois da experiência de vencer o concurso. Com o título de “Shop a cop *website*” (algo como “site vende policiais”), o jornal Sunday Times consultou o chefe da Federação Policial escocesa e pintou uma imagem nebulosa do conceito do MyPolice (Macaskill, 2009). Em uma tentativa de remediar isso, a equipe do MyPolice contatou Calum Steele, chefe da Federação Policial escocesa, e mostrou a ele algumas capturas de tela que haviam sido criadas durante o Social Innovation Camp. Calum viu potencial na ideia e contribuiu com alguns comentários úteis sobre as funções que seriam necessárias para que o serviço fosse funcional para a polícia. Ainda tratava-se de um trabalho inverso a partir de uma solução, mas aquele foi o primeiro exemplo de que seria possível encontrar *insights* úteis de usuários para ajudar a executar, com sucesso, o processo de engenharia reversa no desenvolvimento centrado no usuário para o conceito do projeto MyPolice.

O PROCESSO →

* N. de R.T.: Os Innovation Camps são eventos em que os participantes geralmente recebem um prazo de 2 a 3 dias para desenvolverem uma ideia.

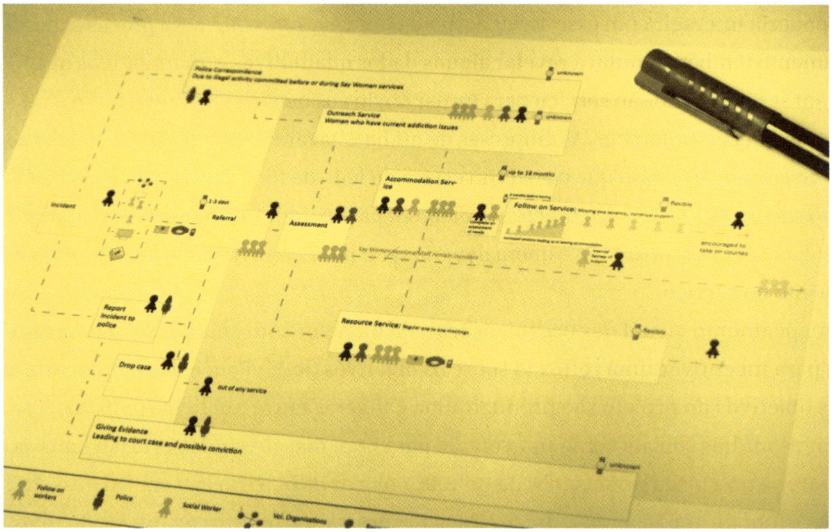

Mapeamento de *stakeholders* usando jornadas de usuários de um serviço de apoio a vítimas em Glasgow.

Exploração: mapeamento do cenário de criminalidade e justiça

Para desenvolver o MyPolice precisávamos criar não apenas o produto, mas também em seu plano de marketing e comunicação. É preciso lembrar que, por mais que o MyPolice fosse um produto, especificamente um site (http://mypolice.org), tratava-se também de um serviço que esse site prestaria à polícia e ao público.

O processo de exploração começou pelo mapeamento do cenário de criminalidade e justiça, o que foi útil para determinar quem seriam os usuários do MyPolice, quais seriam sua necessidades e como o MyPolice se encaixaria dentro dos sistemas existentes. Começamos pelo mapeamento das forças policiais e criamos uma visão mais holística do cenário pela inclusão de organizações do terceiro setor, governo local e federal. Colocar essas organizações ao redor do conceito do MyPolice revelou as limitações sobre quem poderia interagir com esse serviço e para quem ele seria útil. Esse processo de mapeamento também ajudou a revelar alguns dados qualitativos e quantitativos que deveriam ser integrados ao serviço para tornar óbvio aos usuários as vantagens e a utilidade que o serviço oferecia. As empresas de mídia estavam posicionadas próximas ao centro do círculo, ao passo que o governo estava do lado de fora. Isso ajudou a definir que tipos de funções o serviço precisaria oferecer para gerar o maior impacto possível em um curto período de tempo e quem deveria ser o público-alvo para a apresentação do conceito do serviço.

O mapeamento visual das organizações e da maneira como elas se relacionavam serviu para incentivar uma reflexão sobre os objetivos do MyPolice. De maneira direta, os objetivos do projeto são produzir uma conversa entre público e polícia e introduzir as mídias sociais como um veículo para isso, mas de modo geral, sua missão é melhorar a prestação de serviços da polícia, colocar os usuários no centro desses serviços e, em última instância, trazer informações para a política de um modo mais empático com seus usuários.

Criação: design enquanto negócio

Durante o verão de 2009, o MyPolice entrou em contato com um entusiasta da Web local que fazia parte de um conselho comunitário em Garnethill, na cidade de Glasgow, e trabalhou com ele para desenvolver um cenário de uso para como o MyPolice poderia funcionar dentro de uma comunidade real, e usou o conhecimento local desse usuário para ajudar a refinar o conceito.

"Enquanto disciplina, o design de serviços não deve ser encarado de maneira isolada, mas sim como um complemento ao desenvolvimento, gestão, operações e marketing de serviços" (Evenson & Dubberly, 2010).

Naquele momento, a equipe do projeto estava concluindo as propostas de financiamento para conseguir apoio financeiro para a ideia, e foi interessante observar os paralelos entre as perguntas que os designers de serviços fazem ao utilizar determinadas ferramentas e a forma como as propostas de financiamento e os planos de negócios iniciais foram organizados e formulados. Por exemplo, usando as categorias padronizadas por trás do *blueprint* de serviços, foi possível categorizar e organizar os conceitos do MyPolice revelando os componentes de negócios que constituíam o conceito. A primeira pergunta para um *blueprint* de serviços é a seguinte: como o usuário fica sabendo que o serviço existe? No plano de negócios, isso está categorizado como marketing e decomposto em duas seções: imagem corporativa e imagem pública. Mais perguntas de um *blueprint* de serviços padrão, por exemplo, a maneira como o usuário pode aderir ao serviço, utilizá-lo, crescer com ele e depois abandoná-lo, permitiu que a equipe do MyPolice criasse um plano para responder a todas as perguntas utilizando técnicas criativas e, principalmente, de baixo custo que o design de serviços oferece.

Reflexão: prototipagem do MyPolice

Para responder às perguntas de quem utilizaria o serviço MyPolice e de como essas pessoas iriam usá-lo, a equipe partiu de uma "instalação MyPolice" em uma cafeteria da comunidade, utilizando um método de prototipagem em papel para registrar as histórias das pessoas relacionadas às experiências com a polícia e atribuir "tags" a essas histórias, com o objetivo de entender os tipos de coisas que as pessoas poderiam querer expressar ao usar o site.

Isso envolvia reunir-se com o público e permitir que contasse abertamente suas experiências e, em seguida, fazer algumas perguntas sobre quais as partes daquelas experiências ele compartilharia ou não na Internet. Essas notas foram, então, coladas em uma parede ou colocadas em uma caixa, dependendo da opção dos participantes pelo anonimato ou não de seus relatos.

Essa sessão de prototipagem permitiu questionar os hábitos de uso da Internet das pessoas e considerar outros meios de acesso ao site, incluindo opções de postagem e de TV via satélite. Era essencial ouvir as pessoas, uma vez que perguntas muito diretas sobre o uso da Internet poderiam gerar respostas negativas ou rápidas demais. As histórias dos usuários e os detalhes sobre suas vidas permitiram coletar *insights* sobre como as pessoas se comunicam com os serviços públicos e sobre os pontos de contato que elas talvez preferissem utilizar.

Um erro comum e, possivelmente, a razão pela qual os sites do setor público custam tanto dinheiro aos cofres públicos, é o fato de que uma ideia concebida no alto da hierarquia organizacional muitas vezes não é testada, pelo contrário, é levada diretamente para a etapa de implementação (BBC News, 2010). A vantagem da prototipagem em papel é que ela tem custo zero e permite entender o que vai e o que não vai funcionar em uma etapa bastante inicial. O design de serviços e seu processo economizam muito dinheiro!

Exploração: como entender os usuários

Na etapa de pesquisa, para aprofundar o conhecimento e o entendimento sobre os usuários, os pesquisadores visitaram suas residências, conduzindo entrevistas e descobrindo como eles se sentiam em relação a compartilhar abertamente suas experiências e comentários sobre a polícia. Navegar em sites locais junto com membros ativos das comunidades foi útil para compreendermos quando as pessoas usavam esses sites e, principalmente, os motivos pelos quais elas os usavam. Perguntar o porquê das coisas e entender a motivação por trás das ações é muito importante para os designers. Perguntar os porquês permite que o designer obtenha *insights* sobre a vida das pessoas e um profundo entendimento das escolhas que elas fazem, permitindo que possamos produzir propostas mais relevantes e valiosas. Neste caso, a pergunta era por que alguém estaria motivado a envolver-se em problemas locais de sua comunidade?

A partir dessa fase de pesquisa e das pessoas que conhecemos, foi possível construir personas, as quais permitiram adotarmos um processo de design centrado no ser humano. Além disso, confeccionar fisicamente os "cartões de persona" é útil porque serve de lembrete constante no desenrolar do processo de design (quando a equipe está imersa nos *wireframes* e detalhes técnicos do site) daquilo que as pessoas desejam do serviço, bem como do modo como elas provavelmente utilizarão o serviço.

Exploração: marketing, expansão da percepção

Depois de responder às perguntas de negócios padronizadas utilizando o método do *blueprint* de serviços, a equipe de projeto conseguiu entender todos os pontos de contato do serviço. Boa parte disso passa pelo nosso "departamento de marketing" e envolve pensar em como fazer as pessoas perceberem o serviço. Em termos de marketing de massa, a publicidade em rádios e outdoors é essencial, mas é preciso pensar de maneira mais aprofundada. Onde estão as interações, e com que tipos de usuários você está interagindo?

Como parte do mapeamento do cenário, organizações do terceiro setor foram fortemente enfatizadas, sobretudo aquelas que lidam com vítimas da criminalidade. Durante a fase de pesquisa, conversamos com gestores. O foco aqui era mapear suas ofertas de serviços, buscando pontos de interação com a polícia de um ponto de vista organizacional e da vítima, e entender em que momento alguém se sentiria emocionalmente pronto para enviar uma história ao serviço do MyPolice ou quem poderia fazer isso no lugar dessa pessoa.

Também foi importante entrar nas redes policiais. Graças a algumas pessoas excelentes, como Nick Keane, da National Policing Improvement Agency (Agência Nacional de Melhoria Policial), foi possível palestrar em conferências e prestar consultoria sobre o uso das mídias sociais na força policial.

A imersão na cultura policial foi interessante. Os designers perceberam muita coisa apenas pela observação. Visitar delegacias, sair em rondas junto com os policiais, assistir a conferências e reunir-se com chefes de polícia e policiais da linha de frente provou ser muito significativo para gerar entendimento e empatia com as organizações com as quais o MyPolice se relacionaria.

Foi difícil pensar em formas de atingir todas essas pessoas, mas por meio de pesquisa (mapas de sistemas/personas/acompanhamento) foi possível criar um caráter de marca para o MyPolice que funcionaria em todos os pontos de contato. Para o serviço MyPolice, tudo exigiu design, até os mínimos detalhes. Desde as palavras usadas no email de agradecimento pelo envio de uma história até o cartão que o policial distribui quando interage com o público, as palavras usadas no anúncio de rádio, o cartaz na parede da instituição de caridade... tudo isso e muito mais exigiu design. Um aspecto de grande importância foi visualizar a jornada do usuário no site e nas etapas do serviço e o que eles ganhariam com isso. Para comunicar essa jornada à polícia e ao público, foram gerados *storyboards* para mostrar como os usuários poderiam utilizar o site e o que aconteceria depois que eles saíssem do site.

Reflexão e implementação: planejamento da construção

Uma vez que a equipe por trás do MyPolice obteve um entendimento claro acerca do que precisava ser construído e algum dinheiro para dar suporte ao projeto, o MyPolice recrutou um desenvolvedor e iniciou a construção e os testes do produto. Em termos de desenvolvimento de software, foi adotada uma metodologia de desenvolvimento ágil. O desenvolvimento do site foi feito de maneira iterativa, por meio de etapas alfa, beta e gama, para determinar o que funcionava e o que não funcionava. Isso permitiu revelar as necessidades latentes dos usuários e desenvolver funções à medida que o processo progredia. Esse modo de trabalho para o desenvolvimento de software assemelha-se aos métodos de prototipagem rápida que o design de serviços utiliza para avaliar e medir as reações a ideias e conceitos de serviços. Isso inclui testes regulares, bem como sessões de teste face a face com os usuários, e pré-lançamentos para determinar como os usuários navegam dentro do site e que tipos de histórias eles enviam.

Desenvolvendo o site em etapas e propondo os resultados para a polícia, foi possível cocriar uma solução que funcionasse para a força policial. Isso envolveu a criação do design no nível básico e, em seguida, a realização de pilotos junto à força policial, para ver como o MyPolice poderia adaptar-se ao seu sistema. Um site piloto foi criado para permitir flexibilidade nos ajustes do modo como o serviço opera e posicionar a equipe de design ao lado dos policiais no momento em que a primeira história chegasse. Até certo ponto, o processo de resposta da polícia precisaria de um desenho específico, mas esse é essencialmente um processo de inovação aberta para gerar descobertas, reflexões e respostas de modo a garantir o desenvolvimento de um produto e serviço que funcionem tanto para o público quanto para a polícia.

1·

1 Live tweeting de Ruth Kennedy sobre o MyPolice durante o evento Mypublicservice09

2 Entrevista contextual com um morador que comanda um portal na Web para seu condomínio

3 *Branding* do MyPolice

Considerações finais

A ideia do MyPolice é elevar a um outro nível aquilo que os designers de serviços fazem todos os dias. Isso significa não só ouvir, algo que faz parte do processo de design de serviços, mas também nos tornarmos parte do que a polícia faz e, assim, ajudá-los, por meio do nosso posicionamento, como intermediários para quantificar dados qualitativos, de modo a facilitar seu entendimento pela polícia. Isso ajudará a polícia a responder de maneira empática às necessidades de seus usuários, estabelecer metas de áreas importantes que devem ser desenvolvidas e melhorar seus serviços com mudanças graduais e radicais, conforme a necessidade.

3

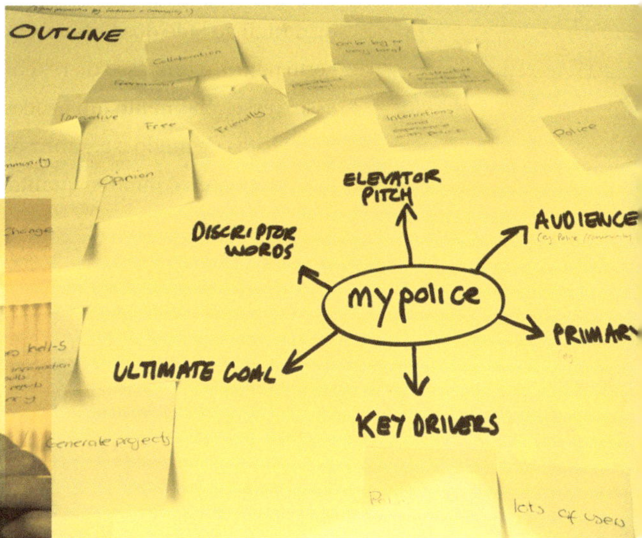

2

Legal Advice
contracts
Website Design
Experience
Thank You

1

MEDIUMS

Experience
Thank You

3

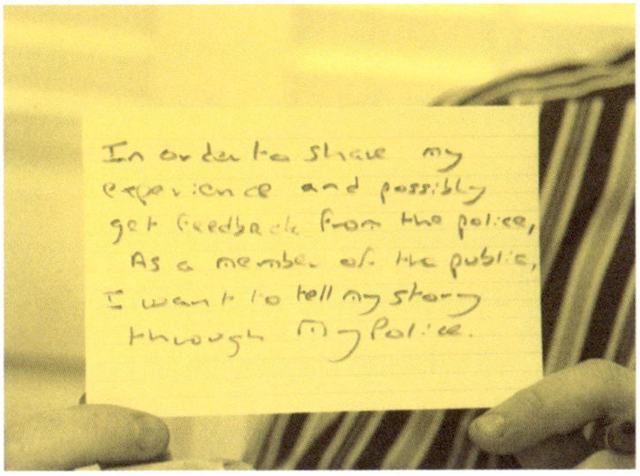

2

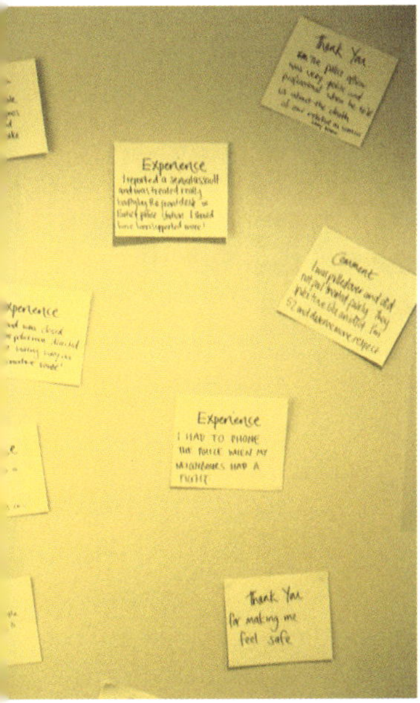

4

1 Planejamento do site piloto em uma linha do tempo

2 Prototipagem rápida para a função de envio de uma história durante o Mypublicservice09

3 Trabalho com a consultoria Unboxed para construir cenários de uso do serviço

4 Lauren Currie conversa com o público sobre diálogo com a polícia

hello change!

FUNKY PROJECTS

HELLO CHANGE E FUNKY PROJECTS

Hello Change

Hello Change é um serviço de recrutamento baseado no conceito de encantamento mútuo entre candidato e empregador. A iniciativa começou como um projeto interno da Funky Projects e acabou ganhando vida própria. O público-alvo são empresas que acreditam que são feitas de pessoas, e não de recursos, e que buscam a melhor opção quando precisam adicionar novas pessoas à sua equipe, bem como empresas que acreditam que a seleção de pessoal é uma parte fundamental do desenvolvimento de uma organização, e que estão à procura de pessoas talentosas.

Funky Projects

Funky Projects é uma empresa de design de serviços que está constantemente pesquisando formas de gerar inovação e criar o design de novos negócios; somos empreendedores e buscamos estar sempre um passo à frente dos projetos de nossos clientes. Trabalhamos a partir de um processo de reflexão em ação para criar o design de novos tipos de negócios transformacionais. A Funky Projects é uma empresa que atua no design de serviços e criatividade estratégica para empresas, administrações e organizações com foco na mudança sustentável. Atualmente, temos filiais em Madri e Bilbau, trabalhamos em projetos internacionais e somos membros da Service Design Network desde 2009. O projeto Hello Change é uma *start-up* promovida pela Funky Projects que envolveu toda a equipe da Funky Projects em diferentes momentos, e foi um prazer colaborar com os clientes e participantes do Hello Change. Somos profundamente agradecidos a eles.

Empresas e candidatos a vagas

As empresas usam o serviço Hello Change porque querem agregar talento a suas equipes imediatamente. Os candidatos a vagas utilizam o serviço porque querem crescer profissionalmente.

Como atrair e contratar pessoas excelentes

Há uma necessidade de novos processos de recrutamento para a época em que vivemos. Nossa tarefa era desenvolver um processo que deixasse para trás os sistemas de recrutamento da era industrial, criando um sistema de recrutamento para a era da informação, na qual a identificação de talentos e atitudes é essencial para empresas que estão em busca de inovação centrada nas pessoas e em diferenciais competitivos. Os processos de recrutamento clássicos muitas vezes desconsideram certas qualidades, como empatia, criatividade, carisma e atitude, uma vez que elas não podem ser detectadas simplesmente pela leitura de um CV. Além disso, um processo de recrutamento inovador precisa levar em consideração o fato de que a felicidade no trabalho torna os funcionários mais produtivos e que contratar a pessoa certa para a vaga é essencial para construir uma relação mutuamente sustentável. Para atingir esses objetivos, as empresas precisam de novos sistemas para detectar rapidamente os talentos das pessoas, olhando para além dos seus CVs e registros computadorizados. Isso permite que os empregadores consigam, de maneira eficiente, encontrar pessoas que vão agregar valor às atividades da empresa, onde quer que estejam.

As empresas não sabem como atrair e selecionar talentos e, para os candidatos, o processo é, muitas vezes, obscuro.

PROBLEMA DOS USUÁRIOS DETECTADO

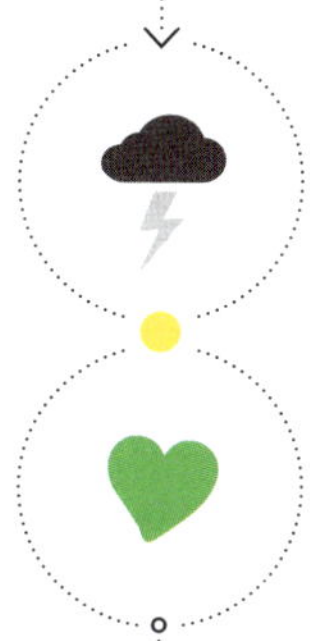

Os processos de recrutamento atuais bloqueiam o crescimento das empresas por focarem em valores e métodos ultrapassados.

PROBLEMA DA EMPRESA

Um processo de recrutamento no qual empresas e candidatos se beneficiem das experiências adquiridas e do conhecimento compartilhado durante o processo.

VISÃO DE SERVIÇO

BEATRIZ BELMONTE E ASIER PÉREZ EXPLICAM

O PROCESSO DA FUNKY PROJECTS

Contexto: seleção de pessoas em vez de CVs

O Hello Change surgiu de uma necessidade de criar um novo processo de recrutamento para a era em que vivemos. O processo do Hello Change prioriza as pessoas e suas capacidades transformadoras, reconhecendo que a felicidade no trabalho nos torna mais produtivos, e que contratar a pessoa certa para a vaga é essencial para construir uma relação mutuamente sustentável. No desenvolvimento do Hello Change, a equipe de design priorizou parâmetros explícitos que eram até então subjetivos dentro do processo de recrutamento, como empatia, criatividade, carisma e atitude. Essas qualidades não podem ser detectadas simplesmente lendo um CV.

Os candidatos a vagas podem estar em qualquer parte do mundo e as organizações precisam ser capazes de identificá-los, conhecê-los e atraí-los. Dispersão geográfica e oportunidades atraentes em outros locais geram a necessidade de as empresas encontrarem alternativas aos processos de recrutamento face a face. Alguns serviços atuais de Internet que ajudam as pessoas a encontrarem parceiros, como meetic.com ou match.com, também buscam dar conta dessas questões, embora sua abordagem seja levemente diferente daquela que o Hello Change adota.

Hello Change é um sistema que rapidamente permite que um novo membro da equipe seja incorporado e torne-se um ativo para a organização. As empresas precisam que essas pessoas agreguem valor desde o primeiro dia de um processo de recrutamento. Portanto, parte dos conteúdos que geralmente constituem o processo de integração a uma empresa foi adicionada ao serviço Hello Change. O processo de integração envolve ajudar os novos funcionários a tornarem-se membros produtivos da empresa. Neste contexto, o Hello Change inspirou-se no processo de identificação de necessidades, que reflete novas realidades sociais e uma grande quantidade de experiências negativas, buscando utilizar soluções já existentes.

Exploração: processos de recrutamento que causem impacto nas empresas

Por meio de *desk research* e entrevistas, a Funky Projects descobriu que, na era do conhecimento e da empatia, em que toda empresa diz que as pessoas são seu ativo mais importante, continuamos a encontrar ideias industrialistas no recrutamento de pessoal, com formulários e processos padronizados. Um processo de recrutamento nunca é algo barato, mas se acrescentarmos a isso más decisões de contratação, o crescimento da empresa pode ser prejudicado, pessoas podem ser demitidas, e pode haver muita frustração dos dois lados. Empresas de médio e pequeno porte no Reino Unido perdem mais de 70 milhões de libras todo ano por conta de maus processos de recrutamento (Jobsite, 2008).

O atual clima econômico e as mudanças de paradigma social deixaram muitas empresas em uma situação difícil, forçando-as a reinventarem a si próprias e a suas ações. As empresas passaram a ter que prestar muita atenção aos valores das pessoas que contratam, para além de suas qualificações acadêmicas e das experiências profissionais que constam em seus CVs. É aqui que o design de um processo de recrutamento que seja focado no talento e na atitude da pessoa torna-se particularmente importante para a competitividade de uma empresa.

"As organizações tipicamente relutam em incorporar características e comportamentos para adotar formas de trabalho inovadoras nos critérios de recrutamento e seleção." – NESTA Relatório de Inovação Cotidiana, 2009

Além disso, as pessoas mudaram suas demandas e prioridades na hora de procurar empregos para além do salário oferecido; elas sabem que um emprego tem o poder de determinar completamente seu desenvolvimento pessoal, seu crescimento, seu futuro e sua felicidade. O desejo de trabalhar em uma empresa que ofereça um plano de carreira, uma experiência de trabalho enriquecedora e uma filosofia ou espírito adequados torna os candidatos de alto valor agregado muito mais seletivos na hora de escolher onde vão investir seu tempo e energia. Eles querem ver os efeitos de seus esforços no mundo ao seu redor.

"Uma empresa que aplica um processo de recrutamento como esse não é uma empresa qualquer" — Candidato usuário do Hello Change

A Internet e suas redes sociais vão definir o ritmo de processos de recrutamento; elas também vêm gerando uma mudança de paradigma fundamental: a questão não é quem você conhece, mas sim conhecer pessoas que conheçam pessoas que possam lhe interessar no momento de encontrar seu futuro emprego. Entretanto, para muitas empresas, caçar talentos nessas redes ainda é complexo, porque elas não têm as ferramentas e opções para ir além da gestão de perfis.

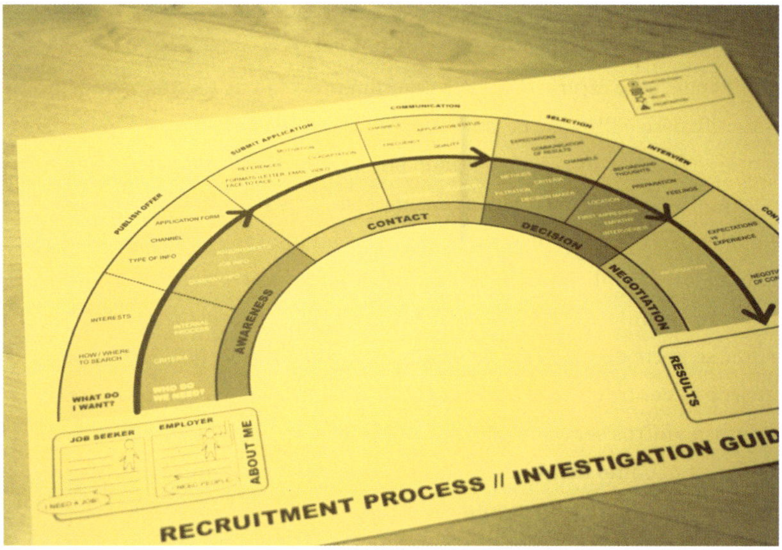

A pesquisa monitora o processo de recrutamento dos dois lados: candidato e empregador.

Dentro desse contexto, a Funky Projects criou o design de um sistema de seleção de pessoal que vai além do CV antes de chegar à etapa de entrevista, permitindo que você selecione pessoal online, com uma lógica de negócios aberta que elimina a opacidade dos processos seletivos tradicionais, e partindo de um ponto de vista de ganha-ganha, no qual tanto os participantes quanto a empresa podem usufruir de uma experiência mutuamente benéfica e construtiva.

Criação e reflexão: a experiência acima dos processos e tecnologia

O processo de ideação começou com sessões de trabalho nas quais o espírito do projeto foi definido. Nessas sessões, os participantes eram pessoas com diferentes formações (engenheiros, jornalistas, pesquisadores, cientistas, designers de interação e designers criativos) para criar uma estrutura de trabalho flexível e polissêmica. O espírito do projeto é a filosofia que inspira todo o desenvolvimento posterior, seja para o design da experiência, seja para o design de aplicativos ou nos pontos de contato. No caso do Hello Change, esse espírito buscava criar um processo de recrutamento que não apenas identificasse e filtrasse pessoas, mas que também fortalecesse e inovasse.

Uma vez que se trata de um serviço criado por pessoas para pessoas, a identificação de interesses, desejos e preocupações das pessoas envolvidas marcou o início do design da experiência. Por meio de entrevistas com candidatos e empresas, a equipe de pesquisa começou a localizar, no mapa de trabalho, as expectativas que o serviço deveria atender. Aplicando a lógica de "reflexão em ação" (Donald Schön, 1983.) a pesquisa tornou-se parte do processo de design. À medida que a equipe do Hello Change avançava nas entrevistas, as linhas gerais do serviço começaram a surgir. Durante a pesquisa, outros serviços internacionais de seleção de pessoal também foram estudados, bem como histórias de sucesso em grandes empresas que criaram seus próprios processos de recrutamento e seleção, como a DELL e a IBM.

A ideação da experiência foi focada em uma linha do tempo que incluía o momento anterior ao processo de recrutamento, o desenvolvimento de ações para identificar candidatos em potencial e a escolha final. Para isso, a equipe de pesquisa da Hello Change usou "criação de cenários", para obter uma visão completa da experiência para além das ideias sequenciais que geralmente são associadas ao processo de recrutamento. Esse processo de projeção no futuro foi refinado utilizando-se, como exemplo, um processo de recrutamento real e usando suas necessidades como ponto de partida para o primeiro protótipo do serviço.

Uma vez que o design da experiência de serviço foi criado, a equipe de pesquisa do Hello Change começou pelo design dos processos e dos requisitos tecnológicos que seriam necessários para o serviço. Esse modo de "enfocar o processo de ideação técnica com base no design da experiência" serviu para dar flexibilidade às ferramentas do projeto, a fim de que elas pudessem ser utilizadas em diferentes contextos, mantendo uma visão holística do processo de design de serviços. Como um todo, a experiência do Hello Change inclui os seguintes aspectos:

- Experiência da empresa empregadora envolvendo uma nova lógica de recrutamento de pessoal
- Experiência dos candidatos oferecendo um maior controle sobre o processo de recrutamento e permitindo que eles acessem uma experiência que resulte em uma qualificação
- Divulgação da oferta de emprego que atraia o perfil de candidato que a empresa empregadora procura
- Sistema de pré-seleção de candidatos online (primeira seleção)

— Implementação dinâmica do processo de seleção online e criação do tom da comunicação e das boas-vindas (seleção dos candidatos de forma ativa)
— Design de diferentes testes para avaliar as atitudes dos participantes na plataforma online
— Sistema de avaliação da atividade na plataforma e das ações dos participantes
— Workshop final de seleção (workshop com a presença da empresa empregadora e dos candidatos)
— Design da comunicação de resultados do processo para todos os participantes do sistema Hello Change
— Design do processo de integração na empresa, para as pessoas para fazer parte da empresa empregadora

Implementação direta em forma de prototipagem

A prototipagem do serviço Hello Change foi conduzida com um processo de recrutamento que a Funky Projects havia iniciado para expandir suas atividades, ao abrir uma nova filial em Madrid. Um dos primeiros aspectos que surgiram na implementação foi a necessidade de encontrar uma linguagem e um tom de comunicação que pudessem transmitir a personalidade da empresa em sua oferta de emprego. Desse modo, foi possível minimizar o número de candidatos irrelevantes e atrair candidatos talentosos dentre os interessados. Com o anúncio de emprego, também foi criado o sistema de pré-seleção online, para gerar reflexão e conhecimento entre os candidados e, ao mesmo tempo, dar à empresa uma primeira impressão sobre a personalidade dos candidatos, com base em suas opções e respostas.

Desde o início, a Funky Projects criou uma equipe que participaria de todas as fases do processo, embora com intensidades diferentes. A equipe incluía pessoas com diversos cargos, de modo que o processo de contratação de pessoal novo envolvesse praticamente toda a empresa, para além de suas responsabilidades setoriais. O design dos testes disponibilizados pela plataforma online foi projetado para detectar as atitudes e capacidades desejadas nos candidatos. Para apresentar os testes na plataforma online, a equipe do Hello Change usou vídeos criados pela própria empresa contratante. Essa abordagem de trabalho abriu as portas da empresa para a primeira rodada de candidatos, em troca de todas as informações que eles haviam oferecido durante o processo.

No decorrer do processo de seleção online, a equipe de pesquisa do Hello Change detectou diferentes necessidades relacionadas à plataforma, em relação à confidencialidade das informações e das relações entre os candidatos. A confidencialidade exigia que a empresa oferecesse informações claras sobre o que aconteceria com o material criado pelos candidatos durante a seleção online e oferecesse também uma variedade maior de opções para personalizar o grau de privacidade dos dados enviados à plataforma. Já as relações entre os candidatos pressupunha que uma pessoa da equipe assumiria a responsabilidade de tornar a atividade na plataforma mais dinâmica e de acompanhar seus resultados. Para aumentar o número de "vozes" e interações, outras pessoas da empresa foram convidadas a participar ocasionalmente da plataforma. Pouco a pouco, o sistema do Hello Change passou por toda a empresa, em diferentes momentos, o que significa que todos estavam cientes do processo de recrutamento e podiam compartilhar suas opiniões e perspectivas pessoais.

Durante o processo de seleção online, foi necessário informar os candidatos, desde o início, sobre as etapas das atividades, o planejamento e o tempo estimado que cada etapa levaria. Desse modo, eles teriam maior controle sobre o processo e podiam avaliar o investimento exigido, em termos de tempo e esforço. A seleção online foi concluída com um workshop; um dia de trabalho no qual foram realizadas entrevistas face a face com os candidatos finais, bem como exercícios individuais e um teste psicométrico. O *workshop* também foi projetado para atender às necessidades e características da empresa empregadora para estimular os candidatos, promover a socialização entre eles e, especialmente, para conhecer e analisar todos os candidatos.

Durante todo o processo, os candidatos sabiam com quem estavam concorrendo e precisavam mostrar suas melhores qualidades de maneira construtiva, colaborando e formando relações com os outros.

Sistematização: design de serviços como design de negócios

O processo de sistematização do Hello Change transformou-se no design de um novo tipo de negócio, que acabou por tornar-se uma *start-up*. Nesse processo, a sistematização exigiu que a Funky Projects incorporasse conhecimentos de gestão econômica e de negócios ao processo, para criar o design de um modelo de negócios que viabilizasse o serviço do Hello Change em termos comerciais.

As informações fornecidas por empresas de capital de risco foram de grande utilidade para a identificação dos valores e soluções que o Hello Change traria para o mercado, e para refinar a análise do setor que havia sido realizada no início do projeto. Essa nova direção de negócios que o Hello Change assumiu ajudou sua equipe a repensar a especificação inicial de transformar o projeto em um sistema que seria aplicável por qualquer empresa. Para fazer isso, a equipe precisou redefinir a capacidade de personalização do serviço, a interoperabilidade do serviço e a escala relacionada ao número de usuários e aos diferentes processos que determinada empresa poderia conduzir ao mesmo tempo.

Ciente de que qualquer serviço precisa ser refinado constantemente, o Hello Change precisou adicionar sistemas de revisão e melhoria que pudessem ser aplicados simultaneamente a um projeto sem interferir em seu andamento. Assim, embora em um primeiro momento a experiência de serviços tenha precedido o desenvolvimento tecnológico, na fase de sistematização, a ordem foi invertida e, desse modo, tanto a tecnologia quanto o design de comunicação tornaram-se o foco principal do trabalho.

Considerações finais

Hello Change é um sistema de recrutamento de talentos baseado no conceito de encantamento mútuo. Ele ajuda as pessoas certas a encontrarem a empresa certa. E vice-versa. O Hello Change reduz o risco de contratação e aumenta as chances de um final feliz para as equipes.

1

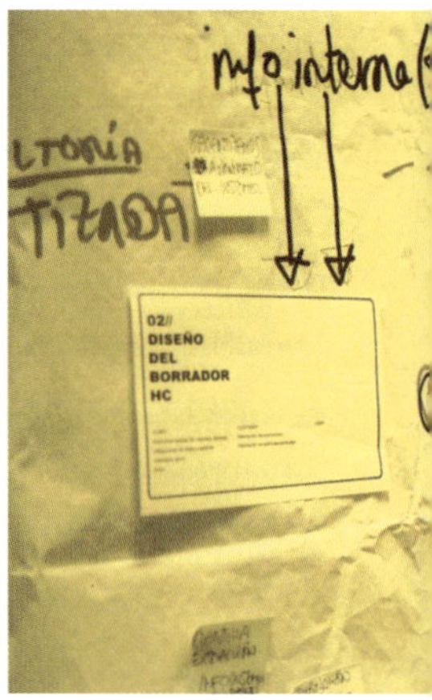

1 Primeiros esboços do processo de design, antes da definição dos requisitos tecnológicos.
2 O Hello Change tornou-se um projeto de negócios que precisou ser reprojetado para ser oferecido ao mercado.
3 Coleta das experiências dos candidatos por meio de entrevistas.

2
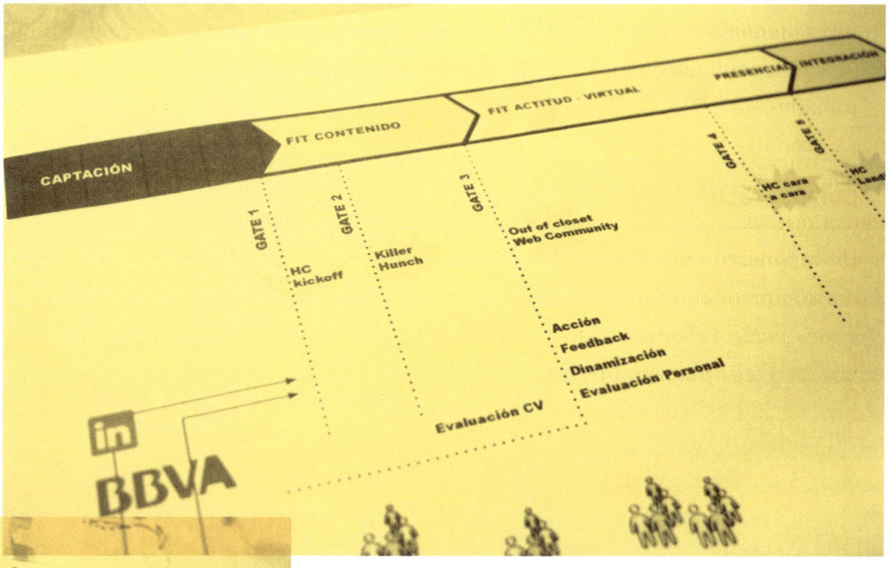
CAPTACIÓN
FIT CONTENIDO
FIT ACTITUD - VIRTUAL
PRESENCIAL
INTEGRACIÓN
GATE 1
GATE 2
GATE 3
GATE 4
GATE 5
HC kickoff
Killer Hunch
Out of closet Web Community
HC cara a cara
Acción
Feedback
Dinamización
Evaluación Personal
Evaluación CV
in
BBVA

3

1

2

1 Parte da equipe da Funky Projects com três finalistas do Hello Change, depois do workshop de seleção.

2 As ações do processo de seleção online foram comunicadas pelo empregador por meio de vídeos incorporados à plataforma online.

3 Página de boas-vindas da seleção online na plataforma do Hello Change. Os candidatos podiam visualizar todas as atividades do processo e conhecer outros candidatos.

4 Cada candidato recebia um espaço pessoal para preencher seu perfil, além do CV.

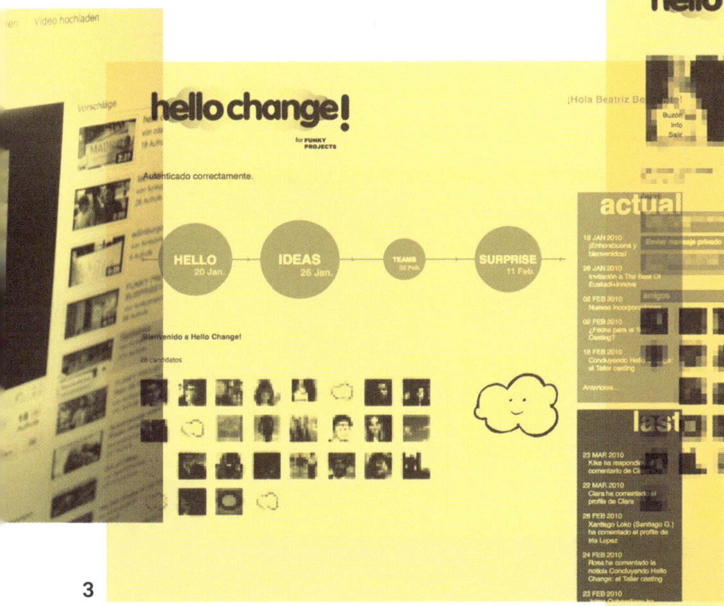
Video hochladen
Vorschläge
hellochange!
for FUNKY PROJECTS
¡Hola Beatriz Belmonte!
Autenticado correctamente.
HELLO
20 Jan.
IDEAS
26 Jan.
SURPRISE
11 Feb.
Bienvenido a Hello Change!
actual
19 JAN 2010
¡Enhorabuena y bienvenidos!
26 JAN 2010
Invitación a The Best Of Euskadi+Innova
02 FEB 2010
Nuevas incorpo
18 FEB 2010
Concluyendo Hello Change: el Taller casting
Anteriores...
last
23 MAR 2010
Kike ha respondido comentario de C
22 MAR 2010
Clara ha comentado el profile de Clara
26 FEB 2010
Xantiago Loko (Santiago G.) ha comentado el profile de Iria Lopez
24 FEB 2010
Rosa ha comentado la noticia Concluyendo Hello Change: el Taller casting
23 FEB 2010

3

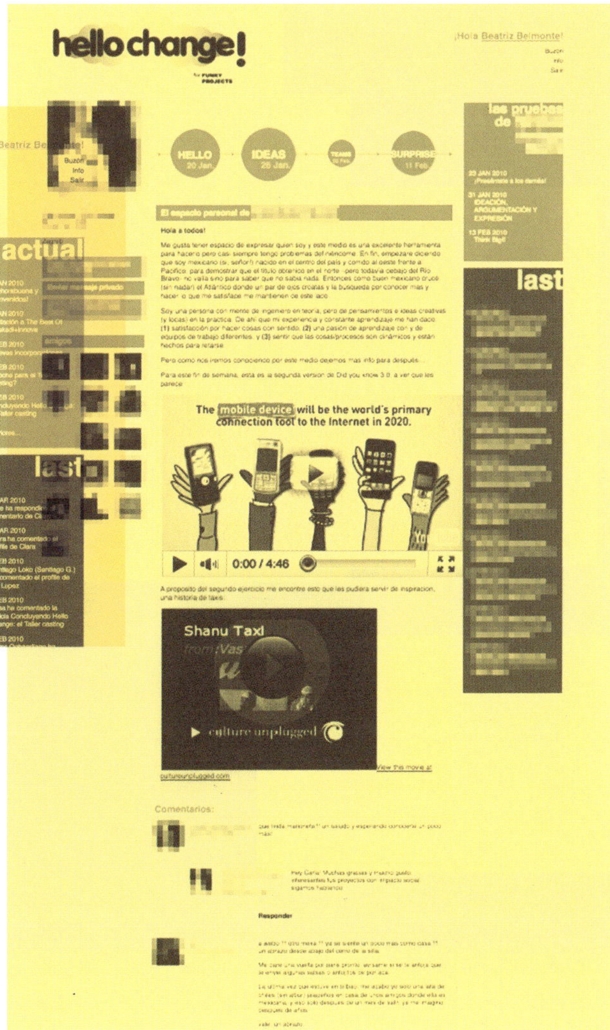
hellochange!
for FUNKY PROJECTS
¡Hola Beatriz Belmonte!
HELLO
20 Jan.
IDEAS
26 Jan.
SURPRISE
11 Feb.
las pruebas de
23 JAN 2010
31 JAN 2010
IDEACIÓN, ARGUMENTACIÓN Y EXPRESIÓN
13 FEB 2010
Think Big!!
El espacio personal de
Hola a todos!
last
The mobile device will be the world's primary connection tool to the Internet in 2020.
0:00 / 4:46
Shanu Taxi
culture unplugged
Comentarios:
Responder

4

UPMC

Carnegie Mellon
Design

UPMC E UNIVERSIDADE CARNEGIE MELLON

Centro Médico da Universidade de Pittsburgh (UPMC)

O Centro de Melhoria da Qualidade e Inovação do Centro Médico da Universidade de Pittsburgh (UPMC) oferece liderança em melhoria da qualidade, educação e infraestrutura de apoio aos profissionais de saúde em todo o sistema, em busca da excelência na prestação de cuidados. A principal missão do Centro é ajudar a garantir que o UPMC ofereça o melhor atendimento possível ao paciente, acelerando a melhoria da qualidade e difundindo as melhores práticas em todo o sistema de saúde.

Universidade Carnegie Mellon

A Escola de Design da Universidade Carnegie Mellon oferece cursos de graduação em comunicação e design industrial, e programas de pós-graduação em design de interação, planejamento de comunicação e design de informação. A equipe de design para este estudo de caso foi composta por Melissa Cliver, Jamin Hegeman, Kipum Lee, Leanne Libert e Kara Tennant, orientados pela professora adjunta Shelley Evenson em 2007. A escola oferece cursos e projetos colaborativos de design de serviços desde 2004.

Pacientes, familiares e funcionários do ambulatório

Todos os pacientes do ambulatório e seus familiares, bem como o médico e os funcionários, foram considerados como sendo *stakeholders*. A faixa etária dos pacientes se estendia desde adolescentes até idosos.

Tempo de espera, fluxo de trabalho e sinalização

O ambulatório de neurocirurgia foi pioneiro em uma técnica cirúrgica inovadora, utilizada para remover tumores e lesões cerebrais. O ambulatório funcionava uma vez por semana e, nesse dia, o médico responsável chegava a atender oitenta pacientes. A tarefa da equipe de design era amenizar o tempo de espera (alguns pacientes chegavam a esperar cinco horas), o fluxo de trabalho dos profissionais e a sinalização do local.

Os pacientes precisam de mais informações, apoio e envolvimento.

PROBLEMA DOS USUÁRIOS DETECTADO

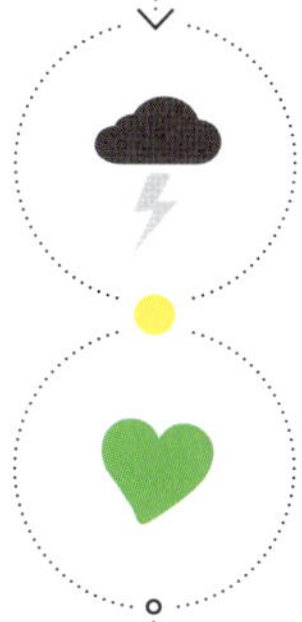

O tempo de espera do ambulatório é longo demais, e o fluxo de trabalho e a sinalização para os funcionários precisam ser melhorados.

PROBLEMA DA EMPRESA

Melhorar o grau de experiência dos pacientes por meio de ações como interação, engajamento, informações e suporte.

VISÃO DE SERVIÇO

JAMIN HEGEMAN EXPLICA

O PROCESSO DA UNIVERSIDADE CARNEGIE MELLON

Exploração

Um novo olhar sobre o ambulatório

Depois de uma reunião com o pessoal do Centro de Melhoria da Qualidade e Inovação, a equipe de design criou um mapa do território para visualizar possíveis oportunidades de design, bem como o entendimento coletivo sobre a área do problema. Um mapa do território consiste nos *stakeholders*, ambientes, interações e pressupostos do projeto de design. Esse é o primeiro passo para entender o contexto do problema.

No entanto, para realmente compreender a experiência do serviço do ambulatório e enquadrar adequadamente o problema de design, a equipe de design visitou o local para estabelecer contato com pacientes e funcionários. A equipe passou vários dias observando as interações no ambulatório, geralmente passando o dia inteiro ali para obter um entendimento da experiência. Para obter *insights* mais profundos, a equipe conduziu entrevistas individuais com os funcionários e conversou com os pacientes tanto na sala de espera quanto nas salas de exames.

De volta ao estúdio, a equipe visualizou os dados com *post-its* e fotos. Esse material foi organizado em categorias para identificar padrões e oportunidades. As fotos serviram como estímulo visual e ajudaram a equipe a manter uma conexão empática com a experiência do ambulatório.

Entendendo o panorama geral

Para entender a experiência como um todo, a equipe mapeou as interações entre pacientes, funcionários e médicos por meio de um *blueprint* de serviços. Isso serviu para criar um modelo de uma visita típica de um paciente. A visualização revelou as interações que os pacientes tinham, na linha de frente, com diversos pontos de contato do serviço, bem como os sistemas e pessoal de retaguarda que dava suporte a essas interações. O *blueprint* de serviços permitiu que a equipe de design visualizasse os problemas na experiência do ambulatório. Especificamente, foi possível enxergar os diferentes períodos na experiência do serviço em que os pacientes apenas aguardavam, sem qualquer grau de interação com o serviço. Esses períodos tornaram-se oportunidades para novas formas de interação, que poderiam ser projetadas para envolver os pacientes e dar suporte aos funcionários do ambulatório.

Envolvimento dos funcionários

Para entregar um serviço de excelência, os designers precisavam envolver também as pessoas que seriam responsáveis pela entrega do serviço. A equipe se reuniu com enfermeiros e funcionários para compartilhar informações encontradas nas pesquisas e engajou essas pessoas em atividades de design participativo para entender melhor suas experiências e suas perspectivas.

Criação

Reenquadramento do projeto

As organizações normalmente reconhecem quando há um problema em seu serviço. Porém, muitas vezes, esse problema é obscuro ou pressuposto. Conforme mencionado, os problemas informados foram tempo de espera, fluxo de trabalho e sinalização local. Embora essas questões claramente representavam problemas, a equipe precisou reenquadrar o problema, de modo a espelhar os dados da pesquisa e as crenças acerca do que podia ser feito para solucionar os problemas.

Durante esse período de reenquadramento de problemas, a equipe trabalhou em conjunto com o pessoal do Centro de Melhoria da Qualidade e Inovação para determinar o ponto mais importante a ser trabalhado. Dado o desejo do médico de atender muitos pacientes, concordamos que o tempo de espera não podia ser reduzido. Mas, em vez de encarar isso como um obstáculo, a equipe optou por aceitar o tempo de espera como uma oportunidade para envolver os pacientes em interações que pudessem apoiar suas necessidades. A equipe usou os *insights* de pesquisa para defender esse direcionamento de foco e obteve a aprovação do Centro.

Fornecendo ferramentas de cocriação

Depois de determinar o direcionamento do trabalho, a equipe de design buscou gerar uma empatia ainda maior com os pacientes, criando um conjunto de peças denominadas cartões de experiência para ajudá-los a imaginar outras experiências que pudessem influenciar no espaço do ambulatório. Por exemplo, um dos cartões mostrava uma pessoa tocando piano, outro mostrava diversos terminais de computador e outro mostrava uma pessoa tirando uma soneca. Os cartões funcionaram como estímulos para que os pacientes expressassem seus desejos ou opiniões sobre cenários do tipo "e se...?" que os designers utilizaram como base para a geração do conceito.

Na sala de cirurgia

Para entender melhor cada um dos aspectos da experiência dos pacientes no ambulatório, a equipe de design observou um dos procedimentos endonasais. Estar dentro da sala de cirurgia permitiu que a equipe aumentasse o grau de empatia com o paciente. O que possibilitou, também, que a equipe visse o outro lado da responsabilidade do médico. Além disso, essa experiência serviu para gerar uma maior valorização e entendimento em relação às necessidades dos familiares durante a cirurgia.

Visualização de dados

Para entender melhor as informações qualitativas coletadas, a equipe visualizou a jornada do paciente e, em seguida, sobrepôs as emoções associadas às etapas da jornada, bem como as necessidades dos pacientes e familiares em termos de apoio, espera e informações. A visualização dessas informações ajudou a equipe a ter um melhor entendimento da experiência ao longo do tempo. Além disso, a visualização dessas informações foi utilizada para identificar áreas de oportunidade. Por exemplo, ficou claro, durante a visualização, que as necessidades do paciente no decorrer da cirurgia são insignificantes, ao passo que as necessidades dos familiares são altíssimas.

Reflexão

Uma vez que a equipe havia observado a dificuldade dos pacientes – especialmente dos cadeirantes – para se movimentarem dentro da sala de espera, foi proposta uma reconfiguração do espaço, com a remoção das cadeiras fixas. O pessoal do ambulatório jamais havia pensado em fazer isso. O resultado foi extremamente bem-sucedido. Os cadeirantes puderam entrar no local com maior facilidade e não ficaram relegadas ao corredor ou à área ao redor do guichê de atendimento, como a equipe havia observado anteriormente. Além disso, havia espaço suficiente para que essas pessoas pudessem sentar com suas famílias em qualquer local da sala de espera.

Foco na criação de conceitos

Utilizando o feedback recebido a partir das discussões com pacientes sobre os cartões de experiência, a equipe esboçou novos conceitos em folhas de papel. A partir de um conjunto de cerca de setenta conceitos, dez foram selecionados, transformados em *storyboards* e, então, utilizados para validar as ideias junto aos pacientes.

Feedback dos pacientes

Mais uma vez, a equipe entrou nas salas de exame com os pacientes e familiares, enquanto eles esperavam pelo médico. A privacidade da sala gerou uma oportunidade para a equipe conversar de maneira mais aprofundada com os pacientes e obter um *feedback* sincero sobre os conceitos e sobre sua experiência com o médico e os funcionários. Com essa rodada final de feedback, a equipe refinou e preparou os conceitos para sua entrega final.

Entrega de soluções

Em vez de apresentar um único conceito, a equipe apresentou um conjunto de soluções que, embora pudessem ser implementadas individualmente, foram projetadas como partes de um todo, com o objetivo de melhorar a experiência do serviço do ambulatório para pacientes, familiares, funcionários e médicos. Uma vez que a experiência do ambulatório é coproduzida por esses quatro *stakeholders* principais, os conceitos foram projetados de modo a envolver os quatro em atividades que pudessem melhorar a experiência.

Os conceitos foram apresentados com títulos relevantes, como Parede da Esperança, junto com sua descrição e um *storyboard* que comunicava o conceito visualmente, incluindo uma narrativa para descrever a experiência. Dois dos conceitos foram tangibilizados: a equipe criou o design de um livreto de boas-vindas para representar uma solução que poderia ser implementada imediatamente. Do mesmo modo, a equipe entregou um conceito mais visionário, que foi chamado de Papo de Ambulatório e que utilizava tecnologia para permitir novas formas de comunicação entre pacientes, funcionários e médicos. Esse conceito foi expresso por meio de um filme narrativo de dois minutos, com ilustrações e exemplos de interfaces e interações.

Implementação e resultados

O Centro de Melhoria da Qualidade e Inovação e outros funcionários do UPMC que avaliaram o trabalho final adoraram o resultado. Além disso, a equipe do ambulatório ficou muito impressionada com o esforço de entender tanto as necessidades dos pacientes quanto as dos funcionários. Durante o projeto, eles começaram até mesmo a mudar seus hábitos e a sinalizar para a equipe de design que estavam tentando abordar alguns dos problemas realçados por nossa presença no local. Na verdade, um dos maiores sucessos da equipe de design foi incentivar os funcionários a acreditarem que eles próprios podiam melhorar o foco na experiência do paciente por meio de pequenas mudanças.

Nesse sentido, o projeto foi um sucesso. No entanto, nunca sabemos ao certo se o trabalho será implementado, ou de que maneira isso será feito. Neste caso, o ambulatório passou por importantes mudanças organizacionais e de liderança durante o ano que sucedeu a entrega final da equipe de design. Infelizmente, o projeto nunca foi implementado.

Porém, com esse fracasso vem a consciência daquilo que todo designer de serviços precisa enfrentar. Com tamanho grau de complexidade, como os designers podem garantir que o trabalho que eles projetam para uma organização será realmente implementado? Qual é o melhor momento para deixar a execução a cargo da organização? Qual a melhor maneira de comunicar e inspirar outras pessoas a garantirem que trabalhos de alta qualidade, coproduzidos por todos os *stakeholders*, tenham o impacto previsto?

Conclusão

Embora o projeto não tenha sido implementado, a experiência de passar pelo processo de design de serviços foi inestimável. Depois do projeto, a equipe pôde perceber claramente a diferença entre design de produtos e design de serviços. Só foi possível valorizar e compreender as limitações de design que os diversos *stakeholders*, pontos de contato e ambientes apresentavam, depois de passar por todo o processo de design através da lente do design de serviços.

Outro *insight* fundamental da equipe de design foi a necessidade de envolver os funcionários no mesmo grau em que a equipe envolveu os pacientes. O envolvimento do pessoal do ambulatório no processo de design empoderou os funcionários, transformando-os em defensores do processo, e melhorou o acesso da equipe às informações necessárias. O Centro realmente valorizou a perspectiva da equipe de design e sua capacidade de reenquadrar o problema com base nos achados exploratórios. Quando um serviço é examinado de maneira holística, os designers revelam vários problemas e oportunidades. Um dos principais desafios é decidir como priorizar as oportunidades e direcionar a solução.

Por fim, a inovação em serviços nem sempre precisa ser inovadora. Mudar o layout da sala de espera do ambulatório foi uma ideia simples e sem custo. Uma solução simples e humanizada pode causar um impacto enorme.

Considerações finais

Embora o design de serviços tradicionalmente não assuma uma abordagem de design rigorosa, isso deve mudar no futuro. Este projeto, bem como outras incursões ao universo do design de serviços, destaca a capacidade que os designers têm de humanizar os serviços da mesma maneira com a qual vêm humanizando os produtos.

1

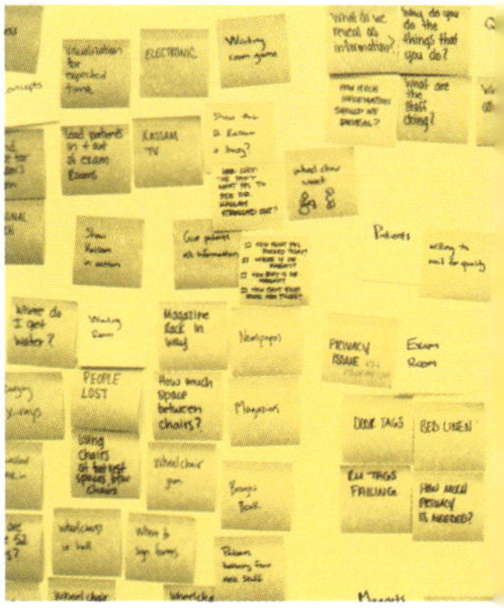

1 Análise de pesquisa

2 *Blueprint* de serviços de uma visita

2

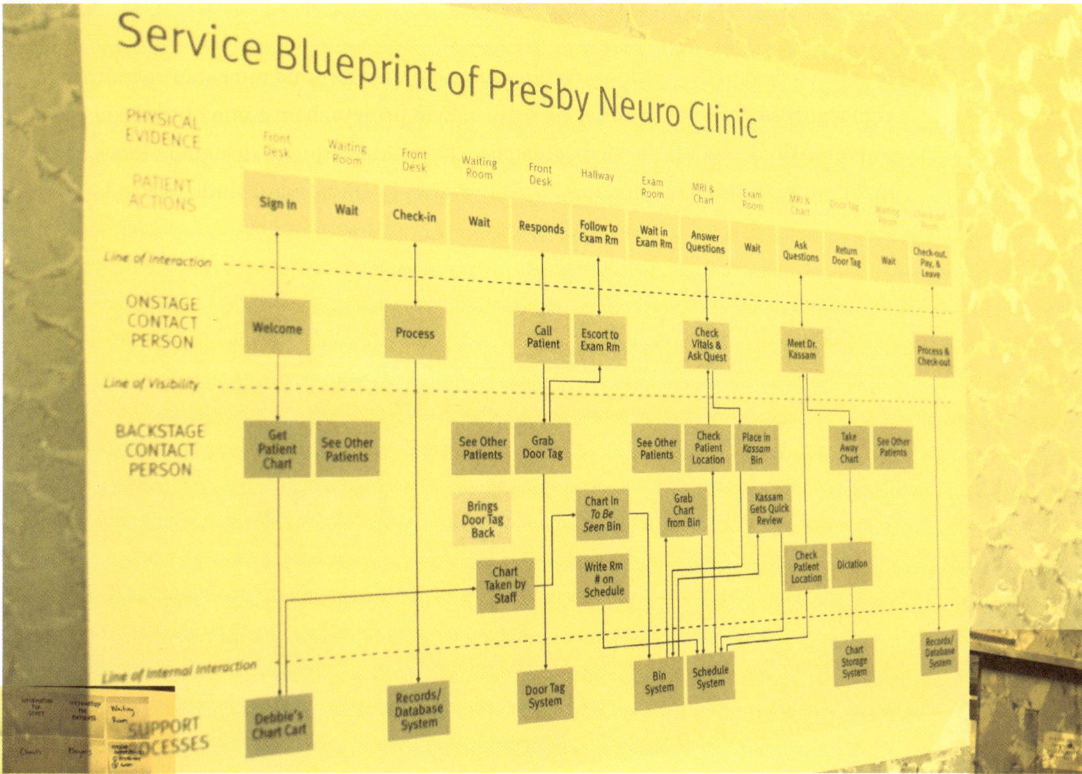
Service Blueprint of Presby Neuro Clinic
PHYSICAL EVIDENCE
PATIENT ACTIONS
Front Desk
Waiting Room
Front Desk
Waiting Room
Front Desk
Hallway
Exam Room
MRI & Chart
Exam Room
MRI & Chart
Sign In
Wait
Check-in
Wait
Responds
Follow to Exam Rm
Wait in Exam Rm
Answer Questions
Wait
Ask Questions
Return Door Tag
Wait
Check-out, Pay, & Leave
Line of Interaction
ONSTAGE CONTACT PERSON
Welcome
Process
Call Patient
Escort to Exam Rm
Check Vitals & Ask Quest
Meet Dr. Kassam
Process & Check-out
Line of Visibility
BACKSTAGE CONTACT PERSON
Get Patient Chart
See Other Patients
See Other Patients
Grab Door Tag
See Other Patients
Check Patient Location
Place in Kassam Bin
Take Away Chart
See Other Patients
Brings Door Tag Back
Chart In To Be Seen Bin
Grab Chart from Bin
Kassam Gets Quick Review
Chart Taken by Staff
Write Rm # on Schedule
Check Patient Location
Dictation
Line of Internal Interaction
SUPPORT PROCESSES
Debbie's Chart Cart
Records/ Database System
Door Tag System
Bin System
Schedule System
Chart Storage System
Records/ Database System

Design de serviços aplicado

2

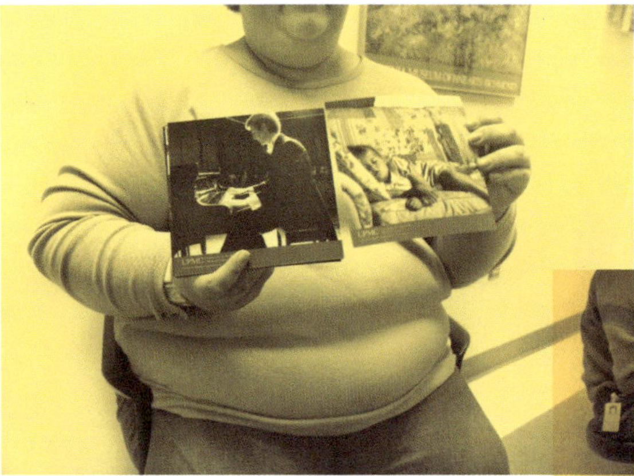

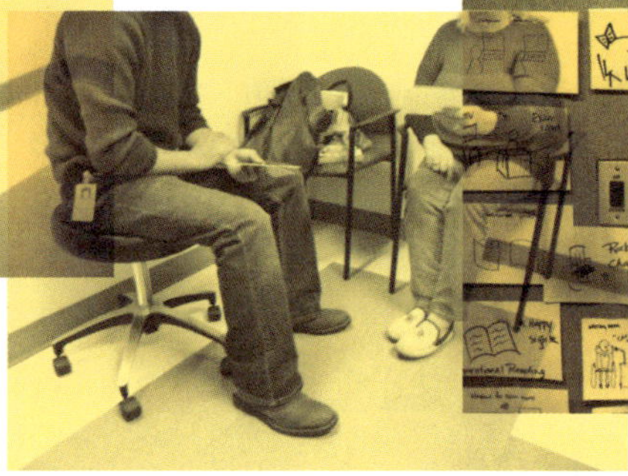

3

1

1 Pesquisa generativa com enfermeiros e funcionários

2 Cocriação com pacientes

3 Entrevista na sala de exame

4 Geração de conceitos

5 Observação de operação para remoção de tumor cerebral

6 Análise dos dados de pesquisa

4

6

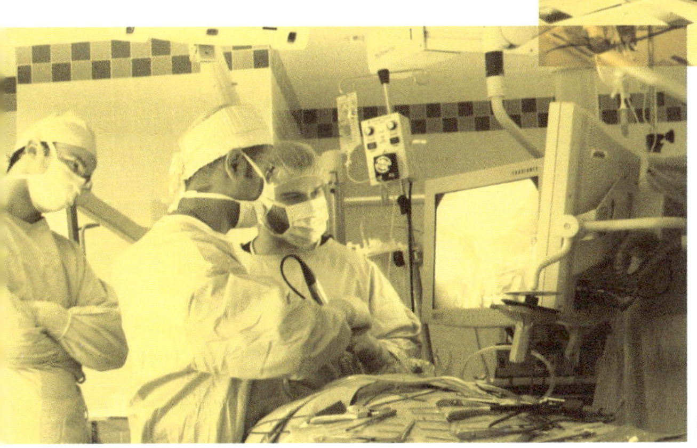

5

SEB

TRANSFORMATOR

SEB E TRANSFORMATOR

SEB

O SEB é um banco sueco que foi fundado em 1856 e atualmente é um dos principais líderes financeiros da Europa. O público-alvo do SEB são empresas e indivíduos com altas demandas por qualidade, e o banco oferece especialistas em todas as áreas financeiras. O SEB tem mais de 20.000 colaboradores em 21 países e mais de 600 agências, um quarto delas localizadas na Suécia, outro quarto na Alemanha, e o restante na Estônia, Letônia, Lituânia, Rússia e Ucrânia. Embora seu foco principal seja o norte da Europa, o SEB tem agências em todos os centros financeiros importantes do mundo, como Paris, Nova Iorque e Xangai. Os fatores de sucesso mais importantes do SEB são a forte presença empresarial e internacional, suas relações de longo prazo com os clientes e sua abordagem inovadora.

Transformator Design Group

Radicado na Suécia, o grupo de design Transformator presta consultoria na área do design de serviços. Independentemente do tipo de ponto de contato, o Transformator aperfeiçoa a interface entre a empresa provedora do serviço e seus usuários, para criar uma experiência de serviço de excelência. Com a ajuda de ferramentas de design industrial para coletar *insights* dos usuários e criar inovações, o Transformator ajuda organizações e empresas a melhorarem a experiência e a aumentarem o valor de sua interação com os clientes. Fundado em 1998, o Transformator acumulou uma grande experiência no design de serviços, atendendo aos segmentos de segurança, bancos, seguros, saúde, logística e recreação.

Clientes do SEB

Os clientes do SEB são cerca de 2.500 grandes empresas e instituições, 400 mil empresas de médio e pequeno porte e 5 milhões de pessoas físicas. Este projeto teve como alvo cerca de 350 mil clientes particulares do SEB. Esses clientes poderiam reduzir seus custos bancários integrando todos os seus serviços bancários em um único pacote.

Serviços individuais dos clientes do pacote

A maioria dos clientes particulares do banco SEB possui uma conta corrente, uma conta poupança, acesso a serviço de Internet banking, serviços bancários por telefone e um cartão do banco. Além disso, alguns clientes possuem cartões de crédito, tais como MasterCard. Esses serviços eram até então apresentados e vendidos separadamente, o que complicava e encarecia a administração do SEB. Para agilizar seu sistema, o SEB queria combinar as ofertas individuais dos clientes em um único pacote que fosse facilmente gerenciável. Isso permitiria ao banco ter uma administração mais eficiente, oferecendo um preço mais baixo aos clientes.

O SEB sabia que precisaria do consentimento de todos os clientes para agregar as ofertas separadas em um único pacote. Por isso, o banco precisava saber exatamente quando, onde e como apresentar essas informações de modo relevante, atraente e claro para os clientes. O SEB tinha uma ideia de como a oferta seria apresentada, porém não tinha nenhuma ideia de como ela seria recebida pelos clientes.

É difícil para os clientes entenderem a linguagem e a lógica muitas vezes usadas pelos bancos para apresentarem seus serviços. Os clientes frequentemente descartam essas ofertas como "irrelevantes".

NECESSIDADE DOS USUÁRIOS DETECTADA

O SEB não sabia como projetar, apresentar e explicar uma oferta que beneficiaria tanto banco quanto clientes.

NECESSIDADE DA EMPRESA

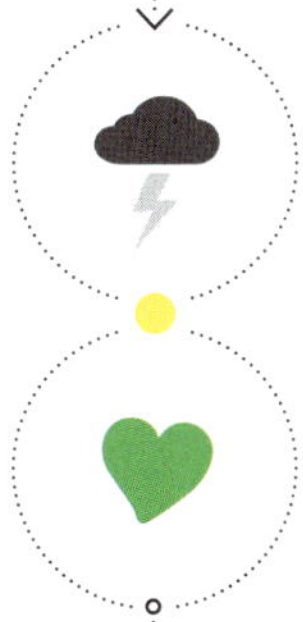

Criar uma conexão mais forte entre banco e clientes por meio de ofertas interessantes e uma linguagem acessível. Isso deve ser feito com base no entendimento dos clientes, oferecendo produtos que façam sentido e sejam atraentes.

VISÃO DE SERVIÇO

ERIK WIDMARK EXPLICA

O PROCESSO DA TRANSFORMATORS

O banco sueco SEB tinha mais de 350 mil clientes com contratos individuais cuja administração consumia muito tempo e dinheiro. Ao longo dos anos, esses clientes foram adicionando serviços como atendimento telefônico, Internet banking e cartão com a bandeira MasterCard aos seus serviços bancários. Cada serviço tinha seu próprio contrato e acordos. Para o SEB, isso significava que muitos dos recursos eram gastos em administração e não na melhoria dos serviços para os clientes.

Em um esforço de racionalizar essa estratégia, o SEB queria agrupar todos os serviços mais comuns em um único pacote que fosse facilmente gerenciável. Assim, em vez de lidar com todos os contratos individuais, o SEB precisaria lidar apenas com um contrato por cliente. Para os usuários, isso não representaria mudança alguma, exceto pelo fato de que a taxa anual seria reduzida. Tratava-se de uma verdadeira situação de ganha-ganha. O responsável pelo lançamento dessa oferta era o Department for Retail Business Development (DRBD, Departamento de Desenvolvimento de Negócios de Varejo).

Após discussões com o departamento jurídico, foi decidido que, para lançar a oferta, o SEB precisaria do consentimento de cada um dos clientes envolvidos. A solução que, em termos de custos e tempo, parecia ser mais eficiente era a de promover o pacote na página de Internet banking quando o cliente acessasse sua conta bancária.

O DRBD desenvolveu essa promoção e, junto com o departamento de TI, desenhou a forma da oferta na Internet. O nome da oferta era "Enkla Vardagen" (algo como "Simplicidade todo dia"). A oferta tinha três objetivos: informar os clientes sobre as mudanças, obter seu consentimento para agrupar seus contratos individuais e oferecer a eles um cartão de crédito gratuito. O objetivo ambicioso do SEB era conectar 80 % de seu público-alvo de 350 mil clientes à oferta "Simplicidade todo dia". O SEB também queria adquirir o máximo possível de usuários de MasterCard.

Inicialmente, o DRBD sentia que, embora tivesse desenvolvido uma oferta muito atraente, do ponto de vista bancário, não tinha ideia se essa oferta seria desejável e relevante do ponto de vista do cliente. Assim, o grupo Transformator foi contratado para tentar ajustar a oferta com base em *insights* de usuários.

Método

Neste caso, o Transformator decidiu empregar um método chamado “pesquisa de ação” Trata-se de uma abordagem iterativa dividida em quatro etapas:

- **PLANO:** Desenvolver uma teoria acerca de como solucionar certos problemas. Isso pode, por exemplo, ser baseado em pesquisas anteriores ou em observações do comportamento dos usuários.
- **DESIGN:** Dar forma à oferta do serviço, com base em suas teorias e no conhecimento obtido a partir da etapa de planejamento anterior.
- **EXPLORAÇÃO:** Testar seu serviço com usuários reais, no ambiente apropriado. Aqui, coleta-se *insights* tanto pela observação dos usuários interagindo com o serviço quanto pelas entrevistas sobre suas experiências de uso do serviço.
- **REFLEXÃO:** Processar todos os dados de pesquisa e transformá-los em *insights* gerenciáveis. Mapeia-se a jornada do usuário do serviço e destacam-se problemas e aspectos que funcionem bem. Depois da reflexão, prossegue-se para a etapa de planejamento.

O objetivo principal do método de pesquisa de ação é trabalhar com coisas concretas. Quando os clientes são expostos a alternativas de design (mesmo que sejam apenas simulações rudimentares), eles recebem algo com o qual podem interagir. Observando o modo como eles se comportam e conduzindo entrevistas, é possível obter informações valiosas não apenas sobre como as pessoas estão reagindo, mas também sobre os motivos de seu comportamento. Esses *insights* servirão de base para a visão de design seguinte, já melhorada. A pesquisa de ação é um método em que os usuários se encontram altamente envolvidos no processo, podendo oferecer feedbacks imediatos. Assim, em vez de investir todos os seus esforços na criação de uma forma final, você pode melhorar e desenvolver gradualmente seu conceito por meio de um diálogo com o usuário final.

No caso do SEB, o Transformator decidiu promover quatro ciclos de pesquisa de ação para testar e aperfeiçoar a oferta do banco.

Pesquisa de ação – Ciclo 1

DESIGN

Uma vez que o SEB já havia planejado o conteúdo de sua oferta principal na Web, o Transformator começou criando uma simulação simples a partir desse conteúdo. Utilizando um PDF, reuniu os materiais em um documento clicável simples que funcionaria como uma página Web. Para apresentar a oferta de serviço em uma simulação o mais próxima possível da realidade, foram usadas capturas de tela da página de acesso ao Internet banking. Essas imagens foram incluídas no PDF junto com os banners promocionais da oferta, com uso de Photoshop. A oferta era essencialmente baseada em textos, com quatro etapas em que o usuário precisava ler e fornecer informações para inscrever-se na oferta "Simplicidade todo dia".

EXPLORAÇÃO

Para testar a oferta com usuários reais, uma equipe do Transformator foi a diversas agências bancárias do SEB e disponibilizou um computador com a simulação da oferta em PDF. Convidando as pessoas que entravam e saíam do banco a participar de uma pesquisa rápida sobre uma nova oferta do banco, a equipe conseguiu coletar um grande número de entrevistas e observações em um curto período de tempo. Enquanto a equipe interagia com os clientes, era importante não dar informações demais sobre o projeto, pois desejava obter opiniões imparciais sobre a oferta. Apenas uma breve contextualização era fornecida, dizendo, por exemplo, "Você acaba de acessar seu banco na Internet e encontra esta página (a página com o banner mostrando a oferta). Diga o que você faria", ou, perguntando, em relação à página com a oferta, "esta página é sobre o quê?"

REFLEXÃO

Os *insights* iniciais foram extremamente valiosos. Quase ninguém viu ou clicou no banner. Os clientes disseram que isso acontecia porque geralmente acessavam seu banco na Internet para pagar contas, e não para ver as novas ofertas do banco. Além disso, o banner foi percebido como uma informação genérica, que não era especialmente direcionada aos clientes do banco. Quando o Transformator levou-os até a página da oferta "Simplicidade todo dia", houve uma grande confusão acerca do que estava sendo oferecido. Uma vez que "Simplicidade todo dia" consistia, na verdade, em duas ofertas em uma e era apresentada nos termos do banco, os clientes tiveram dificuldade em descobrir o que aquilo de fato significava. A maioria das pessoas achou que se tratava de uma oferta para ganhar um cartão de crédito e, também, uma maneira maliciosa de convencer as pessoas a aceitarem um cartão de crédito que não queriam. Outros acharam que a oferta era destinada a novos clientes, sugerindo os serviços básicos do banco em um mesmo pacote. Mesmo que a oferta "Simplicidade todo dia" não representasse qualquer mudança para o cliente (exceto pela taxa anual mais baixa), os clientes achavam que o nome sugeria algo novo. Alguns achavam que a interface do Internet banking mudaria e que eles precisariam reaprender a pagar contas, etc. Uma vez que a oferta era entendida como sendo ambígua, os clientes achavam que havia algo suspeito nela e que o SEB estava tentando convencê-las a fazer algo que beneficiaria apenas o banco. O teste mostrou que menos de 5 % dos clientes do banco inscreveriam-se para a oferta "Simplicidade todo dia" do modo como ela havia sido formulada. O teste também mostrou certos elementos na página que os clientes usavam para entender melhor a oferta. Por exemplo, em vez de ler todo o texto, muitos clientes acessavam o gráfico que resumia a oferta do serviço.

Pesquisa de ação – Ciclos 2-4

PLANEJAMENTO

Os *insights* da pesquisa de ação mostraram que, para atingir aos clientes do banco, as informações precisavam ser bastante diretas e falar a mesma língua dos clientes. A maioria não tinha vontade de ler todo o texto, principalmente porque nem sequer sabiam do que se tratava a oferta. Também ficou aparente que as múltiplas ofertas precisavam ser separadas de modo a esclarecer o que estava sendo apresentado. Nos ciclos 2, 3 e 4, os *insights* da etapa anterior foram convertidos em soluções práticas de design.

DESIGN

De acordo com o feedback dos usuários, o Transformator reformulou o design do passo a passo e criou outros PDFs clicáveis. Com base na linguagem que os participantes do teste utilizaram para verbalizar o que estavam fazendo e pensando durante a interação com as simulações, o Transformator conferiu à oferta um vocabulário mais claro e direto. Também ficou aparente que os clientes precisavam de algum tipo de orientação simples e de um resumo que explicasse o que estava sendo oferecido a eles e o que se esperava que fizessem. Assim, o design do conteúdo da oferta foi visualmente dividido em duas colunas: uma simplesmente para inscrição na oferta e outra para quem também queria um cartão de crédito MasterCard grátis.

A página exigia que o cliente escolhesse entre uma das duas ofertas. Títulos simples foram usados para resumir o conteúdo da página, de modo que o usuário pudesse entender a oferta mesmo sem precisar ler todo o texto. Além disso, os textos foram reduzidos e, sempre que possível, "escondidos" atrás de links do tipo "leia mais". Um gráfico foi elaborado para resumir e apresentar uma visão geral da oferta.

EXPLORAÇÃO

Durante os testes (protótipos), o Transformator percebeu que, depois de clicar no banner (que continuava passando despercebido para a maioria dos usuários), o design e a linguagem mais diretos gradualmente faziam os clientes entenderem a oferta. Quanto mais clara a mensagem sobre as vantagens mútuas de mudar para "Simplicidade todo dia", mais positiva era a reação dos clientes. E, ao enfatizar que o cartão de crédito era uma opção gratuita, a opinião mudou: em vez de desconfiados, os clientes sentiam-se privilegiados. Entretanto, quando os clientes finalmente entenderam as vantagens mútuas de mudar para "Simplicidade todo dia", eles começaram a se perguntar por que precisavam ser ativos neste processo. Era como se o banco tivesse a obrigação de automaticamente dar a melhor oferta possível aos seus clientes. Eles não sentiam que precisavam autorizar o banco para obterem taxas bancárias mais baixas.

REFLEXÃO

Quanto mais a pesquisa progredia, mais óbvio tornava-se o fato de que, para os usuários, a conversão de todos os contratos individuais em um único pacote era insignificante. Além disso, como o cliente precisava se envolver no processo de mudança, o procedimento era visto como sendo inconveniente, uma vez que a redução de custo era mínima, se comparada ao esforço. Por outro lado, se o banco fornecesse automaticamente uma redução nas taxas de serviços bancários, isso seria percebido como algo muito positivo pelos clientes.

A SOLUÇÃO

A solução foi seguir a lógica dos clientes e simplesmente desistir de todo o complicado processo de consentir as reduções de taxas bancárias no site do banco. Todos os contratos foram automaticamente alterados e os serviços tiveram seu custo reduzido. O Transformator redigiu uma carta com base nos *insights* obtidos durante as interações e testes com os clientes. Essa carta foi enviada para todos os clientes afetados, explicando o contexto da mudança, o motivo da redução de preço e o que isso significava para o usuário. Na carta, a opção de ganhar um MasterCard grátis era gentilmente apresentada, para evitar que os clientes se sentissem pressionados.

Resultado: o SEB tinha como meta a migração de 80 % de seus clientes para o pacote "Simplicidade todo dia". Com a ajuda dos métodos de design de serviços, o Transformator e o banco conseguiram transformar uma oferta inicialmente percebida como suspeita e ambígua em algo percebido como uma oportunidade vantajosa pelos dois lados. A migração para o sistema "Simplicidade todo dia" foi de 100 % e as vendas de MasterCard extrapolaram todas as metas da campanha.

Considerações finais

Para criar serviços relevantes e lucrativos, é preciso entender verdadeiramente o usuário: sua situação, suas necessidades, sua mentalidade e as forças que impulsionam suas ações. Incorporar envolvimento e interação com os clientes no processo de desenvolvimento de seu negócio garante que o resultado final será relevante para o cliente e, além disso, aprende-se muito sobre seu próprio negócio, olhando para ele a partir da perspectiva do cliente/usuário.

Interação com clientes

Design de serviços aplicado

1

2

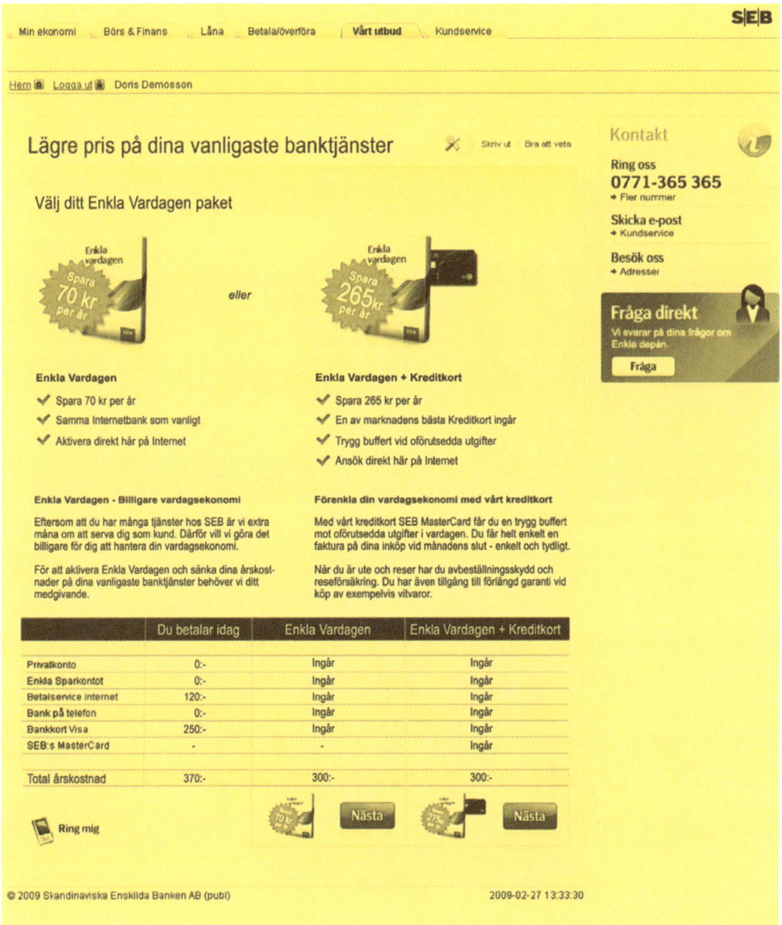

3

1 Testes de interação.

2 É aqui que a mágica acontece.

3 Oferta de serviços simplificada com base nos *insights* dos usuários.

Arne diz: *Só os adaptáveis sobrevivem. Essa é apenas uma daquelas inconvenientes verdades evolutivas. De maneira geral, empresas e órgãos governamentais não são criados para a adaptabilidade.*

Jamin diz: *As organizações normalmente reconhecem quando há um problema em seu serviço. Porém, muitas vezes, o problema é obscuro ou pressuposto. Um dos papéis do designer de serviços é garantir que o problema que o cliente declara é, de fato, o melhor problema que o design pode solucionar.*

Erik diz: *Quando você está tentando entender os usuários finais, precisa ter a mente aberta e fazer perguntas abertas. Você não pode partir do pressuposto de que sabe o que é essencial para eles. O que parece importante do ponto de vista da empresa de serviços pode não ser importante para o usuário final.*

Beatriz diz: *Uma vez que se trata de um serviço criado por pessoas para pessoas, a identificação de interesses, desejos e preocupações das pessoas envolvidas marcou o início do design da experiência.*

Sarah diz: *Foi difícil pensar em formas de atingir todas essas pessoas, mas por meio de pesquisa (mapas de sistemas/personas/acompanhamento) foi possível criar um caráter de marca que funcionaria em todos os pontos de contato.*

Estudos avançados no campo do design thinking de serviços

ESTUDOS AVANÇADOS NO CAMPO DO DESIGN THINKING DE SERVIÇOS

Os três textos a seguir oferecem uma descrição particularmente detalhada de aspectos selecionados do design de serviços. O primeiro texto investiga a motivação como uma precondição para o sucesso do design thinking de serviços, enquanto o segundo resume os esforços de pesquisa recentes na área do design de serviços. Por fim, uma perspectiva bastante filosófica enfoca o design de serviços de maneira ampliada.

FERGUS BISSET, REINO UNIDO
Integração entre design thinking de serviços e psicologia motivacional

JOHAN BLOMKVIST, STEFAN HOLMLID, FABIAN SEGELSTRÖM, SUÉCIA
Pesquisa em design de serviços: passado, presente e futuro

RENATO TRONCON, ITÁLIA
Design de serviços e biofilia

INTEGRAÇÃO ENTRE DESIGN THINKING DE SERVIÇOS E PSICOLOGIA MOTIVACIONAL

FERGUS BISSET

A partir de uma revisão abrangente da literatura sobre psicologia motivacional, este breve capítulo apresenta o conceito de motivação e considera sua significância para os profissionais de design thinking de serviços, à medida que eles abordam complexos problemas humanos de natureza comportamental, social e ecológica. Ao final, o capítulo sugere de que modo a motivação pode ser incorporada de maneira útil às ferramentas já consagradas de mapeamento e visualização da jornada do usuário para que possa servir de suporte aos profissionais de design thinking a partir do momento em que começam a abordar algumas das questões mais pertinentes da sociedade.

O que é motivação?

A motivação já foi descrita como "energização e direção do comportamento humano" (Reeve, 2005) e, portanto, é um conceito fundamental para designers que buscam entender, regular e dar suporte ao comportamento humano. Prova disso é o fato de que a motivação vem sendo debatida desde os tempos imemoriais. Desde a filosofia confucionista e sânscrita do oriente até os diálogos dos políticos filósofos gregos e os escritos dos cristãos estudiosos da bíblia no ocidente: as teorias da motivação buscam entender a relação simbiótica entre o indivíduo e seu ambiente, além de articular, de maneira mais clara, os princípios que governam essa relação.

As questões existenciais e filosóficas que um estudo da motivação abrangem têm sido, ao longo da história, algumas das questões mais centrais que "energizam e direcionam" as crenças, a identidade e a criatividade da espécie humana. Esses legados definem não apenas as estruturas sociais das sociedades em que vivemos, mas também os princípios políticos, educacionais e criativos que continuam a influenciar, governar e sustentar o mundo à nossa volta até hoje.

Apesar dessas histórias sociais, políticas e culturais diversas, vivemos hoje em uma sociedade na qual a autonomia e a autodeterminação do indivíduo desempenham, cada vez mais, papéis importantíssimos na definição dos pontos de vista filosóficos, econômicos e sociais de cada indivíduo. Um exemplo disso é o modo como as novas tecnologias de mídias sociais e a autodeterminação que elas facilitam serviram de suporte para boa parte da evolução do design de serviços como disciplina. As parcerias colaborativas entre profissionais de design thinking de serviços, o tipo de profissional que contribuiu para o desenvolvimento desta

As teorias da motivação buscam entender a relação simbiótica entre o indivíduo e seu ambiente, além de articular, de maneira mais clara, os princípios que governam essa relação.

publicação que você tem nas mãos, estão atualmente transcendendo fronteiras institucionais e nacionais e, assim, apresentam um grande potencial de inspiração e colaboração. Dito isso, e apesar do potencial indubitável dessa colaboração, é difícil fugir do fato de que nossas explicações e conceitualizações individuais de motivação muitas vezes revelam mais sobre nossa própria psiquê e sobre a psiquê das sociedades em que vivemos e trabalhamos do que nós, como designers, estamos dispostos ou somos capazes de reconhecer. Se o design thinking e o design de serviços detêm a chave para solucionar problemas sociais complexos mais amplos, como Burns, Cottam, Vanstone, & Winhall (2006), Brown (2009), Løvlie (2009) e outros recentemente afirmaram, seria este o momento de nos tornarmos mais capazes e confortáveis para formular perguntas difíceis sobre os motivos fundamentais por trás de nossas próprias intervenções de design? Se desejamos mudar ou influenciar o comportamento humano, será que não precisaríamos conceitualizar, visualizar e questionar de maneira mais clara nossas motivações para fazer isso, bem como os motivos dos *stakeholders* com quem e para os quais estamos projetando algo?

Visualizar e codificar a motivação junto com ferramentas, métodos e processos de design de serviços já consagrados oferece a nós, "profissionais de design thinking de serviços", a oportunidade de entender melhor, bem como "energizar e direcionar" de maneira mais sustentável o comportamento humano.

O caso é que estamos vivendo na era de ouro da pequisa de motivação (Reeve, 2005). Este capítulo busca apresentar exemplos de como a ciência moderna da psicologia motivacional e sua literatura podem servir de suporte ao nosso "design thinking de serviços". Sua argumentação propõe que visualizar e codificar a motivação junto com ferramentas, métodos e processos de design de serviços já consagrados oferece a nós, "profissionais de design thinking de serviços", a oportunidade de entender melhor, bem como "energizar e direcionar" de maneira mais sustentável o comportamento humano. Argumenta-se que isso ajudará os profissionais de design thinking de serviços no desenvolvimento de soluções mais inovadoras, democráticas e eficazes para problemas comportamentais, sociais e ecológicos cada vez mais "complexos".

Design de serviços como filosofia de suporte à autodeterminação

White (1959) foi um dos primeiros a definir claramente uma distinção entre a motivação que reside no interior dos seres humanos e a motivação que reside no mundo exterior. Essa noção de "motivação intrínseca e extrínseca", bem como a visão de mundo humanista e organicista que há por trás dela foi desenvolvida em maior profundidade por Deci e Ryan (1985, 2004), entre outros. Talvez isso seja melhor explicado por White (1959), que faz referência ao comportamento lúdico e curioso das crianças, que dá suporte ao seu crescimento e desenvolvimento:

Uma visão de mundo organicista postula que, ao longo do tempo, os indivíduos são naturalmente predeterminados (intrinsecamente motivados) a buscar novas experiências sensoriais, desenvolver e aperfeiçoar habilidades e buscar desafios pessoais cada vez maiores, como parte da aquisição de uma compreensão cada vez mais ampla do mundo que nos cerca.

Isso também pode ser visto pela observação de *expert performers* – Ericsson (1998), Csikszentmihalyi (1998). Indivíduos e profissionais continuam a se desenvolver, buscando novos desafios, refinamento e entendimento de suas capacidades e interação com o mundo à sua volta. Às vezes, isso pode ocorrer de maneira ampla ou por meio do foco do indivíduo em seu próprio desempenho dentro de um campo de atuação, habilidade ou especialidade. Com efeito, as noções de design *design for play* (Kafai, 1995), *design flow* (Csikszentmihalyi, 1998) ou o uso de modelos de conduta especializados para guiar a tomada de decisões (Klein, 1999) não são conceitualizações novas dentro dos domínios criativos do design industrial, do design de interação e da ergonomia. No entanto, esses esforços anteriores tendiam a conceitualizar a motivação de maneira determinista e não como uma ferramenta gerativa capaz de gerar cada vez mais inovações. Deci e Ryan (1985) vêm argumentando, nos últimos 25 anos, que o crescimento organicista de um indivíduo e sua motivação são sintomáticos de um indivíduo que busca expandir seu senso de autonomia pessoal, seus relacionamentos sociais e sua competência. De fato, ao assumir uma perspectiva organicista como profissional de design thinking de serviços, torna-se possível encarar a motivação como uma entidade dinâmica e maleável. Uma forma de conceitualizar o papel de um designer nessa situação é compará-lo ao papel do técnico de um time de futebol ou do diretor de um filme trabalhando com um atleta ou ator, oferecendo suporte e orientação para atingir um objetivo comum a ambos, ou, em casos menos

"Não sei e não me interessa..."
"Só estou fazendo isto porque preciso..."
"Eu me sentiria culpado se não fizesse isto direito..."
"Acho que é importante fazer isto porque..."
"Fazer isto é muito importante para mim..."
"Eu adoro fazer isto e mergulhar no processo..."
OBSERVADO CASUALMENTE OBSERVÁVEL
desconectado
comportamento engajado
OBSERVADO ESPECIFICAMENTE OBSERVÁVEL
desmotivação
extrinsecamente motivado
intrinsecamente motivado
ANALISADO ESTADO DE FLOW*
apatia
ansiedade
relaxamento
flow
ANALISADO TEORIA DA AUTODETERMINAÇÃO**
desmotivado
externamente regulado
regulação introjetada
regulação identificada
internamente regulado
intrinsecamente motivado
RESPOSTA SINTETIZADA MODELO ARCS***
ATENÇÃO
RELEVÂNCIA
CONFIANÇA
SATISFAÇÃO

ambiciosos, simplesmente garantindo que eles não tenham um desempenho de baixa qualidade.

← **QUADRO GERAL DO COMPORTAMENTO MOTIVADO (v0.1)**

* Stavou (2009), a partir de Csikszentmihalyi (1982)
** Deci e Ryan (2008)
*** Keller (1983)

Integração da motivação ao mapeamento de jornadas e serviços

Conforme mencionado em inúmeros pontos deste livro, o design thinking de serviços trabalha com uma perspectiva holística, centrada no usuário, e temporal – tanto no sentido físico quanto no espiritual. Por isso, para muitos designers de serviços, não seria uma mudança drástica repensar seu trabalho e o valor que ele agrega a partir de uma perspectiva motivacional. Isso se aplica especialmente ao caso daqueles profissionais que adoram gerar um entendimento profundo acerca dos usuários e envolvê-los já durante o processo criativo. As recentes tentativas de desenvolver ferramentas mais aprofundadas para criar mapas de jornada do usuário e avaliações de serviços dinâmicos, como o MyServiceFellow (Stickdorn, 2009), em combinação com os trabalhos recentes de Polaine (2009), representam esforços no sentido de destacar o estado de humor do usuário ou seu engajamento temporal como fatores significantes de comportamento motivado ou desmotivado durante o processo de desenvolvimento de um produto ou serviço. Na literatura motivacional, isso é abordado por Carver & Scheier (1998), entre outros. Todos esses trabalhos destacam as complexidades envolvidas na tentativa de visualizar, codificar e antecipar como ou quando poderão ocorrer eventos motivantes ou desmotivantes dentro de um processo de prestação de serviço, bem como o modo como esses eventos podem exercer impacto sobre a experiência completa de serviço do usuário.

Essa perspectiva motivacional organicista, com base na literatura e em estudos empíricos, oferece uma estrutura para o "mapeamento de engajamento" – o mapeamento do estado motivacional dinâmico de um indivíduo, partindo do estado desmotivado e chegando ao estado intrinsecamente motivado, por meio de um contínuo de seis estágios (Teoria da Autodeterminação, de Deci e Ryan, 2004). Isso oferece aos designers de serviços a oportunidade de incorporar uma ampla conceitualização de motivação em paralelo às técnicas já existentes de visualização da jornada do usuário, funcionando como um sutil, porém poderoso, complemento ao seu repertório de técnicas consagradas de design de serviços. Esse tipo de técnica de visualização pode ser usado de maneira determinista ou, de acordo com o espírito deste livro, aplicado como uma ferramenta para ajudar os designers a visualizarem os serviços que estão desenvolvendo, a partir da perspectiva motivacional do usuário, para que, de fato, possam envolver os usuários em uma abordagem generativa, a fim de melhorar, refinar e dar sustentabilidade às suas experiências de serviço.

Este capítulo apresenta a ideia de que a capacidade de conceitualizar e visualizar a motivação humana e encarar o comportamento humano como um todo, de maneira "organicista", como parte de seu próprio crescimento e potencial, permite que os profissionais de design thinking de serviços adotem uma visão *mais independente* dos contextos dentro dos quais estejam trabalhando. Assim, espera-se que esses conhecimentos possam realmente servir para ajudar a nós e àqueles que nos cercam a enfrentar com resiliência motivacional imensos problemas "complexos" para que possamos transformar nosso mundo para melhor.

POR QUÊ?

"Não sei e não me interessa..."	"Só estou fazendo isto porque preciso..."	"Eu me sentiria culpado se não fizesse isto direito..."	"Acho que é importante fazer isto porque..."	"Fazer isto é muito importante para mim..."	"Adoro fazer isto e mergulhar no processo..."

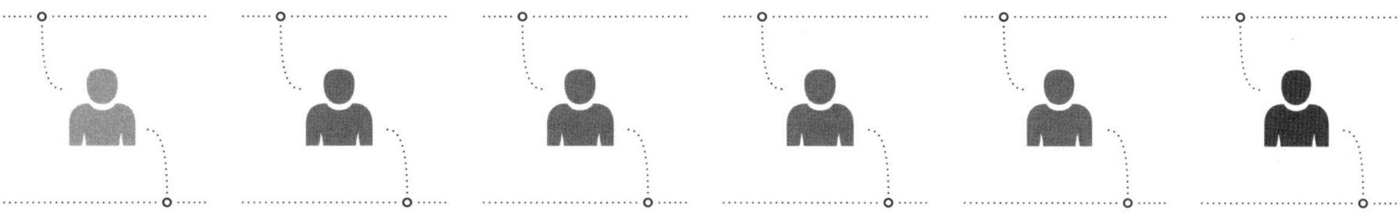

"As decisões não têm nada a ver comigo..."	"Outra pessoa está tomando todas as decisões..."	"Eu posso perguntar à pessoa que toma as decisões..."	"Eu posso ajudar você, embora haja um problema no sistema..."	"Ajudar as pessoas é muito importante..."	"Eu adoro ajudar as pessoas a aproveitarem a experiência tanto quanto eu..."

COMO?

<······ DESMOTIVAÇÃO ······ MOTIVAÇÃO EXTRÍNSECA ······ MOTIVAÇÃO INTRÍNSECA ······>

<······ SISTEMÁTICA ······ **VISÃO DOS *STAKEHOLDERS* SOBRE O SERVIÇO** ······ EMPÁTICA ······>

<······ ANALÍTICO ······ **ENVOLVIMENTO DOS *STAKEHOLDERS* COM O SERVIÇO** ······ SINTÉTICO ······>

PESQUISA EM DESIGN DE SERVIÇOS: PASSADO, PRESENTE E FUTURO

JOHAN BLOMKVIST
STEFAN HOLMLID
FABIAN SEGELSTRÖM

De acordo com o mito do design de serviços, essa disciplina nasceu com a fundação da live|work em 2001. No entanto, a pesquisa em design de serviços vem sendo desenvolvida desde o início dos anos 1990. A partir daí, um número relativamente pequeno de pesquisadores conduziu pesquisas na área por cerca de 15 anos até o assunto começar a atrair atenção. Com o novo impulso sobre o assunto, surgiram diversas publicações sobre design de serviços. Este capítulo traz uma reflexão sobre a evolução da pesquisa em design de serviços, dividindo o panorama das pesquisas em duas partes: uma para as pesquisas iniciais, focadas na definição de design de serviços, e outra para novas pesquisas, focadas na expansão dos conhecimentos de design de serviços.

Primeiras pesquisas

Boa parte das primeiras pesquisas sobre design de serviços tinham como foco a conexão da área com outras disciplinas e sua defesa como disciplina autônoma. Os primeiros pesquisadores de design de serviços tinham formações em outras áreas e sua transição para a área de design de serviços foi gradual. Essa diversidade de formação se refletia nos temas que as pesquisas buscavam investigar. Uma consequência disso foi o fato de que foram conduzidos muito mais estudos sobre a intersecção entre design de interação e design de serviços do que sobre a intersecção entre design de produtos e design de serviços, uma vez que grande parte dos primeiros pesquisadores da área tinham formação em design de interação.

Embora esses primeiros pesquisadores destacassem e diferenciassem o design de serviço de outras áreas (Manzini, 1993; Erlhoff, Mager & Manzini, 1997; Mager, 2004; Maffei, Mager & Sangiorgi, 2005), suas pesquisas eram baseadas em outras disciplinas. Assim como em qualquer pesquisa, há uma necessidade de trabalhar de maneira cumulativa e, dessa forma, os conceitos de mapa de serviços, cenários de serviços e personas, por exemplo, foram retirados de outras áreas de estudo (Shostack, 1984; Shostack, 1982; Bitner, 1992; Cooper, Reimann & Dubberly, 1999). Evenson (2005) usou a Experiência do Usuário como ponto de partida para seu trabalho, e Holmlid (2007) baseou suas ideias na teoria do design. Os laboratórios de pesquisa/consultoria RED & Demos contribuíram para a pesquisa aplicada de métodos e estratégias de participação (Vanstone & Winhall, 2006; Burns & Winhall, 2006; Burns et

Boa parte das primeiras pesquisas sobre design de serviços tinham como foco a conexão da área com outras disciplinas e sua defesa como disciplina autônoma. Os primeiros pesquisadores de design de serviços tinham formações em outras áreas e sua transição para a área de design de serviços foi gradual.

al, 2006; Parker & Heapy, 2006). Além disso, diversas publicações foram produzidas por pesquisadores italianos (conforme resumido por Pacenti & Sangiorgi, 2010). Entre as mais influentes estão as de Sangiorgi, que baseou seu trabalho na Teoria da Atividade (Sangiorgi, 2004; Sangiorgi & Clark, 2004), as de Pacenti, que partem de conceitos do Design de Interação (Pacenti, 1998) e as de Morelli (2002; 2003) que publicou textos sobre Sistemas de Produtos-Serviços.

Pesquisa atual

Entre 2008 e 2009, as publicações acadêmicas tomaram novos rumos. Surgiu uma onda de novos pesquisadores publicando trabalhos sobre design de serviços e, ainda, com mudança temática: em vez de tentar justificar o Design de Serviços como disciplina, os textos passaram a abordar a pesquisa em design de serviços. Esta seção destaca pesquisas publicadas em 2008 e 2009.

Parece haver duas abordagens principais nessas pesquisas iniciais em design de serviços. Uma delas expande o escopo do design de serviços e integra práticas e ideias de áreas de estudo fora do design, como marketing, liderança e engenharia. A outra desafia e explora os pressupostos básicos do design de serviços e os métodos herdados de outras disciplinas. As fontes são agrupadas de acordo com as tendências que identificamos nas pesquisas atuais. Limitamos este panorama ao material publicado em fóruns de pesquisa com revisão pelos pares (*peer-review*); isso significa que livros e algumas conferências não foram incluídos aqui.

A primeira tendência que observamos ocorre na pesquisa teórica, e levanta questões fundamentais, como as explorações de cocriação (Tan & Szebeko, 2009), perspectivas sobre o design de serviços (Singleton, 2009; Penin & Tonkinwise, 2009), e

Entre todos os esforços de fundamentar a pesquisa na área de design de serviços a partir dos conhecimentos de áreas relacionadas, destaca-se o campo da gestão.

uma linguagem própria do design de serviços (Jonas, Chow, & Schaeffer, 2009). Essa tendência inclui também escritos acerca do que o design de serviços pode aprender com outras disciplinas, como as diversas disciplinas do design focadas no design de interfaces tecnológicas; exemplos disso são a interação homem-computador (van Dijk, 2008) e o design participativo (Holmlid, 2009). Sangiorgi (2009) discute o rigor e o direcionamento da pesquisa em design de serviços; ela critica o que percebe como sendo um foco em metodologias, em detrimento do desenvolvimento de arcabouços de fundamentos teóricos. No IASDR, em 2009, houve uma sessão especial intitulada "Adotando rigor na pesquisa em design de serviços", na qual os autores colaboradores refletiam sobre diversos aspectos dos métodos de pesquisa científica (Sangiorgi & Holmlid, 2009).

Entre os esforços de fundamentar a pesquisa na área de design de serviços a partir dos conhecimentos de áreas relacionadas, destaca-se o campo da gestão. Em nome da simplicidade, diversas disciplinas interessadas em uma perspectiva de serviços a partir de uma visão econômica, como Gestão de Serviços, Marketing de Serviços, Operações de Serviços e Lideranças de Serviços, são apresentadas em conjunto. Kimbell (2009) começou sua análise do que os designers de serviços fazem baseando-se na literatura de gestão construída ao longo dos últimos trinta anos. A primeira Conferência Nórdica de Design de Serviços (SDC, atualmente chamada de ServDes) dedicou uma sessão a esse tema; Gloppen (2009) explorou o modo como os líderes organizacionais podem usar o design como base para a gestão de serviços, e Han (2009) voltou sua atenção à maneira como os designers de serviços gerenciam suas relações com os *stakeholders* envolvidos no processo de design. Wetter Edman (2009) refletiu sobre as sobreposições e diferenças entre Lógica Dominante do Serviço (LDS) e Design Thinking. A relação entre LDS e design de serviços também foi explorada por Cautela, Rizzo & Zurlo (2009) durante a conferência IASDR 2009. Também na IASDR, Junginger & Sangiorgi (2009) relataram um estudo sobre como mudanças organizacionais podem ser facilitadas pelo design de serviços, e Candi & Saemundsson (2008) exploraram o uso do design na inovação em serviços. Estudos sobre a relação entre gestão e design, em termos mais gerais, podem ser encontrados nas conferências da European Academy of Design e do Design Management Institute (de Borba & Remus, 2009; Gong, Suteu, & Shen, 2009).

Outra perspectiva encontrada nas pesquisas é a perspectiva sistêmica, que inclui também um aspecto de engenharia.

Outra perspectiva encontrada nas pesquisas é a perspectiva sistêmica, que inclui também um aspecto de engenharia. Um dos principais conceitos aqui é a ideia de um Sistema Produto-Serviço, ou PSS (Product Service System). Em casos mais específicos, isso pode ser chamado de venda funcional, serviço pós-venda, etc. Sugere-se que os designers contribuam para a engenharia dos sistemas produto-serviço como integradores (Morelli, 2009; Jung, Nam & Yu, 2009; Jung, Nam, 2008). Kim et al (2009) apresentam técnicas de representação de valor em modelos

Uma das principais correntes de pesquisa atuais pode ser definida como pesquisa sobre técnicas de design, como ferramentas e processos.

ontológicos de sistemas produto-serviço. Akiyama, Shimomura & Arai (2009) desenvolvem um arcabouço de engenharia de design para a resolução de conflitos de design entre componentes de produto e de serviço em um PSS. Tollestrup (2009) demonstra como os métodos de desenvolvimento de conceitos se enquadram em um portfólio mais amplo de métodos de design. Pinhanez (2009) enxerga os sistemas de serviços como envolvendo participação intensiva por parte dos usuários, tendo produzido uma abordagem com base nesse pressuposto. Popovic, Kraal & Kirk (2009) concentram sua atenção nas atividades detalhadas dos múltiplos atores em um sistema de serviços.

Uma das principais correntes de pesquisa atuais pode ser definida como pesquisa sobre técnicas de design, como ferramentas e processos. Uma vez que o design de serviços é um campo ainda novo, muitas das ferramentas básicas foram herdadas de outras disciplinas, e as pesquisas explicitamente focadas no design de serviços são raras e heterogêneas. Temas recentes incluem o desenvolvimento de novas ferramentas para atender a demandas e desafios específicos associados ao design de serviços (Clatworthy, 2009; Kaario et al, 2009), avaliações e melhorias para ferramentas existentes (p. ex. mapas de serviço, ver Wreiner et al, 2009; Lee & Forlizzi, 2009; Sparagen & Chan, 2008) e pesquisas relacionadas à tendência mais ampla de cocriação (Raijmakers et al, 2009; Kronqvist & Korhonen, 2009; Blomkvist & Holmlid,

2009). Também foram conduzidas pesquisas para entender as visualizações dentro do design de serviços. Segelström escreveu sobre onde e como as visualizações são feitas no processo (Segelström & Holmlid, 2009) e sobre a motivação para utilizar visualizações (Segelström, 2009), enquanto Diana, Pacenti, & Tassi (2009) criaram

Embora haja muitos estudos de caso de design de serviços publicados, existe uma carência de estudos de caso nos quais os resultados tenham sido analisados academicamente.

uma forma de categorizar as visualizações e entender o potencial de certas técnicas para o design de serviços. Outro foco aqui são as apropriações de métodos etnográficos por parte do design de serviços (Raijmakers et al, 2009; Segelström, Raijmakers, & Holmlid, 2009; March & Raijmakers, 2008).

A tendência final que podemos observar é a publicação de estudos de caso. Embora haja muitos estudos de caso de design de serviços publicados, existe uma carência de estudos de caso nos quais os resultados tenham sido analisados academicamente. A primeira tentativa mais ambiciosa de abordar o estudo de caso foi o projeto "Designing for Services" (Kimbell, 2009; ver também a comunicação do projeto por Kimbell & Siedel, 2008), embora ele tenha sido conduzido de maneira condensada. Durante a segunda metade de 2009, alguns estudos de caso foram publicados com uma perspectiva mais longa; Carr et al (2009) falam de um estudo em saúde que conduziram junto ao sistema de saúde britânico (NHS). Prendiville (2009) trabalhou em um distrito londrino para melhorar a satisfação dos *stakeholders* com os serviços do governo local. Akama (2009) estudou os problemas que uma equipe de design formada por designers visuais e de interação enfrentou para adaptar uma abordagem de design de serviços para determinado projeto, bem como as negociações que precisaram ser feitas com o cliente nesse caso. Existe ainda uma pequena subcomunidade focada em turismo e design de serviços que publicou alguns estudos de caso (Stickdorn, 2009; Miettinen, 2009).

Desafios e perspectivas

Um dos principais desafios para o design de serviços, enquanto área de pesquisa, é definir sua estrutura: encontrar e desenvolver teorias e métodos que tornem a pesquisa criticável. O design de serviços precisa encontrar formas de estruturar e apresentar conhecimento, de modo a permitir que os designers utilizem esse conhecimento e que os pesquisadores continuem a desenvolver conhecimento cumulativamente. Além disso, são necessárias estruturas para garantir que os pesquisadores iniciantes sejam introduzidos aos fundamentos de todas as disciplinas base, uma vez que todos os campos do estudo em design desenvolvem estratégias para conduzir pesquisas sobre design, pesquisas dentro do design e pesquisas por meio do design (Frayling, 1993).

O foco atual da pesquisa em design de serviços parece estar mudando em relação ao foco das primeiras pesquisas na área. A pesquisa atual parece menos focada em distinguir o design de serviços de outras disciplinas e mais focada na integração de perspectivas. Parece haver duas abordagens principais. Uma delas expande o escopo do design de serviços e integra práticas e ideias de áreas de estudo fora do design, como marketing, liderança e engenharia. A outra desafia e explora os pressupostos básicos do design de serviços e os métodos herdados de outras disciplinas (do design) e, portanto, aprofunda o conhecimento de/sobre design de serviços.

Acreditamos que ainda haverá mais estudos de ampliação do que de aprofundamento, mas isso deve mudar quando a primeira geração de alunos formados em design de serviços ao longo de toda a sua formação entrarem na academia como estudantes de doutorado. Entre as disciplinas que, acreditamos, podem contribuir para a ampliação da pesquisa em design de serviços estão Ciência Cognitiva, Ciência dos Serviços, Antropologia e Sociologia. A profundidade do conhecimento dentro do design de serviços e sobre ele pode ser expandida por estudos (de caso) mais elaborados e reflexões continuadas sobre os valores que herdamos de outras áreas.

A questão referente à evolução da pesquisa em design de serviços ser desenvolvida em diferentes escolas de pensamento ou em um campo transdisciplinar ainda está em aberto. Mas uma coisa é certa: o modo como forem constituídas as provisões para a realização de pesquisas em design de serviços para os pesquisadores iniciantes definirá implicitamente essa trajetória. A exigência de uma base teórica trans-

A questão referente à evolução da pesquisa em design de serviços ser desenvolvida em diferentes escolas de pensamento ou em um campo transdisciplinar ainda está em aberto.

disciplinar e o rigor metodológico são práticas essenciais para que as universidades possam definir essa trajetória. E não se pode subestimar o fato de que, para desenvolver conhecimento relevante, é essencial permitir que os pesquisadores estudem, conduzam experimentações e participem de projetos de design de serviços, apresentando abertamente o conhecimento desenvolvido. Todos nós podemos contribuir para que isso aconteça, abrindo espaço para que novos pesquisadores em design de serviços formulem questões e construam conhecimentos cuja formulação seria hoje impossível para nós sem esses estudos.

DESIGN DE SERVIÇOS E BIOFILIA

RENATO TRONCON

Design: apenas coisas?

Até mesmo os livros e tratados mais brilhantes sobre design muitas vezes baseiam suas discussões na ideia de que design significa produção de objetos. Cadeiras, luminárias, paredes, mobiliário, roupas ou – na melhor das hipóteses – imagens: esse é o conceito de design aceito por profissionais, pesquisadores, público e publicações. Pergunte a eles (na verdade, pergunte a si mesmo) e você verá que, embora esse pensamento seja uma simplificação grosseira, voltamos à ideia de que o design significa, essencialmente, a produção de "coisas". Mas o mesmo "ruído" indistinto dos mil e um objetos que o design introduz na vida cotidiana hoje requer que até mesmo o observador mais desatento considere que há outras questões envolvidas no design do que meramente as coisas em si – como psicologias, circunstâncias de vida e renda, estilos de vida, e assim por diante. Qual é, então, o motivo dessa ilusão? A fixação na fisicalidade do objeto em si está profundamente enraizada em nosso modo moderno de pensar sobre as coisas. Isso remonta aos séculos XVI e XVII, às ciências da engenharia e até mesmo à biologia, que encarava os organismos vivos como "formas com um propósito". Nessas ciências, não havia qualquer distinção entre artefatos e máquinas, que eram verdadeiras engenhocas autopropulsionadas, consistindo em diferentes peças que se comunicavam entre si, sem jamais perder sua individualidade. Com esse tipo de ciência mecanicista, conseguimos produzir escavadeiras que derrubaram montanhas e desviaram rios, executando suas incríveis tarefas de maneira completamente autônoma.

A autossuficiência das máquinas

Para entender este aspecto, que, em minha opinião, a era digital não pode transformar sozinha, não são necessários estudos sofisticados: basta olhar ao redor e observar os diversos tipos de máquinas que nos cercam. E se quisermos saber mais, podemos ler a correspondência que o grande pioneiro da era da máquina, o escocês James Watt, manteve por muito tempo. Em sua correspondência, ele documentou a lógica mecânica por trás de seus esforços mais engenhosos para construir diversos de seus dispositivos – em particular sua criação mais famosa, o motor a vapor, documentado por Patrick Muirhead por meio de longos trechos de suas cartas. Podemos observar um deleite semelhante à mecanização no esquecido, porém, excelente tratado epistemológico de Humphry Davy (1830) sobre a natureza ilimitada da era industrial, que celebra a "filosofia química" que é capaz de aliviar o trabalho do homem, cobrindo seu corpo "com produtos de diferentes artes químicas e mecânicas", organizando-os "em formas de beleza e variedade". Assim, podemos ver a identificação das produções da mente humana com o desempenho de uma máquina: uma identidade que ainda alimenta nosso entusiasmo pela ideia de que a ciência descobre com o objetivo de saber e, portanto, aplicar, e não vice-versa (algo que Edward Wilson, biólogo e pioneiro no campo da biofilia, apontou de maneira elegante em 1986).

> Profissionais, pesquisadores, público e publicações: pergunte a eles (na verdade, pergunte a si mesmo) e você verá que, embora esse pensamento seja uma simplificação grosseira, voltamos à ideia de que o design significa, essencialmente, a produção de "coisas".

Artefatos são estratégias

Neste mundo, a maior vítima é a ideia de que, embora um artefato seja um mecanismo, ele é também uma "estratégia" para o controle concreto e real de muitas forças que se enfrentam em um determinado campo específico. Eu abro e fecho uma janela, faço isto ou aquilo, construo algo de determinada forma (este é o mecanismo), mas, de fato, também uso isso para regular a temperatura do ambiente, criar um microcosmo climático e acústico, trocar uma multiplicidade de outros fatores entre interior e exterior, o que, por sua vez, cria na verdade dois espaços do mundo

A ideia de que um artefato (ou uma série de artefatos) deve realizar uma ação de serviço aniquila, conceitual e metodologicamente, a noção convencional centrada em suas características físicas e em aspectos de sua engenharia.

que – incidentalmente – só existe de modo adequado depois da criação da própria janela, e não antes (e isto é o "controle" das forças). No entanto, para entender esse enquadramento, precisamos de novos conceitos: essencialmente, de um modelo para a circunstância de que o mundo não é feito de átomos, mas sim de moléculas – com traços totalmente novos – não apenas de partículas simples, mas sim de partículas complexas, não de singularidades, mas de todos, e nós estamos "dentro" de tudo isso, e não "fora". Se os designers lessem biologia teórica, história social e filosofia da tecnologia – ver, por exemplo, Stiegler – isso ajudaria imensamente em seu próprio trabalho, e as universidades poderiam oferecer uma formação melhor. Acima de tudo, os designers poderiam ser beneficiados por uma estética mais madura, uma estética que, precisaria, no entanto – para ser entendida – ir além de Kant e de sua ligação dúbia entre os artefatos artísticos e a imaginação, ou de sua convicção de que a condição do belo está na inutilidade de seus objetos e no desinteresse utilitário neles. Essa é uma ideia cujo legado confina o caráter estético ao interior das salas de concertos, às galerias de pintura e aos livros de poesia, deixando os designers e planejadores à mercê dos utilitarismos do funcionalismo.

Uma nova estética para o design

Uma estética que se diferencie disso pode ser construída sobre outros fundamentos, e o "design de serviços" é uma base particularmente fascinante. A ideia de que um artefato (ou uma série de artefatos) deve realizar uma ação de serviço aniquila, conceitual e metodologicamente, a noção convencional centrada em suas características físicas e em aspectos de sua engenharia. Qualquer que seja a coisa pretendida para o serviço, e mesmo para o "design de serviços" (que é um termo mais amplo do que pode parecer inicialmente: ele indica uma atitude em relação ao design e não simplesmente um campo de aplicação), uma coisa é certa: basta sugerir a ideia de que uma "dedicação" ou "preocupação" está à frente do design para que o foco de atenção seja transferido para os componentes mais imateriais e relacionais do design. Assim, em "design de serviços", a visão não é monocular, fixada apenas sobre o objeto em si, mas sim binocular, vendo tanto a "coisa" quanto tudo aquilo que essa coisa "provoca" ou "declara" sobre si mesma. Intimamente ligada a essa visão de "perspectiva" ou "aspecto" está a ideia, no "design de serviços", de que o ato do design requer investigação, "empatização" – ver, por exemplo, Dan Pink – e o "conhecimento" geral dos processos dentro dos quais um determinado artefato será inserido – e até mesmo conhecê-los em suas "qualidades" e por meios qualitativos. Embora possa parecer curioso, aqui também os currículos acadêmicos e bibliografias não dizem muito e não vão além das recomendações gerais. Se o cursos de design incluem em seu currículo toda a gama do marketing, desde estudo de tendências até gestão de projetos, ou se ensina outras artes, por que não também, no espírito "formador", dar primazia às "ecologias culturais" como as mencionadas por Gay e Hembrooke ou até (melhor ainda) aquelas que são estudadas mais profundamente pela antropologia filosófica? E por que não reconhecer que a assim chamada "pesquisa artística", quando aplicada, pode oferecer dádivas de conhecimento inestimáveis? É crucial não ensinar aos alunos apenas como fazer luvas sem jamais dizer a eles como praticarem para apertar a mão de alguém, ou tirar suas luvas displicentemente, com a indolência de uma grande dama do teatro; ou, ensiná-los a estudar mobiliário para interiores sem jamais visitar a clausura do historicamente seminal monge e reformista Savonarola (1452–1498) no Convento de São Marco, em Florença. Por que não estudar os clássicos de Okakura ou de Huysmans?

A lógica dos centros vitais

Os catálogos de design impressos pelas editoras ou universidades frequentemente documentam as consequências de omissões semelhantes – a tal ponto que, muitas vezes, acabamos nos perguntando se, antes de criar o design de determinada luminária, talvez não teria sido melhor tentar entender o que significa ler normalmente e o que significa ler usando luz artificial. Ou se, antes de construir um hotel de luxo famoso em determinado lugar, não teria sido melhor ter uma ideia real do tipo de atividade que acontece ali. O planejamento de próteses e dispositivos para idosos também poderia evitar o desenvolvimento de constrangedores membros biônicos ou capacetes ao estilo Fórmula 1 para pessoas mais velhas com dificuldades motoras ou sensoriais, ou o desenvolvimento do deprimente design "clínico" ou "higiênico" que mantém toda uma indústria em suas mãos.
A noção de "design de serviços" nesse sentido requer uma aplicação consistente da ideia de "centro vital" que o grande arquiteto e teórico Christopher Alexander abordava em seus escritos seminais. Para além da arquitetura, atividades como leitura, aperto de mãos, tirar as luvas ao entrar em um recinto, e assim por diante, são exemplos desses "centros". O design de serviços é também um hábito de estudar as milhares de práticas, sempre diferentes e sempre as mesmas, em que os seres humanos estão sempre envolvidos. O campo do Design de Serviços tam-

bém nos ensina que existe certa "sequência vital" ao longo de toda a cadeia de um evento, e que ela não pode ser dissociada da variedade de "mídias" – artefatos ou outros tipos – nas quais a sequência se articula. Essas atividades não são, na verdade, "antropologia pura" do tipo que excluiria a natureza concreta das coisas

O campo do design de serviços nos ensina que existe certa "sequência vital" ao longo da cadeia de um evento, e que ela não pode ser dissociada da variedade de "mídias" – artefatos ou outros tipos – nas quais a sequência se articula.

ou das ações e planos com os quais elas se "entrelaçam", mas – mesmo que isso seja desagradável para a maioria dos acadêmicos e estetas à moda antiga – a relação entre elas se assemelha mais ao modo como o desempenho aerodinâmico de um par de esquis está intimamente relacionado ao seu perfil e aos materiais utilizados. Essa relação pode assemelhar-se, também, à qualidade de um filme que forma uma unidade com a qualidade do objeto fotografado, ou os indefiníveis "toques" na atuação de um elenco de teatro (Stanislavski oferece um ótimo relato sobre isso). A legibilidade das informações em um sistema de metrô ou aeroporto não pode ser "excludente" de sua relação com mídias concretas (e portanto bastante variadas).

Poderíamos usar a analogia de que, se o ato de "ser idoso" fosse um tapete, ele seria tecido a partir de um entrelaçamento de emoções, percepção espacial, diagramas motores, cultura, posicionamento social, construção de estruturas, leis, regulamentação burocrática, habilidades e etos, todos esses elementos organicamente conectados para ajudar ou, é triste dizer, evitar que a pessoa idosa fique confinada à própria casa por períodos de tempo mais ou menos longos.

Amar e apoiar a vida

Este último aspecto, em uma investigação mais cuidadosa, tem consequências revolucionariamente surpreendentes para o que deveria ser o conteúdo do design, em geral, e a missão do design de serviços, em específico. Se o que dissemos é verdade, é difícil para o design não entrar no território frágil e ocasionalmente impenetrável dos "padrões de ação" da existência humana. No entanto, conforme já foi dito, o design não é onipotente, e o "design de serviços" ainda menos. O design, na verdade, deve ser "responsável" – ou seja, responsivo – em relação a todos e a tudo, jovens e velhos, ricos e pobres, belos e feios, abençoados ou rejeitados pela vida: isso deve ser feito sem perseguir a invenção pela própria invenção, em busca de autossuficiência e inovação, mas sim em união com o conhecimento de "resposta" ao que é belo e feio, aqui e no mundo. Esse tipo de design é, na realidade, uma "filosofia ativa" dedicada a criar espaço para a vida. Por que o design – o design de serviços – não deveria ser um amor pela vida? E por que a vida, em toda sua incrível variedade, não deveria ser a chave que nos dá acesso ao design?

Assim, este princípio de biofilia – o amor pela vida – nos dá a base para uma nova estética do design de serviços.

Esse tipo de design é, na realidade, uma "filosofia ativa" dedicada a criar espaço para a vida.

Por que o design – o design de serviços – não deveria ser um amor pela vida?

Apêndice

AUTORES*

* em ordem alfabética de sobrenome

8
22
7
4
11
6
12
1
15
9
2
21
16
23
19
14
18
13
20
3
17
10
5

AUTORES*

1 Kate Andrews

Kate Andrews é escritora, designer e consultora de comunicação social. Tem bacharelado em Design Gráfico com láurea acadêmica, um certificado de mérito da International Society of Typographic Designers e faz parte da Royal Society of Arts. Kate já escreveu sobre temas relacionados ao impacto social do design em diversas plataformas de design, entre elas Change Observer, Inhabitat.com, Eye Magazine e Design21sdn.com, e já palestrou para estudantes de design no Reino Unido e em Oslo. Seus clientes, como freelancer, incluem Mencap, Visual Editions, The Affluenza Exhibition, Thinkpublic, ColaLife, The New Economics Foundation e Project H Design. Ela presta suporte contínuo à parceria entre thomas.matthews e a Kingston University, como Estrategista de Comunicação Digital do hub de sustentabilidade Greengaged deles, além de atuar como membro do júri no projeto Good 50x70.

Fonte de motivação

meu pai, Sir Ken Robinson, o livro Flatland, de Edwin Abbott

2 Beatriz Belmonte

Beatriz Belmonte é especialista em gestão da informação e comunicação. Sua formação inclui História da Arte, Museologia, Gestão da Informação e Inteligência de Negócios em diferentes universidades de Madri e Barcelona. Esteve envolvida no design de projetos de e-learning e comunicação corporativa e, desde 2007, comanda seu próprio site sobre comunicação e novas tecnologias. Desde 2008, trabalha na Funky Projects como pesquisadora de Web e conhecimento, buscando novas formas de transformar informação em conhecimento para desencadear transformação.

Fonte de motivação

pessoas legais, viagens, desafios

3 Ralf Beuker

Ralf Beuker é formado em Administração de Empresas pela Universidade de Paderborn, na Alemanha; além de seus projetos de negócios, é professor de Gestão de Design e Diretor da Escola de Design na Universidade de Ciências Aplicadas de Münster, na Alemanha. Sua experiência profissional está baseada nas áreas de consultoria em estratégia, pesquisa em gestão de design e compreensão da inovação tecnológica. Ralf lecionou Estratégia, Marca e Gestão da Inovação em todos os principais cursos de gestão de design na Europa. Atualmente, é professor convidado/associado no EURIB Institute, em Roterdã, na HGK Lucerne, na Suíça, e na Open University, no Reino Unido. Desde 1998, comanda o site design-management.de. Pode ser encontrado no Twitter, com o nome de usuário @iterations.

Fonte de motivação

minha esposa e nossos dois filhos, mídias sociais, esportes de resistência

4 Fergus Bisset

Fergus atua como pesquisador no Instituto de Design Centrado em Seres Humanos da Escola de Engenharia e Design da Brunel University, em West London, Reino Unido. Desenvolveu uma exposição para envolver o público junto ao Museu do Design, em Londres, intitulada “Ergonomia – Design Real”. Entusiasta das mídias sociais, Fergus é também associado à Research in Practice for Adults e à Destinable. Quando não está trabalhando com design, pode ser encontrado esquiando ou correndo.

Fonte de motivação

Google Reader, a Biblioteca Britânica, café, Twitter, esqui cross-country

AUTORES*

5 Kate Blackmon

Kate Blackmon atua como pesquisadora de serviços do Instituto Avançado de Gestão financiado pelo Conselho de Pesquisa Econômica e Social na Saïd Business School da Oxford University, onde leciona Gestão de Operações na Faculdade de Administração, além de atuar como pesquisadora associada em Estudos de Gestão na Faculdade Merton. Com formação em engenharia química, ela trabalhou em uma variedade de serviços públicos e privados ao longo de sua carreira. Sua pesquisa atual concentra-se na inovação em serviços, para setores como saúde, cultura, educação e economia digital.

6 Johan Blomkvist

Após dez anos trabalhando na área de cuidados geriátricos e pacientes com demência, Johan interessou-se pelo comportamento humano e cursou um bacharelado em Ciência Cognitiva. A partir daí, fez mestrado em Design, ansioso para aplicar seus novos conhecimentos sobre os seres humanos como seres sociais, comunicativos e corporificados, situados em contextos culturais e evolutivos. Durante esse tempo, Johan também começou a trabalhar com inovação para o usuário e a gerenciar projetos em que estudantes de design colaboravam com organizações e empresas. Sua pesquisa atual, como estudante de doutorado na Universidade de Linköping, tem como objetivo ampliar nosso conhecimento sobre a prototipagem de serviços.

Fonte de motivação

pessoas, comida, risadas

7 Simon Clatworthy

Simon é professor de Design de Interação na Escola de Arquitetura e Design de Oslo. Leciona design de serviços há mais de quatro anos e, em 2013, concluiu um grande projeto de pesquisa em design de serviços, chamado AT-ONE. Simon já foi gerente de um grande departamento de marcas e design em uma consultoria escandinava, atuou como gerente de pesquisa na Telenor e teve sua própria consultoria. Tem grande paixão pelo papel estratégico do design nas organizações e pelo modo como os designers agregam valor a equipes de desenvolvimento multifuncionais. Quando não está fazendo design, admira o design de carros esportivos antigos, os quais não consegue parar de colecionar (e restaurar).

Fonte de motivação

o design de experiências maravilhosas, passar o tempo em um jardim, dias de sol em um cabriolet

8 Lauren Currie

Com grande entusiasmo pelo design de serviços, serviços públicos e o trabalho com pessoas, Lauren Currie está focada em mudar a vida dos britânicos por meio de design de serviços e ações práticas. Como Diretora do MyPolice, Lauren trabalha com a polícia e o público para garantir que o serviço policial seja o melhor possível. Antes de ser diretora da Snook, Lauren trabalhou como designer de serviços freelancer para a DesignThinkers, na Holanda; Deutsche Telekom Laboratories (T-Labs), em Berlim; e a Future Gov de Londres. Dá aulas para alunos de graduação em universidades de toda a Europa, realizando uma variedade de workshops e palestras sobre design de serviços, prototipagem e pensamento crítico.

Fonte de motivação

vida cotidiana, tudo que é vermelho e a determinação de gerar impacto

AUTORES*

9 Geke van Dijk

Geke van Dijk é cofundadora e Diretora de Estratégia da STBY (*standby*), em Londres e Amsterdã. A STBY é especializada em pesquisa de design para inovação em serviços e trabalha com clientes da indústria e do setor público. Geke tem formação em pesquisa etnográfica, design centrado no usuário e marketing de serviços. Ela tem PhD em Ciência da Computação pela Open University, do Reino Unido. Geke foi a criadora e cofundadora da Rede de Design de Serviços da Holanda e publica regularmente trabalhos sobre Design de Serviços e Pesquisa em Design.

Fonte de motivação
explorar a vida, continuar aprendendo, fazer as coisas acontecerem

10 Sarah Drummond

Sarah Drummond concentra-se em gerar mudanças sociais repensando os serviços públicos a partir de uma perspectiva humana. Foi patrocinada pela Skills Development da Escócia para trabalhar junto a sua Diretoria de Design de Serviços e Inovação e implementar o processo de design. Está liderando um processo de mudança, colocando o design thinking no centro da organização; criando capacidades para que as equipes possam inovar começando do zero. Seu trabalho questiona o papel do design dentro do setor público e, como vencedora do primeiro Social Innovation Camp da Escócia, Sarah desafia de maneira ambiciosa o modo como os governos operam e criam suas políticas por meio de iniciativas como o MyPolice, além de lecionar em universidades de toda a Europa.

Fonte de motivação
organizar a complexidade, pessoas, bom senso

11 Jamin Hegeman

Jamin Hegeman é designer de interação e serviços na Adaptive Path. Em sua trajetória sinuosa, foi poeta, jornalista, editor, Web designer e, ao fazer mestrado em design, sua paixão pelo design floresceu. Está interessado em gerar maior sensibilidade para o design como abordagem para a resolução de problemas de alta complexidade.

Anteriormente, atuou como designer sênior na Nokia, onde demandou esforços para definir novos serviços, experiências e oportunidades de negócios em desenvolvimento de negócios, áreas estratégicas de crescimento e responsabilidade social corporativa. Jamin vem produzindo soluções em diversas áreas, incluindo saúde, educação, comunicação, mídia, comércio e interação social.

Fonte de motivação

pessoas, felicidade, coisas boas, criatividade, diversão

12 Stefan Holmlid

Stefan Holmlid é professor assistente de interação e design de serviços na Universidade de Linköping, com 15 anos de experiência de pesquisa em design, tanto em cenários industriais quanto acadêmicos. Foi pioneiro no ensino prático de design de interação e design de serviços na Suécia e continua a lecionar inovação orientada para o usuário, interação e design de serviços.

Atualmente, seus interesses de pesquisa são os poderes expressivos e o envolvimento dos *stakeholders* por meio de métodos e técnicas de design no desenvolvimento de serviços e inovação. A ideia de que objetos e materiais podem ser tanto dinâmicos quanto ativos e de que o design é cocriado "no uso" é a força propulsora por trás de suas pesquisas de bases teóricas relevantes para o design. Sua pesquisa baseia-se em uma postura crítica em relação à institucionalização do design centrado no usuário.

Fonte de motivação

um bom café e um livro, compartilhar experiências, pensar e escrever

13 Luke Kelly

Luke Kelly graduou-se na Liverpool University em 2007 e posteriormente cursou mestrado em Política e Comunicação Social. Depois de trabalhar como pesquisador para um político do Reino Unido, passou um ano morando em Xangai e lecionando na Liverpool University em Xian-Jiaotong até viajar para Amsterdã para trabalhar com a STBY. Atualmente radicado na filial Londrina da STBY, Luke concentra-se sobretudo no efeito da tecnologia sobre a cultura. No momento, ele utiliza a experiência etnográfica acumulada ao longo de seus trabalhos em design de serviços para redigir um projeto de doutorado investigando o impacto das mídias tecnoculturais sobre a esfera pública japonesa. Além disso, é um péssimo jogador de futebol.

Fonte de motivação

chá, Isaac Asimov, provar que meu professor de inglês estava errado

14 Lucy Kimbell

Lucy Kimbell leciona, desde 2005, um MBA eletivo em gestão de design na Saïd Business School da Oxford University. Foi a principal investigadora em um projeto de pesquisa multidisciplinar sobre design de serviços em empresas de base científica e tecnológica, envolvendo acadêmicos de administração e design; IDEO, live|work e Radarstation; além de empreendedores da ciência. Seu principal interesse é determinar os aspectos que diferenciam a abordagem "de designer" ao design de serviços. Lucy começou estudando design de engenharia, fez mestrado em artes digitais e está concluindo seu trabalho de doutorado em teoria do design.

Fonte de motivação

observar e escutar pessoas, mudança climática, brincar

15 Satu Miettinen

Dra. Satu Miettinen trabalha como coordenadora do Centro de Competência de Desenho Industrial na Universidade de Ciências Aplicadas de Savonia. Trabalha há muitos anos com design de serviços e, hoje, atua como líder de pesquisa e diretora de um projeto de design de serviços chamado Design de Serviços para Idosos, com o apoio da Agência Finlandesa de Financiamento à Inovação e Tecnologia (TEKES). Trabalhou ainda como investigadora principal no projeto "Experimentando o Bem-Estar: Desenvolvimento de Novas Interfaces de Usuário e Plataformas de Serviços para Lazer", também com o apoio da TEKES. Entre 1997 e 2006, atuou como gerente de projetos e especialista nas áreas de desenvolvimento do artesanato e turismo cultural e criativo em diversos projetos internacionais financiados pela União Europeia.

Fonte de motivação

família, viagens e design

16 Arne van Oosterom

Proprietário e Diretor Estratégico de Design da DesignThinkers, agência de design estratégico radicada em Amsterdã, na Holanda, especializada em New Marketing e *Branding*, inovação social, design de serviços e design centrado no usuário. Presidente da Service Design Network da Holanda. Fundador da DesignThinkers Network da WENOVSKI e também da Iniciativa CareToDesign, na área da Saúde. Arne é professor convidado no Centro de Gestão de Innsbruck, na Áustria, e já lecionou na Universidade de Ciências Aplicadas de Savonia, na Finlândia, na Parsons New School de Nova York, na TU Delft, na Universidade de Ciências Aplicadas de Rotterdam e em diversas outras instituições internacionais.

Fonte de motivação

aprender, contar histórias, incorporar a complexidade da vida

17 Asier Pérez

Asier Perez nasceu em 1970. Em 1996, formou-se com um MFA da École Régionale des Beaux-Arts de Nantes, na França. Insatisfeito com a ineficiência da arte para a transformação social, decidiu migrar para os negócios depois de dez anos de uma carreira bem-sucedida no mundo da arte. Asier Perez fundou a Funky Projects em 2002, depois de alguns outros empreendimentos, para levar inovação às organizações que buscam modificar a si mesmas e ao meio ambiente. Asier atua como palestrante, professor convidado e articulista em diversos países europeus. Entre 1997 e 2001, foi professor da Faculdade de Belas Artes da Universidade do País Basco. Asier publicou seu livro *Volatile Environments* pela Revolver Verlag em 2003, incluindo seus projetos de arte mais representativos, de 1996 até 2001.

Fonte de motivação

pessoas legais, viagens, desafios

18 Bas Raijmakers

Bas Raijmakers é PhD em Interações de Design pelo Royal College of Art e dirige sua própria empresa de pesquisa de design STBY (Standby) em Londres e Amsterdã, em parceria com o Dr. Geke van Dijk. Bas tem formação em estudos culturais, indústria de Internet e design de interação. Sua principal paixão é trazer pessoas para dentro dos processos de design e inovação, utilizando técnicas visuais de *storytelling*, em geral, e técnicas do cinema documental, em particular. Bas é fundador da comunidade internacional Global Design Research Network ("Reach"), além de atuar como professor e pesquisador na Design Academy Eindhoven.

Fonte de motivação

família e amigos, culinária, ciclismo urbano, documentários

19 Jakob Schneider

Jakob atualmente trabalha em uma agência de design, em Colônia, na Alemanha. Graduou-se em Design de Comunicação, com láurea acadêmica, pela Universidade de Ciências Aplicadas em Münster, na Alemanha. Atuando como consultor de design freelancer e designer gráfico desde 2006, já trabalhou com uma diversa gama de clientes, desde instituições culturais de pequeno porte até grandes empresas de atuação nacional.

Compreender os processos e mecanismos por trás das coisas sempre lhe foi fascinante. Por isso, em sua atuação profissional, ele faz todos os esforços para não separar o *branding* do design de informação. Designer de coração, ele sofre silenciosamente quando as circunstâncias destroem o conceito inicial, comprometendo sua integridade. Além dos projetos que realiza sozinho, Jakob teve experiências na MetaDesign, em Berlim.

Fonte de motivação

amigos, colegas, natureza

20 Fabian Segelström

Fabian tem mestrado em Design e é licenciado em Ciências Cognitivas pela Universidade de Linköping. Em seu doutorado, estudou a participação do usuário nas fases iniciais de projetos de design de serviços. Já publicou trabalhos sobre o uso de visualizações em design de serviços e sobre as apropriações da etnografia por parte do design de serviços e do design de interação. Quando não está no escritório, gosta de praticar diversos esportes e viajar para cantos remotos do mundo, muitas vezes para mergulhar. Você pode segui-lo no Twitter: @segelstrom

Fonte de motivação

curiosidade, novas experiências, boa música

AUTORES*

21 Marc Stickdorn

Marc Stickdorn é graduado em Gestão Estratégica e Marketing pela Universidade de Trier, na Alemanha, e trabalhou em diversos projetos de turismo em toda a Europa. Desde 2008, trabalha em tempo integral como membro da equipe do MCI – Centro de Gestão de Innsbruck, na Áustria, onde leciona design de serviços no programa de mestrado em Empreendedorismo e Turismo. Suas principais áreas de interesse são o design de serviços e a gestão estratégica de marketing, especialmente dentro de um contexto turístico. Isso envolve pesquisar, por exemplo, o desenvolvimento de um aplicativo de etnografia para dispositivos móveis e diversas publicações e apresentações. Marc é cofundador e consultor do estúdio de design de serviços para turismo Destinable e professor convidado em diversas universidades europeias e americanas. Quando Marc não está trabalhando, é difícil de encontrá-lo, pois ele adora viajar e praticar esportes ao ar livre.

Fonte de motivação

amigos, esportes ao ar livre, viagens tipo "mochilão"

22 Renato Troncon

Renato Troncon é professor de Estética e coordenador do Centro de Estética na Prática da Universidade de Trento. É autor e/ou editor de cerca de 15 livros e 50 artigos científicos, já apresentou mais de 50 trabalhos em congressos científicos, atuou como coordenador científico e organizador de mais de 30 congressos científicos nacionais e internacionais, e é membro de diversas academias científicas e redes de filosofia antropológica, design e políticas culturais. Sua pesquisa e seu ensino dedicam-se à filosofia (estética, estética na prática, ecologias culturais, fenomenologia, antropologia filosófica, teorias da cor, filosofia alemã dos séculos XVI a XVIII, Romantismo alemão) e à pesquisa e prática em design.

Fonte de motivação

beleza, bondade, justiça

23 Erik Widmark

Erik Widmark graduou-se em 2006 com um MFA pela Universidade de Arte, Artesanato e Design Konstfack, em Estocolmo, na Suécia. Intrigados pelo fato de que tudo no curso de design girava em torno do design como trabalho manual (modelagem, desenho, etc.), Erik e três colegas optaram por explorar a área de design thinking em seu projeto final. Uma vez que ninguém queria contratar profissionais de design thinking radicais, Erik e seus colegas não tinham outra opção senão abrir seu próprio negócio. Desde 2007, Erik vem trabalhado como estrategista de design e designer de serviços no Transformator Design Group, que foi pioneiro na área de design de serviços na Suécia. Em seu tempo livre, Erik coleciona discos de vinil, lê livros sobre piratas e exploradores e recentemente começou a dedicar-se à apicultura.

Fonte de motivação

leilões, Salsoul, clima (todos)

REFERÊNCIAS

O design por trás do Design

22

— Design thinkers network, Wenovski: www.designthinkersnetwork.com

— ServDes 2009: First Nordic Conference on Service Design and Service Innovation, 24–26 de novembro de 2009, Oslo/ Noruega: www.aho.no/servicedesign09

— Service Design Network: http://www.service-design-network.org

— TiSDT PanorEmo, online de 1º de novembro de 2009 a 1º de agosto de 2010: http://www.susagroup.com/marcsti-ckdorn

— TiSDT Uservoice, online de 1º de maio de 2009 a 1º de agosto de 2010: http://tisdt.uservoice.com

— TiSDT Wordpress, online de 1º de novembro de 2009 a 1º de março de 2010: http://service.engagement.ac

— Wenovski MiniUnConference 2010: 22 de janeiro, Münster, Alemanha.

Definições

30

— 31 volts service design (2008). One line of Service Design by Marc Fonteijn. Acessado em 10 de agosto de 2010, em http://www.31v.nl/ 2008/03/one-line--of-service-design/

— Buchanan, R. (2001). Design research and the new learning. Design Issues, 17 (4), 3–23.

— Continuum (2010). Service Design: What. Acessado em 10 de agosto de 2010, em http://www.dcontinuum.com/content/*expertise*_page.php?pageid=62

— Engine service design (2010). Service design. Acessado em 10 de agosto de 2010, em http://www.enginegroup.co.uk/service_design/

— frontier service design (2010). About Service Design. Acessado em 10 de agosto de 2010, em http://www.frontierservicedesign.com/about-us/about-service-design/

— live|work (2010). Service Design. Acessado em 10 de agosto de 2010, em http://www.livework.co.uk/articles/creating-customer-centred-organisations

— Mager, B. (2009). "Service Design as an Emerging Field". In: Miettinen & Koivisto (Eds.): Designing Services with Innovative Methods, Helsinki: Taik Publications, p. 28–42.

— Stefan, M. (2005). Service Design: Practical access to an evolving field (Tese de mestrado: Köln International School of Design). Acessado em 10 de agosto de 2010, em http://stefan-moritz.com/welcome/Service_Design_files/Practical%20Access%20to%20Service%20Design.pdf

— The Copenhagen Institute of Interaction Design (2008). What is Service Design? Acessado em 10 de agosto de 2010, em http://ciid.dk/symposium/sds/

— UK Design Council (2010). What is service design? Acessado em 10 de agosto de 2010, em http://www.designcouncil.org.uk/about-design/Types-of-design/Service-design/What-is-service-design/

Marketing – conexão com as pessoas, criação de valor

48

— Booms, B. & Bitner, M.J. (1981). "Marketing Strategies and Organisational Structures for Service Firms", in Donnelly, J. & George, W. (eds.), Marketing of Services. Chicago: American Marketing Association, pp. 47–52.

— Grönroos, C. (2000). Service Management and Marketing: A Customer Relationship Approach. 2a ed., Chichester, Reino Unido: Wiley.

— Lovelock, C. & Gummesson, E. (2004). "Whither Services Marketing? In Search of a New Paradigm and Fresh Perspectives". Journal of Service Research. 7(1), pp. 20–41.

— Norman, R. & Ramírez, R. (1993). "Designing Interactive Strategy: From Value Chain to Value Constellation" Harvard Business Review, 71 (4), pp. 65–77.

— Vargo, S. & Lusch, R. (2004a). "Evolving to a New Dominant Logic in Marketing", Journal of Marketing, 68 (1), pp. 1–17.

— Vargo, S. & Lusch, R. (2004b). "The Four Service Marketing Myths: Remnants of a Goods-based Manufacturing Model". Journal of Service Research. 6 (4), pp. 324–335.

— Zeithaml, V. & Bitner, M. (2003). Services Marketing: Integrating Customer Focus across the Firm, 3a ed., Nova Iorque: McGraw-Hill.

— Zeithaml, V., Parasuraman, A. & Berry, L. (1985). "Problems and Strategies in Services Marketing". Journal of Marketing, 49 (Spring), pp. 33–46.

Design de produtos

— Apple (2010). Site corporativo. Acessado em 16 de agosto de 2010, em http://www.apple.com/

— Brown, T. (2008). "Design Thinking". Harvard Business Review. Junho de 2008. Acessado em 10 de março de 2010, em http://hbr.org/2008/06/design-thinking/ar/1

— Buchanan, R. (2001). "Design Research and the New Learning". Design Issues. outono 2001, Vol. 17, No. 4, pp. 3–23.

— Gould, J.D. & Lewis, C. (1985). Designing for Usability: Key Principles and What Designers Think. Communications of the ACM, março de 1985, Vol. 28, No. 3.

— Industrial Designers Society of America (2010). Acessado em 10 de março de 2010, em http://www.idsa.org/absolutenm/templates/?a=89

— Jones, M. (2010). Diretor de Design de Serviços e Inovação, IDEO. Entrevista por Satu Miettinen.

— Keinonen, T. (2006). "Introduction to Concept Design". In Product Concept Design. A Review of the Conceptual Design of Products in Industry. Keinonen, T. & Takala, R. (Eds.) Springer.

— Keinonen, T. (2009). "Design Contribution Square". Advanced Engineering Informatics. 23 (2009). pp 142–148.

— Koivisto, M. (2007). Mitä on palvelumuotoilu? Muotoilun hyödyntäminen palvelujen suunnittelussa. Taiteen maisterin lopputyö. Taideteollinen korkeakoulu.

— Kone (2010a). Site corporativo. Acessado em 16 de agosto de 2010, em http://www.kone.com/

— Kone (2010b). Site corporativo. Acessado em 16 de agosto de 2010, em http://www.kone.com/corporate/en/lab/design/innovationsdesign/konedeco/Pages/default.aspx

— Lehtinen, L. (2010), Vice-presidente adjunto, Inovações em Serviços, KONE Corporation. Entrevista por Satu Miettinen.

— Myyrmanni (2010). Site corporativo. Acessado em 16 de agosto de 2010, em http://www.myyrmanni.fi/

— Sanders, E. B.-N. (2005). Information. Inspiration and Co-creation. The 6th International Conference of the European Academy of Design. 29–31 de março de 2005. University of Arts, Bremen, Alemanha. Acessado em 27 de agosto de 2010, em http://www.maketools.com/articles-papers/InformationInspirationandCocreation_Sanders_05.pdf

— Sato, K. (2009). Perspectives on Design Research. In Poggenpohl, S. & Sato, K. (Eds): Design Integrations: Research and Collaboration. Chicago: The University of Chicago Press.

REFERÊNCIAS

— Valtonen, A. (2007). Redefining Industrial Design: Changes in the Design Practise in Finland. University of Art and Design Helsinki A74. Gummerus Printing.

Design gráfico 70

— Gilmore, J. H. & Pine B. J. (2007). Authenticity: What customers really want. Boston, MA: Harvard Business School Press.

Design de interação (leituras complementares) 82

— Designing for Interaction: Creating Innovative Applications and Devices (Voices That Matter), de Dan Saffer. → Este é um livro curto com uma boa abordagem de design que apresenta muito bem os fundamentos. Além disso, introduz alguns conceitos de design de serviços.

— Interaction Design: Beyond Human-computer Interaction, de Dr. Helen Sharp, Professor Yvonne Rogers e Dr. Jenny Preece. → Este livro costumava ser a bíblia do design de interação, cerca de cinco atrás. Atualmente está em sua segunda edição e continua bom, mas seu foco é a usabilidade e não a desejabilidade.

— The Design of Everyday Things, de Don Norman. → Este não é um livro para profissionais, mas explica alguns dos princípios básicos do design de interação e a razão pela qual as coisas são como são. É uma leitura fácil que oferece um panorama geral das coisas.

Design social

90

— Brown, T. (2009). Change By Design. Collins Business.

— Martin, Roger L. (2009). Design of Business: Why Design Thinking is the Next. Competitive Advantage. Harvard Business School Press.

— O'Toole, R. (2009). Design-Thinking-Learning Essay. Acessado em 16 de agosto de 2010, em http://blogs.warwick.ac.uk/inspireslearning/entry/design-thinking-learning_essay/

— Kemerling, J. (2010). The Volunteer Design. Chronicles (Lincoln, NE). Acessado em 16 de agosto de 2010, em http://www.designobserver.com/changeobserver/entry.html?entry=12768

— Rawsthorn, Al. (2009). Design: Trying to Be Responsible and Cutting-Edge, Too. The New York Times: Arts. Acessado em 16 de agosto de 2010, em http://www.nytimes.com/ 2009/12/28/arts/28iht-design28.html?_r=1

— ColaLife: http://colalife.org/blog

Gestão estratégica

96

— Kim, W. C., & Mauborgne, R. (2004). Blue Ocean Strategy. Harvard Business Review. Outubro. 76–85.

— Kim, W. C., & Mauborgne, R. (2005). Blue Ocean Strategy: How to Create Uncontested Market Space and Make the Competition Irrelevant. Boston (MA): Harvard Business School Press.

— Martin, R. (2007). The Opposable Mind: How Successful Leaders Win Through Integrative Thinking. Boston: Harvard Business School Press, 2007.

— Miettinen, S. & Koivisto, M. (2009). Designing Services with Innovative Methods. Helsinki: Taik Publications.

- Porter, M. (1979). "How competitive forces shape strategy". Harvard Business Review, março/abril 1979.
- Porter, M. (1980). Competitive Strategy. Nova Iorque: Free Press.
- Porter, M. (1985). Competitive Advantage. Nova York: Free Press.
- Zeithaml, Valarie. Publicações selecionadas: http://bit.ly/zeithaml

Gestão de operações

104

- Chase, R.B. (1981). "The Customer Contact Approach to Services: Theoretical Bases and Practical Extensions". Operations Research, Vol. 29, No. 4, pp. 698–705.
- Levitt, T. (1972). "Production Line Approach to Service". Harvard Business Review, Vol. 50, pp. 41–52.
- Sasser Jr., W.E., Olsen, R.P. & Wyckoff, D.D. (1978). Management of Service Operations: Text, Cases and Readings. Boston, MA: Allyn and Bacon, Inc.

Design etnográfico

110

- Kelley, T. & Littman, J. (2005). The Ten Faces of Innovation. Doubleday: Random.
- Monaghan, J. & Just, P. (2000). Social & Cultural Anthropology: A Very Short Introduction. Oxford: University Press.
- Raijmakers, B., Gaver, W. & Bishay, J. (2007). Design Documentaries. Inspiring Design Research Through Documentary Film. Proceedings of DIS2006 conference, State College, Pennsylvania.
- Rouch, J. & Morin, E. (1960). "Chronicle of a Summer" (filme). O título original em francês é "Chronique d'un été".

O processo iterativo do design thinking de serviços

126

— Best, K. (2006). Design Management: Managing Design Strategy, Process and Implementation. Lausanne: AVA Publishing SA.

— Cameron, E. & Green, M. (2009). Making Sense of Change Management. London: Kogan Page.

— Designthinkers (2009). DT 5 Steps Service Innovation Method. Acessado em 2 de agosto de 2010, em: http://www.designthinkers.nl

— Engine (2009). Engine service design – Our process. Acessado em 2 de agosto de 2010, em http://www.enginegroup.co.uk/service_design/v_page/our_process

— Hegeman, J. (2008). The Thinking Behind Design. Acessado em 2 de agosto de 2010, em http://jamin.org/portfolio/thesis-paper/thinking-behind-design.pdf

— live|work (2009). What we do. Acessado em 2 de agosto de 2010, em http://www.livework.co.uk/what-we-do

— Mager, B. (2009). Service Design. Paderborn: Fink.

— Miettinen S, & Koivisto, M. (2009). Designing Services with Innovative Methods. Taik Publications, Helsinki.

AT ONE

138

— Isaksen, S. G., Dorval, K.B. & Treffinger, D.J. (2000). Creative approaches to problem solving (2a ed.). Dubuque, IA: Kendall/Hunt.

— Pine, B.J. & Gilmore, J.H. (1999). The experience economy. Boston: Harvard Business School Press.

Ferramentas

— **BLOGS (EM ORDEM ALFABÉTICA)**

— Business Model Alchemist: http://www.businessmodelalchemist.com/

— Design for Service: http://designforservice.wordpress.com/

— *Insights* Observed: http://noreally.wordpress.com/

— Service Design Tools: http://www.servicedesigntools.org/

— Design Crux: http://designcrux.netfirms.com/index.html

— Think Vitamin: http://thinkvitamin.com/

— Smart Storming: http://smartstorming-blog.com/

— The Agile Manifesto: http://agilemanifesto.org/

— Thoughtbits: http://www.well.com/~mb/thoughtbits/blogger.html

— Usability Post: http://www.usabilitypost.com/

— Work, Play, Experience: http://workplayexperience.blogspot.com/

— **PESSOAS E ORGANIZAÇÕESS (EM ORDEM ALFABÉTICA)**

— 7daysinmylife: http://www.7daysinmylife.com

— Adaptive Path: http://www.adaptivepath.com/

— Anne Fairbrother: http://annefairbrother.co.uk/

— Business Model Generation: http://www.businessmodelgeneration.com/

— DesignThinkers: http://www.designthinkers.nl/

— Engine: http://www.enginegroup.co.uk

— Live Work: http://www.livework.co.uk/

— myServiceFellow: http://www.myservicefellow.com/

— Snook: http://www.wearesnook.com/

— STBY: http://www.STBY.eu

— The Design Council: http://www.designcouncil.org.uk/

— Work, Play, Experience: http://www.workplayexperience.com/

— WQ Usability: http://www.wqusability.com/index.html

— **MÍDIA (EM ORDEM ALFABÉTICA)**

— Baldridge: http://www.baldrige.com/

— Dartmouth Engineer: http://www.dartmouthengineer.com/ 2010/03/engineering-by-design/

— The Guardian: http://www.guardian.co.uk/service-design/

— **LIVROS E ARTIGOS (EM ORDEM ALFABÉTICA)**

— Agar, M. H. (1996). The professional stranger: an informal introduction to ethnography, 2a edição. EUA: Academic Press.

— Gaver B., Dunne T., Pacenti E., (1999). "Design: Cultural Probes." Interaction 6(1): 21–29.

— Miettinen S, & Koivisto, M. (2009). Designing Services with Innovative Methods, Helsinki: Taik Publications.

— Osterwalder, A. & Pigneur, Y. (2009). Business Model Generation: A Handbook for Visionaries, Game Changers, and Challengers. Amsterdã: Edição independente.

— Segelström, F., Raijmakers, B., & Holmlid, S. (2009). Thinking and Doing Ethnography in Service Design. Proceedings of the International Association of Societies of Design Research, IASDR 2009. Seul.

— Shostack, L. (1982). How to Design a Service. European Journal of Marketing (161), 49–63.

REFERÊNCIAS

Caso: Agência NL

236

— DesignThinkers: http://www.designthinkers.nl/

— Agência NL – Ministério da Fazenda holandês: http://www.agentschapnl.nl

Caso: MyPolice

236

— Snook: http://www.wearesnook.com/

— MyPolice: http://www.mypolice.org/

— BBC News (2010). Government reviews hundreds of "unnecessary" Sites. BBC News – Technologia, 25 de junho de 2010. Acessado em 18 de agosto de 2010, em http://www.bbc.co.uk/news/10412216

— Evenson, S. & Dubberly, H. (2010). Designing for Service: Creating an Experience Advantage. Acessado em 18 de agosto de 2010, em http://www.dubberly.com/wp-content/uploads/2010/03/ddo_article_designing_service.pdf

— Kershaw, C., Nicholas, S. & Walker, A. (Eds.) (2008). Crime in England and Wales 2007/08. Home Office Statistical Bulletin 07/08. London: Home Office. Acessado em 18 de agosto de 2010, em http://www.homeoffice.gov.uk/rds/pdfs08/hosb0708.pdf

— Macaskill, M. (2009). Warning over "shop a cop" Site: Online forum may be hijacked by disgruntled members of the public making unfounded claims, say police leaders. The Times, 28 de junho de 2009, Acessado em 18 de agosto de 2010, em http://www.timesonline.co.uk/tol/news/uk/scotland/article6591191.ece

— Nielsen (2010). Led by Facebook, Twitter, Global Time Spent on Social Media Sites up 82% Year over Year. Acessado em 18 de agosto de 2010, em http://blog.nielsen.com/nielsenwire/global/led-by-facebook-twitter-global-time-spent-on-social-media-sites-up-82-year-over-year/

— Sanders, E. & Simons, G. (2009). A Social Vision for Value Co-creation in Design. Acessado em 3 de janeiro de 2010, em http://www.osbr.ca/ojs/index.php/osbr/article/view/1012/973

Caso: Hello Change

252

— Funky Projects: http://www.funkyprojects.com

— Hello Change: http://www.hellochange.net

— Jobsite (2008). Insider: SMEs' £ 69 million recruitment waste. Acessado em 15 de agosto de 2010, em http://www.jobsite.co.uk/insider/smes-69million-recruitment-waste-116/

— NESTA (2009). Everyday innovation: How to enhance innovative working in employees and organisations. Acessado em 13 de agosto de 2010, em http://www.nesta.org.uk/library/documents/Every-day-innovation-report.pdf

— Schön, D. (1983). The Reflective Practitioner: How professionals think in action. Londres: Temple Smith.

Caso: UPMC

252

— Universidade Carnegie Mellon – Escola de Design: http://www.design.cmu.edu/

— Centro Médico da Universidade de Pittsburgh – Centro de Melhoria da Qualidade e Inovação: http://www.upmc.com

Caso: SEB

252

— Transformator: http://www.transformator.net

— SEB: http://www.seb.se

Integração entre design thinking de serviços e psicologia motivacional

300

— Brown, T. (2009). Change by Design: How Design Thinking Transforms Organizations and Inspires Innovation. HarperBusiness.

— Burns C., Cottam, H., Vanstone C. and Winhall, C. (2006). Red Paper 02: Transformation Design. Design Council, Londres.

— Carver, C. S., & Scheier, M. F. (1998). On the self-regulation of behaviour. Nova Iorque: Cambridge University Press.

— Csikszentmihalyi, M. (1998). Finding Flow: The Psychology of Engagement With Everyday Life. Basic Books.

— Deci, E., & Ryan, R. (2004). "Intrinsic need satisfaction: A motivational basis of performance and well-being in two work settings". Journal of Applied Social Psychology, 34, 2045–2068.

— Deci, E., & Ryan, R. (1985a). Intrinsic motivation and self-determination in human behaviour. Nova York: Plenum.

— Ericsson, K. A. (1998). "The Scientific Study of Expert Levels of Performance: General Implications for Optimal Learning and Creativity". High Ability Studies, 9(1), 75–100.

— Kafai Y. B. (1995). Minds in Play: Computer Game Design as a Context for Children's Learning. Hillsdale, NJ: Lawrence Erlbaum Associates.

— Klein, G. (1999). Sources of Power: How People Make Decisions. Cambridge, MA: MIT Press.

— Loevlie, L. (2009). How service thinking through design creates new service opportunities. Nordic Service Design Conference, Oslo, Noruega.

— Polaine, A. (2009). *Blueprint+*: Developing a tool for Service Design. Conferência da Service Design Network, em Madeira, Portugal

— Reeve, J. (2005). Understanding motivation and emotion (4th ed.). Hoboken, NJ: Wiley

Pesquisa em design de serviços

310

— Akama, Y. (2009). Warts-and-all: the real practice of service design. First Nordic Conference on Service Design and Service Innovation. Oslo, Noruega.

— Akiyama, Y., Shimomura, Y., & Arai, T. (2009). A Method of Supporting Conflict Resolution for Designing Services. 1st CIRP Industrial Product-Service Systems (IPS2) Conference, (pp. 54–61). Cranfield, Reino Unido.

— Bitner, M. J. (1992). Servicescapes: The Impact of Physical Surroundings on Customers and Employees. Journal of Marketing 56(2), 56–71.

— Blomkvist, J., & Holmlid, S. (2009). Examplars in Service Design. First Nordic Conference on Service Design and Service Innovation. Oslo, Noruega.

— Burns, C., & Winhall, J. (2006).

— The Diabetes Agenda. Londres, Reino Unido: Design Council.

— Burns, C., Cottam, H., Vanstone, C., & Winhall, J. (2006). Transformation Design. Londres, Reino Unido: Design Council.

REFERÊNCIAS

— Candi, M., & Saemundsson, R., J. (2008). "How different? Comparing the use of design in service innovation in Nordic and American new technology-based firms". Design Studies 29: 478–499

— Carr, V., Sangiorgi, D., Büscher, M., Cooper, R. & Junginger, S. (2009). Clinicians as service designers? Reflections on current transformation in the UK health services. First Nordic Conference on Service Design and Service Innovation. Oslo, Noruega.

— Cautela, C., Rizzo, F., & Zurlo, F. (2009).

— Service Design Logic: An approach based on the different service categories. Proceedings of the International Association of Societies of Design Research, IASDR 2009. Seul, Coreia.

— Clatworthy, S. (2009). Bridging the gap between brand strategy and customer experience. The target experience tool. First Nordic Conference on Service Design and Service Innovation. Oslo, Noruega.

— Combined Systems. Design Research Society Conference, DRS 2008. Sheffield, Reino Unido.

— Cooper, A., Reimann, R., & Dubberly, H. (2003). About Face 2.0: the Essentials of Interaction Design. John Wiley & Sons, Inc.

— de Borba, G. S., & Remus, B. d. (2009). Service Design: A Study of the Innovation Process in Brazilian Soccer Clubs. 8th European Academy of Design Conference, (pp. 61–66). Aberdeen, Reino Unido.

— Diana, C., Pacenti, E., & Tassi, R. (2009). Visualtiles – Communication tools for (service) design. First Nordic Conference on Service Design and Service Innovation. Oslo, Noruega.

— Erlhoff, M., Mager, B., & Manzini, E. (1997). Dienstleistung braucht Design – Professioneller Produkt-und Markenauftritt für Serviceanbieter. Berlim, Alemanha: Hermann Luchterhand Verlag GmbH.

— Evenson, S. (2005). Designing for Service: Proceedings of DPPI. Eindhoven, Holanda.

— Frayling, C. (1993). Research in Art and Design. Royal College of Art Research Papers, 1(1):1–5.

— Gloppen, J. (2009). Service Design Leadership. First Nordic Conference on Service Design and Service Innovation. Oslo, Noruega.

— Gong, M., Suteu, I. M., & Shen, J. (2009). Chita 08: Colloborative Service and Mobile Communication: A Service Design Workshop on Chinese Sustainable Lifestyles and Inter-Culture Experiences. 8th European Academy of Design Conference, (pp. 174–179). Aberdeen, Reino Unido.

— Han, Q. (2009). Managing *Stakeholder* Involvement in Service Design: *Insights* from British service designers. First Nordic Conference on Service Design and Service Innovation. Oslo, Noruega.

— Holmlid, S. (2007). Interaction design and service design: Expanding a comparison of design disciplines. Nordic Design Research Conference, NorDes 2007. Estocolmo, Suécia.

— Holmlid, S. (2009). Participative, co-operative, emancipatory: From participatory design to service design. First Nordic Conference on Service Design and Service Innovation. Oslo, Noruega.

— Jonas, W., Chow, R., & Schaeffer, N. (2009). Service Design Descriptors: A Step TowardRigorous Discourse. 8th European Academy Of Design Conference. Aberdeen, Reino Unido.

— Jung, M. J., Nam, K. Y., & Yu, H. (2009). Design as the Integrator in Service--Product Systems: With cases on Public Bike Rental Systems. Proceedings of the International Association of Societies of Design Research, IASDR 2009. Seul, Coreia.

— Jung, M., J., Nam, K., Y. (2008). Design Opportunities in Service-Product

— Junginger, S., & Sangiorgi, D. (2009). Service Design and Organizational Change: Bridging the Gap Between Rigour and Relevance. Proceedings of the International Association of Societies of Design Research, IASDR 2009. Seul, Coreia.

REFERÊNCIAS

— Kaario, P., Vaajakallio, K., Lehtinen, V., Kantola, V., & Kuikkaniemi, K. (2009). Someone Else's Shoes – Using Role--Playing Games in User-Centered Service Design. First Nordic Conference on Service Design and Service Innovation. Oslo, Noruega.

— Kim, Y. S., Wang, E., Lee, Y. C., & Cho, Y. C. (2009). A Product-Service System Representation and Its Application in a Concept Design Scenario. 1st CIRP Industrial Product-Service Systems (IPS2) Conference, 1–2 de Abril de 2009 (pp. 32–39). Cranfield, Reino Unido.

— Kimbell, L. (2009). Insights from Service.

— Design Practice. 8th European Academy of Design Conference, (pp. 249–253). Aberdeen, Reino Unido.

— Kimbell, L., & Siedel, P. (2008). Designing for Services – Multidisciplinary Perspectives: Proceedings from the Exploratory Project on Designing for Services in Science and Technology-based Enterprises. Oxford, Reino Unido: Saïd Business School.

— Kronqvist, J., & Korhonen, S.-M. (2008). Co-Designing Sustainable Solutions – Combining Service Design and Change Laboratory. First Nordic Conference on Service Design and Service Innovation. Oslo, Noruega.

— Lee, M. K., & Forlizzi, J. (2009). Designing Adaptive Robotic Services. Proceedings of the International Association of Societies of Design Research, IASDR 2009. Seul, Coreia.

— Maffei, S., Mager, B., & Sangiorgi, D. (2005). Innovation through Service Design. From Research and Theory to a Network of Practice. A Users' Driven Perspective. Joining Forces. Helsinki, Finlândia.

— Mager, B. (2004). Service Design: A review. Colônia, Alemanha: KISD.

— Manzini, E. (1993). Il Design dei Servizi. La progettazione del prodotto-servizio. Design Management (7).

— March, W., & Raijmakers, B. (2008). Designing in the Street: Innovation In--Situ. Proceedings of DRS2008, Design

Research Society Biennial Conference. Sheffield, Reino Unido.

— Miettinen, S. (2009). Prototyping Social Design in Finland and In Namibia: Service Design as a Method for Designing Services for Wellbeing. Proceedings of the International Association of Societies of Design Research, IASDR 2009. Seul, Coreia.

— Morelli, N. (2002). Designing Product/ Service Systems: A Methodological Exploration. Design Issues, 18(3): 3–17.

— Morelli, N. (2003). Product-service systems, a perspective shift for designers: A case study: the design of a telecentre. Design Studies 24: 73–99.

— Morelli, N. (2009). Service as Value co--production: reframing the service design process. Journal of Manufacturing Technology and Management, 20 (5), 568–590.

— Pacenti, E. (1998). Il progetto dell'interazione nei servizi. Un contributo al tema della progettazione dei servizi. (Vol. tese de doutorado em Design Industrial). Milão, Itália: Politecnico di Milano.

— Pacenti, E., & Sangiorgi, D. (2010). Service Design research pioneers: An overview of Service Design research devoloped in Italy since the '90s. Design Research Journal 2010 (1), 26–33.

— Parker, S., & Heapy, J. (2006). The Journey to the Interface. Londres, Reino Unido: Demos.

— Penin, L., & Tonkinwise, C. (2009). The Politics and Theatre of Service Design. Proceedings of the International Association of Societies of Design Research, IASDR 2009. Seul, Coreia.

— Pinhanez, C. (2009). Services as Customer-Intensive Systems. Design Issues, 25 (2), 3–13.

— Popovic, V., Kraal, B. J., & Kirk, P. J. (2009). Passenger experience in an airport: an activity-centred approach. Proceedings of the International Association of Societies of Design Research, IASDR 2009. Seul, Coreia.

REFERÊNCIAS

— Prendiville, A. (2009). "Love Lewisham", improving *stakeholder* satisfaction in local government service: A case study of strategic public sector service innovation. First Nordic Conference on Service Design and Service Innovation. Oslo, Noruega.

— Raijmakers, B., van Dijk, G., Lee, Y., & Williams, S. A. (2009). Designing Empathic Conversations for Inclusive Design Facilitation. Include 2009. Londres, Reino Unido.

— Sangiorgi, D. (2004). Il Design dei servizi come Design dei Sistemi di Attività. La Teoria dell' Attività applicata alla progettazione dei servizi. (Vol. tese de doutorado em Design Industrial). Milão, Itália: Politecnico di Milano.

— Sangiorgi, D. (2009). Building Up a Framework for Service Design Research. 8th European Academy Of Design Conference, (pp. 415–420). Aberdeen, Reino Unido.

— Sangiorgi, D., & Clark, B. (2004). Toward a participatory design approach to service design. Participatory Design Conference, PDC 2004. Toronto, Canadá.

— Sangiorgi, D., & Holmlid, S. (2009). Rigor in Service Design Research. Special Session in Proceedings of the International Association of Societies of Design Research, IASDR 2009. Seul, Coreia.

— Segelström, F. (2009). Communicating through Visualizations: Service Designers on Visualizing User Research. First Nordic Conference on Service Design and Service Innovation. Oslo, Noruega.

— Segelström, F., & Holmlid, S. (2009). Visualization as tools for research: Service designers on visualisations. Nordic Design Research Conference, NorDes 2009. Oslo, Noruega.

— Segelström, F., Raijmakers, B., & Holmlid, S. (2009). Thinking and Doing Ethnography in Service Design. Proceedings of the International Association of Societies of Design Research, IASDR 2009. Seul, Coreia.

— Shostack, L. (1982). How to Design a Service. European Journal of Marketing (161), 49–63.

— Shostack, L. (1984). Designing Services that Deliver. Harvard Business Review, 62 (1), 133–139.

— Singleton, B. (2009). Services Design in New Territories. Proceedings of the International Association of Societies of Design Research, IASDR 2009. Seul, Coreia.

— Sparagen, S. L., & Chan, C. (2008). Service Blueprinting: When Customer Satisfaction Numbers are not enough. International DMI Education Conference. Cergy-Pointose, França.

— Stickdorn, M. & Zehrer, A. (2009). Innovation in Tourism. First Nordic Conference on Service Design and Service Innovation. Oslo, Noruega.

— Tan, L., & Szebeko, D. (2009). Co-designing for dementia: The Alzheimer 100 project. Australasian Medical Journal, 1 (12), 185–198.

— Tollestrup, C. (2009). Conceptualising services – developing service concepts through AT-ONE. First Nordic Conference on Service Design and Service Innovation. Oslo, Noruega.

— van Dijk, G. (2008). HCI informing Service Design, and visa versa. HCI08 Workshop: HCI and the Analysis and Design of Services. Liverpool, Reino Unido.

— Vanstone, C., & Winhall, J. (2006). Activmobs. Londres, Reino Unido: Design Council.

— Wetter Edman, K. (2009). Exploring Overlaps and Differences in Service Dominant Logic and Design Thinking. First Nordic Conference on Service Design and Service Innovation. Oslo, Noruega.

— Wreiner, T., Mårtensson, I., Arnell, O., Gonzalez, N., Holmlid, S., & Segelström, F. (2009). Exploring Service Blueprints for Multiple Actors: A Case Study of Car Parking Services. First Nordic Conference on Service Design and Service Innovation. Oslo, Noruega.

REFERÊNCIAS

Design de serviços e biofilia

- Alexander, C. (2002). The Nature of Order, vol.1: The phenomenon of Life. The Center for Environmental Structure, p. 79 ff. and 116 ff.

- Buchanan, R. (1995). "Wicked Problems in Design Thinking", In Margolin V. & Buchanan, R. The Idea of Design. Cambridge (Mass.): MIT Press, pp. 3–20.

- Davy, H. (1838). Consolations in travel or, The last days of a philosopher, London: John Murray, p. 229.

- Gabbay, D.M., Meijers, A., Thagard, P., Woods, J. (2009). Philosophy of Technology and Engineering Sciences. Elsevier, p. 1021 e 1167.

- Gay, G. & Hembrooke, H. (2004). Activity-centered design: an ecological approach to designing smart tools and usable systems. Cambridge (Mass.): MIT Press, pp. 7–14.

- Huysmans, J.-K. (2003). Against nature (À rebours, 1884). Penguin Classics, Chap. 2.

- Kant, I. (1790). Critique of Judgement, §2, §9

- Mager, B. & Gais, M. (2009). Service Design. Paderborn: Wilhelm Fink Verlag, pp. 19–37.

- Mehaffy, M. (2007). "Notes on the Genesis of Wholes: Christopher Alexander and his Continuing Influence", in Urban Design International 12, March 2007, pp. 41–49.

- Muirhead, J. P. (1846). Correspondence of the late James Watt on his discovery of the theory of the composition of water: With a letter from his son. London: John Murray, pp. xv and xvi.

— Muirhead, J. P. (1859). The life of James Watt: With selections from his correspondence. London: John Murray.

— Okakura, K. (1906). The Book of Tea. Nova Iorque, Chap. iv.

— Phillips, A. (2007). The erotic life of electric hair clippers. In Calhoun, C.J. & Sennett, R.: Practicing culture. London: Routledge, pp. 193–214.

— Pink, D. (2006). A Whole New Mind: Why Right-Brainers Will Rule the Future. Riverhead Trade.

— Stanislavski, K. (1988). An Actor Prepares (1936). London: Methuen.

— Stiegler, B. (2009). Technics and time. 3 vols., 1998–2009, Stanford: Stanford University Press.

— Troncon, R. (2004). Aesthetics in Practice and Cultural Planning: The Perspective of "Festiveness", in Journeys of Expression III: Tourism & Festivals as a Transnational Practice, "Review of Tourism Research", Texas A&M University, Vol. 2, Issue 3, June 2004.

— Williams, N. (2008). Tuscany & Umbria. Lonely Planet, p. 120.

— Wilson E. O. (1986). Biophilia. Cambridge: Harvard University Press, p. 58.

REFERÊNCIAS

Créditos de imagens

— NUMERADOS DA ESQUERDA PARA A DIREITA/OS DIAGRAMAS E VISUALIZAÇÕES NÃO CITADOS AQUI SÃO DE AUTORIA DOS EDITORES

— 21: Fotos de Jakob Schneider.

— 67/68: Fotos de KONE.

— 73: Ilustração de Henry C. Beck, gentilmente cedida pelo Museu do Transporte de Londres.

— 76/77: Fotos de schneiter meier külling AG, gentilmente cedidas pela schneiter meier külling AG http://smek.ch

— 81: Fotos de Christian Richters, gentilmente cedidas por büro uebele e Christian Richters. http://www.uebele.com
  - — Cliente: Projektgesellschaft Neue Messe
  - — Arquiteto: Wulf & Partner
  - — Design: Katrin Dittmann (gestão de projeto), Beate Kapprell, Katrin Häfner, Benedikt Haid, Andreas Uebele
  - — Design de produto: Büro für Gestaltung, Diane Ziegler

— 89: Diagrama de Simon Clatworthy, adaptado por Jakob Schneider.

— 93/94: Fotos de Tim Dench da instituição de caridade TOAD, gentilmente cedidas por ColaLife http://www.toadcharity.com

— 99: Diagrama de Jakob Schneider baseado em: Porter, M.E. (1979) "How competitive forces shape strategy ", Harvard Business Review, Março/Abril 1979.

— 103: Diagrama de Jakob Schneider baseado em: Kim, W. C., & Mauborgne, R. (2005). Blue Ocean Strategy: How to Create Uncontested Market Space and Make the Competition Irrelevant. Boston (MA): Harvard Business School Press.

— 107: Tabela de Kate Blackmon, adaptada por Jakob Schneider.

— 113: Diagrama de Geke van Dijk, adaptado por Jakob Schneider.

— 127: Diagrama de Damien Newman.

— 129: Diagrama do British Design Council, adaptado por Jakob Schneider.

— 144/145: Diagrama de Jakob Schneider baseado em www.service-innovation.org (gentilmente cedido por Simon Clatworthy).

— 154/155: Diagrama de Jakob Schneider, Marc Stickdorn e STBY.

— 157: Fotos de STBY (gentilmente cedidas pelo Deutsche Telekom Creation Center em Berlim).

— 159: Fotos de STBY (gentilmente cedidas pela Nokia).

— 162: Diagrama de Jakob Schneider, Marc Stickdorn e STBY

— 163: Fotos de [1] Marc Stickdorn e [2] Lauren Currie.

— 166/167: Fotos e materiais de entrevistas de [1, 2, 3, 5] STBY (gentilmente cedidos por Southern Water e ZuidZorg) e [4] Lauren Currie.

— 169: Diagrama de STBY e Jakob Schneider.

— 172/173: Fotos de [1, 4, 5] STBY e Spur (gentilmente cedidas pelo Deutsche Telekom Creation Center em Berlim e Heartlands Cornwall) e [2, 3] Anders Mellbratt.

— 175: Fotos de [1, 2, 3] Marc Stickdorn e [4] Erik Roscam Abbing.

— 177: Fotos de STBY (gentilmente cedidas pela Sony).

— 179: Fotos de Marc Stickdorn.

— 181: Fotos de [1, 3] Arne van Oosterom e [2] STBY (gentilmente cedidas pela Southern Water).

— 183: Fotos de [1] STBY (gentilmente cedidas pelo IB-Groep) e [2] Marc Stickdorn.

— 185: Fotos de Spur (gentilmente cedidas pelo Deutsche Telekom Creation Center, em Berlim).

— 187: Fotos de [1] STBY (gentilmente cedidas pela Sony) e [2] Work, Play, Experience (gentilmente cedidas pela Stimmt AG).

REFERÊNCIAS

— 190: Fotos de Jakob Schneider (gentilmente cedidas por Reetta Kerola).

— 191: Fotos de Lauren Currie.

— 193: Fotos de STBY (gentilmente cedidas pela Heartlands Cornwall).

— 195: Fotos de STBY (gentilmente cedidas pelo Deutsche Telekom Creation Center em Berlim)

— 197: Fotos de [1, 2] STBY (gentilmente cedidas pela Heartlands Cornwall) e [3] Work, Play, Experience (gentilmente cedidas pela Stimmt AG).

— 199: Diagrama de Jakob Schneider e Marc Stickdorn.

— 202/203: Fotos de [1, 4, 5] STBY (Deutsche Telekom Creation Center, em Berlim) e [2, 3] Lauren Currie.

— 205: Diagrama de STBY e Jakob Schneider.

— 208/209: Diagrama de Jakob Schneider e Marc Stickdorn, baseado em. Service blueprint for Service Design panel, online: http://www.flickr.com/photos/brandonschauer/3363169836/ (gentilmente cedido por Brandon Schauer).

— 211: Fotos de Work, Play, Experience (gentilmente cedidas pela Stimmt AG).

— 213: Diagrama de Jakob Schneider e Marc Stickdorn.

— 215: Imagens de Rannie Turingan, Marc Stickdorn & Patrick Van Der Pijl (todas gentilmente cedidas por Alexander Osterwalder).

— 222: Logotipos cedidos por Agência NL e DesignThinkers.

— 229: Foto de Arne van Oosterom.

— 234/235: Fotos de Arne van Oosterom.

— 236: Logotipos cedidos por MyPolice e Snook.

— 242: Foto de Sarah Drummond.

— 248/249: Fotos de Sarah Drummond.

— 250/251: Fotos de Sarah Drummond.

— 252: Logotipos cedidos por Hello Change! e Funky Projects.

— 258: Foto cedida por Funky Projects.

— 264/265: Fotos cedidas por Funky Projects.

— 266/267: Fotos cedidas por Funky Projects.

— 268: Logotipos cedidos pelo Centro Médico da Universidade de Pittsburgh (UPMC) e Escola de Design da Universidade Carnegie Mellon.

— 278/279: Fotos de Jamin Hegeman (cedidas pela Escola de Design da Universidade Carnegie Mellon).

— 280/281: Fotos de Jamin Hegeman (cedidas pela Escola de Design da Universidade Carnegie Mellon).

— 282: Logotipos cedidos por SEB e Transformator

— 294/295: Fotos cedidas por Transformator.

— 306/309: Diagrama de Fergus Bisset adaptado por Jakob Schneider.

ÍNDICE

ÍNDICE

Índice

ÍNDICE

ÍNDICE

Índice

ÍCONES UTILIZADOS NESTE LIVRO

Usuário/Cliente

Stakeholder

Prestador do serviço

Designer de serviços

pós-serviço

pré-serviço

serviço

Período do serviço

Referência de página

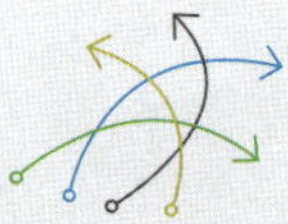

Referência contextual

Contribuição para o processo

Conclusão "O funil"

Ponto de contato

Evidência

Satisfação

Insatisfação

Mapas de *stakeholders*

Safáris de serviços

Shadowing

Mapa de jornada do usuário

Entrevistas contextuais

Os 5 porquês

Sondagem cultural

Etnografia móvel

Um Dia na Vida

Mapas de expectativas

Personas

Geração de ideias

E se...?

Criação de cenários

Storyboards

Maquete de mesa

Protótipo do serviço

Encenação do serviço

Desenvolvimento ágil

Cocriação

Storytelling

Blueprint de serviços

Dramatização do serviço

Mapas de ciclo de vida do usuário

Business Model Canvas

Tela de Registro da Jornada do Usuário: www.thisisservicedesignthinking.com

CRÉDITOS →

ISTO É DESIGN THINKING DE SERVIÇOS
MARC STICKDORN E JAKOB SCHNEIDER (ORGS.)

Conceito e edição	Marc Stickdorn e Jakob Schneider
Layout e design gráfico	Jakob Schneider
Co-organizadores	(em ordem alfabética) Fergus Bisset (Reino Unido), Luke Kelly (Holanda), Bas Raijmakers (Holanda), Geke van Dijk (Holanda)
Autores	(em ordem alfabética) Kate Andrews (Reino Unido), Beatriz Belmonte (Espanha), Ralf Beuker (Alemanha), Fergus Bisset (Reino Unido), Kate Blackmon (Reino Unido), Johan Blomkvist (Suécia), Simon Clatworthy (Noruega), Lauren Currie (Reino Unido), Sarah Drummond (Reino Unido), Jamin Hegeman (EUA), Stefan Holmlid (Suécia), Luke Kelly (Holanda), Lucy Kimbell (Reino Unido), Satu Miettinen (Finlândia), Asier Pérez (Espanha), Bas Raijmakers (Holanda), Jakob Schneider (Alemanha), Fabian Segelström (Suécia), Marc Stickdorn (Áustria), Renato Troncon (Itália), Geke van Dijk (Holanda), Arne van Oosterom (Holanda), Erik Widmark (Suécia)
Colaboradores	(em ordem alfabética): Adam Lawrence / Ahmet Emre Acar / Aidan Kenny / Aleinad / Alexis Goncalves / Anonymous / Arandag / Balulu / Bas Raijmakers / Ben Freundorfer / Bernard / Damian Kernahan / Daniel Christadoss / Darby / Dave / David Güiza Caicedo / Dean Meyers / D-LABS / Dolly Parikh / Eric Roscam Abbing / Esteban Kolsky / Fabian Segelström / Fergus Bisset / Geke van Dijk / Graham Hill / Jaap Frolich / Jakob Schneider / Jennylynnpie / Jo / John Coldwell / Josh Clarke / Julia Schaeper / Julian Sykes / Karine / Kirsty Joan Sinclair / Laura Pandelle / Lauren Currie / Luisalt / Luke Kelly / Luther Thie / Ly / Marc Stickdorn / Markus Hormess / Matt Currie / Melis Senova / minds & makers / Patrick Lerou / Qin / Rob Markey / Sachin /Saharald / Sarah Drummond / Satu Miettinen / Scott Rogers / Steve / Tennyson Pinheiro / Traci Lepore / Walter Aprile / Wim Rampen / Wjan

Texto	Emona (Franko Luin)
Cabeçalhos e infográficos	Akkurat (Laurenz Brunner)

Marc: marc@tisdt.com — @MrStickdorn
Jakob: jakob@tisdt.com — @jakoblies